Einschränkungen der Leitungsmacht des Vorstands der Aktiengesellschaft durch Vertrag

Europäische Hochschulschriften

European University Studies

Publications Universitaires Européennes

Reihe II	**Rechtswissenschaft**
Series II	Law
Série II	Droit

Band/Volume **5429**

Marcel Heptner

Einschränkungen der Leitungsmacht des Vorstands der Aktiengesellschaft durch Vertrag

Grenzen und Rechtsfolgen ihres Überschreitens

PL ACADEMIC RESEARCH

Bibliografische Information der Deutschen Nationalbibliothek
Die Deutsche Nationalbibliothek verzeichnet diese Publikation in der Deutschen Nationalbibliografie; detaillierte bibliografische Daten sind im Internet über http://dnb.d-nb.de abrufbar.

Zugl.: Frankfurt (Main), Univ., Diss., 2012

D 30
ISSN 0531-7312
ISBN 978-3-631-62526-2

PL Academic Research ist ein Imprint der Peter Lang GmbH.
Peter Lang – Frankfurt am Main · Bern · Bruxelles · New York · Oxford · Warszawa · Wien

www.peterlang.de

Vorwort

Diese Arbeit lag im Jahr 2012 dem Fachbereich Rechtswissenschaft der Johann Wolfgang Goethe-Universität Frankfurt am Main als Dissertation vor. Gesetzgebung, Rechtsprechung und Literatur sind bis Mitte des Jahres 2012 berücksichtigt.

Herzlich danken möchte ich Herrn Professor Dr. *Andreas Cahn*, LL.M., der das Thema der Arbeit angeregt und ihr Entstehen durch wertvolle Denkanstöße und Hinweise gefördert hat. Zu Dank verpflichtet bin ich Herrn Professor *Cahn* auch für die lehrreiche Zeit als wissenschaftlicher Mitarbeiter an seinem Lehrstuhl am Institute for Law and Finance. Für die Übernahme und die rasche Erstellung des Zweitgutachtens bin ich Frau Professor Dr. *Katja Langenbucher* verbunden.

Herrn Dr. *Frank Schönemann* und Herrn *Matti Lüdtke*, LL.M. danke ich vielmals für die sorgfältige Durchsicht des Manuskripts und ihre hilfreichen Anmerkungen.

Gewidmet ist diese Arbeit meinen Eltern.

Frankfurt am Main, im April 2013 *Marcel Heptner*

Inhalt

Erster Teil: Einleitung

A. Gegenstand und Anlass der Arbeit

Eine tragende Säule der Organisationsstruktur der Aktiengesellschaft ist die Zuweisung der eigenverantwortlichen Leitung der Gesellschaft an ihren Vorstand gemäß § 76 Abs. 1 AktG[1]. Gemeinsam mit den Vorschriften über die Zuständigkeit des Aufsichtsrats (§§ 95 ff. AktG) begründen die §§ 76 ff. AktG die zweigliedrige Verwaltungsstruktur der Aktiengesellschaft[2]. Eine Aufhebung dieser Struktur und – hierauf ist der Fokus dieser Arbeit gerichtet – Einschränkungen der Leitungszuständigkeit des Vorstands sind aufgrund der gemäß § 23 Abs. 5 AktG eingeschränkten Satzungsautonomie bei der Aktiengesellschaft nur aufgrund eines wirksamen Beherrschungsvertrags gemäß § 291 Abs. 1 S. 1 1. Alt. AktG zulässig[3].

In der Kautelarpraxis finden sich jedoch schuldrechtliche Vertragsgestaltungen, die inhaltlich im Hinblick auf den Grundsatz der eigenverantwortlichen Leitung der Aktiengesellschaft durch ihren Vorstand gemäß § 76 Abs. 1 AktG bedenklich erscheinen, weil sie – ihre Wirksamkeit unterstellt – unmittelbar oder mittelbar zu einer Einschränkung seiner Leitungsmacht führen. Bei solchen Verträgen stellt sich aber die Frage, ob sie ihrem Inhalt nach zu einer beherrschungsvertraglichen Leitungsunterstellung i.S.d. § 291 Abs. 1 S. 1 1. Alt. AktG führen und deshalb an den Vorschriften über Beherrschungsverträge zu messen sind.

Virulent wurde die Frage nach den Grenzen, die § 76 Abs. 1 AktG vertraglichen Einschränkungen der Leitungsmacht des Vorstands setzt, und der Schwelle zur beherrschungsvertraglichen Leitungsunterstellung nach § 291 Abs. 1 S. 1 AktG unter anderem im Zusammenhang mit so genannten *Business Combination Agreements*[4]. Darunter sind Vereinbarungen zwischen unabhängigen, meistens börsennotierten Aktiengesellschaften im Zusammenhang mit Unternehmenszusammenschlüssen

---

1 Vgl. nur *Kort*, in: GK-AktG, § 76 Rn. 4; *Seibt*, in: Schmidt/Lutter, AktG, § 76 Rn. 2; *Fleischer*, in: Spindler/Stilz, AktG, § 76 Rn. 1; *Hüffer*, AktG, § 76 Rn. 4.

2 Vgl. *Kropff*, BegrRegE AktG 1965 zu Vorb. § 76, S. 95; *Mertens/Cahn*, in: KK-AktG, Vorb. § 76 Rn. 2; *Seibt*, in: Schmidt/Lutter, AktG, § 76 Rn. 1.

3 Vgl. *Mertens/Cahn*, in: KK-AktG, § 76 Rn. 46; *Kort*, in: GK-AktG, § 76 Rn. 5.

4 Vgl. die Beispiele für den Einsatz von Business Combination Agreements bei Transaktionen in Deutschland bei *Decher*, in: FS Hüffer, S. 145, 146.

zu verstehen, in denen die Parteien die Einzelheiten und Ziele der Transaktion sowie ihre Vorgehensweise vertraglich strukturieren und festhalten[5]. Gesellschaftsrechtliche Wirkung haben solche Vereinbarungen regelmäßig noch nicht, da hierfür weitere Beschlüsse der Gesellschaftsorgane erforderlich sind und weitere gesetzliche Wirksamkeitsvoraussetzungen erfüllt sein müssen[6]. Neben technischen Fragen lassen sich in solchen Vereinbarungen auch Einzelheiten der künftigen Zusammenarbeit, einer gemeinsamen Geschäftsstrategie, Corporate Governance und Unternehmenspolitik regeln[7].

Deutsche Instanzgerichte haben *Business Combination Agreements* unterschiedlich beurteilt. Das Landgericht München I etwa hat im Jahr 2008 ein *Business Combination Agreement* im Vorfeld der Übernahme der Bayerischen Hypo- und Vereinsbank AG (HVB) durch die UniCredito Italiano S.p.A. als „verdeckten Beherrschungsvertrag" eingeordnet, dem die Hauptversammlung hätte zustimmen müssen[8]. Demgegenüber lehnte das OLG Schleswig im selben Jahr den beherrschungsvertraglichen Charakter einer Kooperationsvereinbarung (sog. *Combination Framework Agreement*) ab, in der die France Telecom S.A. im Zusammenhang mit ihrer finanziellen Beteiligung an dem Einstieg von Mobilcom in das UMTS-Geschäft unter anderem Zustimmungsvorbehalte in bestimmten vertraglich festgelegten Angelegenheiten erhielt[9]. Das Landgericht Nürnberg-Fürth wiederum erkannte im Jahr 2010 bei einem *Business Combination Agreement* „zumindest Züge eines Beherrschungsvertrags"[10].

Die diesen Entscheidungen zugrunde liegende Frage nach der Zulässigkeit vertraglicher Einschränkungen der Leitungsmacht des Vorstands und ihrer Abgrenzung von einer beherrschungsvertraglichen Leitungsunterstellung gemäß § 291 Abs. 1 S. 1 AktG ist auch für eine Reihe weiterer Verträge von Bedeutung, in denen Dritte oder (künftige) Aktionäre weitreichende Zustimmungsrechte erhalten, um ihre Interessen abzusichern und dadurch zu einem Vertragsschluss bewegt zu werden. Ein Anwendungsfall hierfür sind vertragliche Beschränkungen der Handlungsfreiheiten des Kreditnehmers in Zusammenhang mit einem Kredit-

---

5 Vgl. *Decher*, in: FS Hüffer, S. 145, 147 f.; *Seibt*, in: Seibt, Beck'sches Formularhandbuch Mergers & Aquisitions, S. 1052; *Horn*, in: FS Lutter, S. 1113, 1115; *Aha*, BB 2001, 2225.

6 *Horn*, in: FS Lutter, S. 1113, 1114 f.; *Seibt*, in: Seibt, Beck'sches Formularhandbuch Mergers & Aquisitions, S. 1052.

7 *Decher*, in: FS Hüffer, S. 145, 147 f.; *Rubner/Leuering*, NJW-Spezial, 2010, 143.

8 LG München I ZIP 2008, 555; Anm. dazu von *Goslar*, DB 2008, 800; *Kessler*, BB 2008, 1533 f.; *Verhoeven*, EWiR § 293 AktG 6/08, 161; *Wagner*, BB 2008, 522.

9 OLG Schleswig NZG 2008, 868; bespr. von *Kort*, NZG 2009, 264; zu der Frage, ob die Vereinbarung aufgrund ihrer Bedeutung der Hauptversammlung hätte vorgelegt werden müssen vgl. OLG Schleswig AG 2006, 120.

10 LG Nürnberg-Fürth AG 2010, 179.

vertrag (*Covenants*)[11]. Der Zweck von *Covenants* besteht darin, den Schuldner zu disziplinieren und dazu anzuhalten, seinen vertraglichen Verpflichtungen nachzukommen sowie dem Kapitalgeber im Fall einer sich abzeichnenden finanziellen Schieflage wirksame vertragliche Reaktionsmechanismen zur Verfügung zu stellen[12]. In so genannten „*Negative Covenants*" kann sich der Kreditnehmer verpflichten, bestimmte vorab festgelegte Handlungen entweder generell zu unterlassen oder nur mit Zustimmung des Vertragspartners vorzunehmen[13]. Solche *Covenants* finden sich auch im Zusammenhang mit Eigenkapitalinvestitionen[14]. Dies gilt vor allem für Venture Capital- und Sanierungsbeteiligungen, die für den Investor besonders hohe Risiken bergen[15]. Ferner können ein Investor und die Gesellschaft, gegebenenfalls mit weiteren Anteilseignern und/oder einem Garanten, anlässlich eines Beteiligungserwerbs in einer so genannten „Investorenvereinbarung" neben den Modalitäten des Beteiligungserwerbs auch bestimmte operative Ziele und Verhaltenspflichten festlegen sowie Einflussrechte zugunsten des Investors vertraglich regeln[16]. Weitere Beispiele für Verträge, in denen die Leitungsmacht des Vorstands als Beurteilungskriterium Bedeutung erlangen kann, sind atypische stille Beteiligungsverträge, Betriebsführungs- und Betriebspachtverträge sowie Just-in-Time-Lieferverträge und Franchiseverträge[17].

---

11 Vgl. *Servatius*, Gläubigereinfluss durch Covenants, S. 32 ff.; *Baums*, in: Aktienrecht im Wandel, Bd. II, S. 955, 978; *Runge*, Covenants in Kreditverträgen, S. 5 ff.; *Kästle*, Rechtsfragen der Verwendung von Covenants in Kreditverträgen, S. 27; *Weitnauer*, ZIP 2005, 1443, 1444; *Plepelits*, CFl 2010, 119.

12 *Hess*, ZIP 2010, 461; *Servatius*, Gläubigereinfluss durch Covenants, S. 33; *Kästle*, Rechtsfragen der Verwendung von Covenants in Kreditverträgen, S. 33 ff.; *Runge*, Covenants in Kreditverträgen, S. 10 ff.; *Fleischer*, ZIP 1998, 313; *Weitnauer*, ZIP 2005, 1443, 1444.

13 Ausführlich zu den unterschiedlichen Arten von Covenants und ihrem Inhalt *Servatius*, Gläubigereinfluss durch Covenants, S. 39 ff.; *Runge*, Covenants in Kreditverträgen, S. 10 ff.; *Hess*, ZIP 2010, 461.

14 Vgl. *Weitnauer*, ZIP 2005, 1443; *ders.*, NZG 2001, 1065; *Zetsche*, NZG 2002, 942 f.; *Kiem*, AG 2009, 301 ff.; *von Riegen*, CFL 2010, 1, 9; *Seibt/Wunsch*, Der Konzern 2009, 195 ff.; *Kästle*, Rechtsfragen der Verwendung von Covenants in Kreditverträgen, S. 27.

15 Vgl. *Zetsche*, NZG 2002, 942, 944; *Pfeifer*, BB 1999, 1665, 1670 ff.; *Mellert*, NZG 2003, 1096 ff.; *Maidl/Kreifels*, NZG 2003, 1091 ff.

16 Vgl. dazu ausführlich *Kiem*, AG 2009, 301 ff.; *Seibt/Wunsch*, Der Konzern 2009, 195 ff.; *Reichert/Ott*, in: FS Goette, S. 397 ff.

17 Ähnliche Befunde bei *Schürnbrand*, ZHR 169 (2005), 35, 37; *Goslar*, DB 2008, 800, 804; *Emmerich*, in: FS Hüffer, S. 179, 180 f; *ders.*, in: Emmerich/Habersack, Aktien- und GmbH-Konzernrecht, § 291 Rn. 24 f.; *ders.*, in: Emmerich/Habersack, Konzernrecht, § 11 Rn. 18.

B. Ziel der Untersuchung und Vorgehensweise

Die unterschiedliche Beurteilung von *Business Combination Agreements* durch die Instanzgerichte hat in der Vertragspraxis zu Unsicherheiten geführt[18]. Das Schrifttum diskutiert über Verträge, deren Inhalt zu einer Leitungsunterstellung führt, ohne dass die Parteien die Voraussetzungen des Beherrschungsvertrags einhalten, unter der Überschrift der „verdeckten", „verschleierten", „faktischen" oder – etwas allgemeiner – „atypischen" Beherrschungsverträge[19]. Für ihre rechtliche Einordnung und Beurteilung ist zu klären, ob überhaupt und wenn ja in welchem Umfang Einschränkungen der Leitungsmacht des Vorstands und Fremdeinfluss auf Leitungsentscheidungen mit dem zwingenden Regelungsgehalt von § 76 Abs. 1 AktG zu vereinbaren sind und ab welcher Grenze in materieller Hinsicht eine beherrschungsvertragliche Leitungsunterstellung gemäß § 291 Abs. 1 S. 1 AktG anzunehmen ist, die außerhalb der Grenzen des § 76 Abs. 1 AktG liegt. Allein die Tatsache, dass § 76 Abs. 1 AktG für die unverbundene Aktiengesellschaft eine zwingende Regelung enthält, bedeutet jedoch nicht, dass von vornherein jeglicher Fremdeinfluss auf Vorstandsangelegenheiten unzulässig wäre, weil es für die Zulässigkeit von Fremdeinfluss auf den Vorstand vielmehr darauf ankommt, was überhaupt unter eigenverantwortlicher Leitung i.S.d. § 76 Abs. 1 AktG zu verstehen ist und wann der zwingend dem Vorstand zugewiesene Bereich der Leitung tangiert ist. Erst dann lässt sich beurteilen, wann vertraglich begründeter Fremdeinfluss gegen den zwingenden Inhalt des § 76 Abs. 1 AktG verstößt. Für die Praxis sind diese Fragen von großer Bedeutung, weil eine Leitungsunterstellung nur unter den besonderen Wirksamkeitsvoraussetzungen eines Beherrschungsvertrags zulässig ist. Er bedarf der Zustimmung der Hauptversammlung (§ 293 Abs. 1, 2 AktG), muss in das Handelsregister eingetragen werden (§ 294 AktG) und eine Ausgleichs- und Abfindungsregelung zugunsten der außenstehenden Aktionäre enthalten (§§ 304, 305 AktG). Auf der Rechtsfolgenseite verpflichtet er das herrschende Unternehmen gemäß § 302 AktG zu globalem Verlustausgleich, bei Beendigung des Vertrags zur Sicherheitsleistung gemäß § 303 AktG an die Gläubiger der Gesellschaft sowie zu Ausgleichs- und Abfindungszahlungen an die außenstehenden Aktionäre nach §§ 304, 305 AktG. Neben der tatbestandlichen

18 *Decher*, in: FS Hüffer, S. 145, 146; *Emmerich*, in: Emmerich/Habersack, Aktien- und GmbH-Konzernrecht, § 291 Rn. 24d.

19 Vgl. *Emmerich*, in: FS Hüffer, S. 179; *ders*., in: Emmerich/Habersack, Aktien- und GmbH-Konzernrecht, § 291 Rn. 24 ff.; *Schürnbrand*, ZHR 169 (2005), 35; *Hirte/Schall*, Der Konzern 2006, 243; *Krieger*, in: MünchHdb-AG, § 70 Rn. 12; *Goslar*, DB 2008, 800; monographisch *Ederle*, Verdeckte Beherrschungsverträge; *Kienzle*, Verdeckte Beherrschungsverträge im Aktienrecht; *Silny*, Der Gläubiger- und Minderheitenschutz bei verdeckten Beherrschungsverträgen.

Abgrenzung werden auch die Rechtsfolgen verdeckter Beherrschungsverträge, die die Wirksamkeitsvoraussetzungen der §§ 293 ff. AktG nicht erfüllen, im Schrifttum kontrovers diskutiert[20].

Die Problemkreise bei der tatbestandlichen Abgrenzung und auf der Rechtsfolgenseite geben den Aufbau der Arbeit vor. Den zweiten Teil leiten Grundlagen über die „Verfassung" der Aktiengesellschaft und eine detaillierte Analyse des Grundsatzes der eigenverantwortlichen Leitung gemäß § 76 Abs. 1 AktG ein. Anschließend ist der Inhalt eines Beherrschungsvertrags zu erörtern, weil der Gesetzgeber den Leitungsbegriff des § 76 Abs. 1 AktG in § 291 Abs. 1 S. 1 AktG erneut verwendet und dadurch die eigenverantwortliche Leitung von der Leitungsunterstellung abgrenzt. Von der Art und Weise, wie die Parteien in einem Beherrschungsvertrag eine Leitungsunterstellung vereinbaren können, können Rückschlüsse gezogen werden, ob bzw. wann Verträge ihrem Inhalt nach überhaupt als Beherrschungsverträge in Betracht kommen. Den Schwerpunkt dieser Prüfung bilden Zustimmungsrechte, da sie die relevanten Einwirkungsrechte sind, aufgrund derer Verträge Gefahr laufen, ihrem Inhalt nach als verdeckte Beherrschungsverträge eingeordnet zu werden. Des Weiteren ist auf die anderen Unternehmensverträge des § 292 AktG und den Betriebsführungsvertrag einzugehen. Insbesondere beim Betriebsführungsvertrag stellt sich die Frage nach der Zulässigkeit eines Transfers von Leitungskompetenzen des Vorstands außerhalb des § 291 Abs. 1 AktG. Als Abschluss des zweiten Teils ist zu untersuchen, wie sich mittelbare und unmittelbare Bindungen der Aktiengesellschaft, Auflagen in Bezug auf die künftige Unternehmenspolitik und direkte Einflussnahmen auf den Vorstand auswirken und anhand welcher Kriterien eine gemäß § 76 Abs. 1 AktG zulässige vertragliche Bindung des Vorstands von einer beherrschungsvertraglichen Leitungsunterstellung i.S.d. § 291 Abs. 1 S. 1 AktG abzugrenzen ist.

Gegenstand des dritten Teils der Arbeit ist die Frage, wie die Aktiengesellschaft, ihre Gläubiger und außenstehenden Aktionäre geschützt sind, wenn der Vertragspartner vertragliche Einflussrechte zu ihrem Nachteil ausübt, die jenseits der Grenzen des nach § 76 Abs. 1 AktG Zulässigen liegen und ihrem Inhalt nach zu einer Leitungsunterstellung i.S.v. § 291 Abs. 1 S. 1 AktG führen, ohne dass die Parteien die Anforderungen an einen Beherrschungsvertrag beachtet haben. Dabei ist danach zu differenzieren, ob es sich bei dem Vertragspartner um einen Aktionär handelt oder um einen beliebigen Dritten, der zu der Aktiengesellschaft in keiner mitgliedschaftlichen Beziehung steht. Zu diskutieren ist eine direkte Anwendung der beherrschungsvertraglichen Schutzvorschriften, eine Anwendung der Regeln über den faktischen Konzern einschließlich der Rechtsfigur des qualifiziert faktischen Konzerns sowie der Rechtsschutz in Fällen, in

20 Vgl. die Nachweise in der vorigen Fn.

denen es an den gesetzlichen Anknüpfungspunkten für die konzernrechtlichen Schutzvorschriften fehlt.

Den vierten Teil der Arbeit bildet eine Zusammenfassung der wesentlichen Ergebnisse.

Diese Arbeit beschränkt sich auf Ausführungen zur Aktiengesellschaft. Andere Gesellschaftstypen bleiben ausgeklammert. Verzichtet wird auch auf eine detaillierte Darstellung des Inhalts all jener Vertragstypen, die Gefahr laufen, als verdeckte Beherrschungsverträge eingeordnet zu werden, weil die Vertragsgestaltungen in der Praxis stark einzelfallbezogen sind und eine Detailanalyse hier nicht geleistet werden kann und soll. Deshalb sollen vorliegend generelle Abgrenzungskriterien entwickelt werden, die bei allen Verträgen anzuwenden sind.

Zweiter Teil: Eigenverantwortliche Leitung und Leitungsunterstellung

Dem Aktiengesetz liegen die Prinzipien der Trennung von Eigentum und Kontrolle und der Trennung der Funktionen von Kapitalgebern und Geschäftsleitern (Fremdorganschaft) zugrunde[21]. Der Gesetzgeber hat diese Prinzipien in der Organisationsverfassung der Aktiengesellschaft umgesetzt, indem er die drei Pflichtorgane Vorstand, Aufsichtsrat und Hauptversammlung vorschreibt. Die gesetzliche Kompetenzverteilung zwischen diesen Organen ist nach dem Grundsatz der Satzungsstrenge gemäß § 23 Abs. 5 AktG zwingend[22]. Abweichungen von der Binnenstruktur der Aktiengesellschaft sind gemäß § 23 Abs. 5 AktG nur zulässig, wenn das Gesetz sie explizit erlaubt. Das Gesetz erlaubt sie nur bei Abschluss eines Unternehmensvertrags gemäß § 291 Abs. 1 AktG[23]. Vertragliche Bindungen der Aktiengesellschaft und Einwirkungsrechte zugunsten von Aktionären oder Dritten sind anhand dieser zwingenden Kompetenzordnung des Aktiengesetzes einzuordnen und zu bewerten. Vor diesem Hintergrund ist zunächst die aktienrechtliche Kompetenzordnung mit § 76 AktG als einem ihrer strukturgebenden Merkmale in ihren Grundzügen darzustellen.

21 Vgl. *Oechsler*, in: Aktienrecht im Wandel, Bd. II, S. 151, 193 ff.; *Henssler/Wiedemann*, in: Aktienrecht im Wandel, Bd. II, S. 1, 12 f.; *Dose*, Die Rechtstellung der Vorstandsmitglieder einer Aktiengesellschaft, S. 3.

22 *Seibt*, in: Schmidt/Lutter, AktG, § 23 Rn. 55; *Wiesner*, in: MünchHdb-AG, § 6 Rn. 10; *Hüffer*, AktG, § 23 Rn. 36.

23 Vgl. *Kropff*, BegrRegE AktG 1965 zu § 308, S. 403; *Mertens/Cahn*, in: KK-AktG, § 76 Rn. 46; *Koppensteiner*, in: KK-AktG, Vorb. § 291 Rn. 151, 156 und § 291 Rn. 20; *Altmeppen*, in: MünchKomm-AktG, § 291 Rn. 1; *Veil*, in: Spindler/Stilz, AktG, § 291 Rn. 1; *Peres*, in: Heidel, AktG, § 291 Rn. 8.

Erstes Kapitel: Grundlagen zur gesellschaftsinternen Kompetenzordnung

A. Die Verwaltung der AG

Vorstand und Aufsichtsrat sind die Handlungsorgane und bilden gemeinsam die Verwaltung der Aktiengesellschaft (sog. dualistisches System)[24]. Ihre Rechte und Pflichten schreiben einerseits das Gesetz und die Rechtsprechung vor, andererseits ergeben sie sich auch – soweit das Gesetz dafür Raum lässt – aus der Unternehmenspraxis und lassen sich den praktischen Bedürfnissen entsprechend anpassen. Die gesetzlichen Vorschriften zu den Organen der Gesellschaft erfüllen grundsätzlich zwei Funktionen: Auf der einen Seite verbinden sie die Organe miteinander, indem sie ihnen Rechte und Pflichten in Bezug aufeinander zuweisen, auf der anderen Seite grenzt das Gesetz ihre Kompetenzen scharf voneinander ab.

Der Vorstand ist das Leitungsorgan der Aktiengesellschaft (§ 76 Abs. 1 AktG)[25]. Er ist ein Kollegialorgan, dessen zahlenmäßige Zusammensetzung § 76 Abs. 2 AktG regelt. Gemäß § 77 Abs. 1 AktG obliegt ihm die Geschäftsführung. Ist der Vorstand mehrgliedrig, sind die Vorstandsmitglieder nach § 77 Abs. 1 AktG nur gemeinschaftlich zur Geschäftsführung befugt, sofern die Satzung oder die Geschäftsordnung des Vorstands nichts anderes bestimmen. Gemäß § 78 Abs. 1 S. 1 AktG vertritt der Vorstand die Gesellschaft gerichtlich und außergerichtlich. Vorbehaltlich einer anderweitigen Regelung in der Satzung gilt dabei gemäß § 78 Abs. 2 AktG das Prinzip der Gesamtvertretung.

Der Aufsichtsrat hat den Vorstand zu überwachen (§ 111 Abs. 1 AktG). Leitung und Überwachung sind dadurch in personeller Hinsicht streng voneinander getrennt. Die Selbständigkeit und Unabhängigkeit der Organe voneinander kommt in § 76 Abs. 1 AktG zum Ausdruck, wonach der Vorstand die Gesellschaft „eigenverantwortlich" zu leiten hat. Diese Regelung flankiert § 111 Abs. 4 S. 1 AktG, der es verbietet, dem Aufsichtsrat Maßnahmen der Geschäftsführung zu übertragen. Zwar muss in der Satzung der Gesellschaft oder durch den Aufsichtsrat gemäß § 111 Abs. 4 S. 2 AktG festgelegt werden, dass bestimmte

---

24 Vgl. § 120 Abs. 2 S. 1 AktG, nach dem die Hauptversammlung durch die Entlastung die Verwaltung der Gesellschaft durch die Mitglieder des Vorstands und des Aufsichtsrats billigt; vgl. ferner *Mertens/Cahn*, in: KK-AktG, Vorb. § 76 Rn. 2; *Kort*, in: GK-AktG, § 76 Rn. 23; *Seibt*, in: Schmidt/Lutter, AktG, § 76 Rn. 1; *Wiesner*, in: MünchHdb-AG, § 19 Rn. 2; *Semler*, Leitung und Überwachung der Aktiengesellschaft, Rn. 1 f.

25 *Mertens/Cahn*, in: KK-AktG, § 76 Rn. 4; *Kort*, in: GK-AktG, § 76 Rn. 2 f.; *Hüffer*, AktG, § 76 Rn. 5.

Arten von Geschäften nur mit Zustimmung des Aufsichtsrats vorgenommen werden dürfen. Insofern kann die Geschäftsführungskompetenz des Vorstands grundsätzlich (vgl. §§ 82 Abs. 2, 23 Abs. 5 AktG) an die Zustimmung des Aufsichtsrats gebunden sein, da „Geschäft“ im Sinne dieser Vorschrift jede Maßnahme des Vorstands nach innen wie nach außen ist[26]. Grenze für die Zulässigkeit dieser Zustimmungsvorbehalte sind jedoch Funktion und Stellung des Aufsichtsrats in der Gesellschaft und die Trennung von Leitung und Überwachung, wie sich aus dem Normzusammenhang mit § 111 Abs. 4 S. 1 AktG ergibt[27].

B. Die Stellung und Rechte der Aktionäre

Eine strikte Trennung der Zuständigkeiten kennzeichnet nicht nur das Verhältnis zwischen Vorstand und Aufsichtsrat, sondern auch das Verhältnis dieser beiden Organe zur Hauptversammlung. Die Unabhängigkeit der Geschäftsleitung von der Hauptversammlung kommt in § 119 Abs. 2 AktG dadurch zum Ausdruck, dass die Hauptversammlung über Fragen der Geschäftsführung nur auf Verlangen des Vorstands entscheiden darf. Die Hauptversammlung ist aber für die Besetzung des Aufsichtsrats zuständig (§ 101 Abs. 1 S. 1 AktG), der wiederum den Vorstand bestellt (§ 84 Abs. 1 S. 1 AktG) und überwacht (§ 111 Abs. 1 AktG), so dass sie zumindest über den Umweg der Personalpolitik die Geschäftspolitik mit bestimmen kann. Auch legen die Anteilseigner in Gestalt des Unternehmensgegenstandes den Rahmen fest, in dem die Geschäftsleitung mit dem eingesetzten Kapital weitgehend frei wirtschaften kann[28].

Die Rechte der Aktionäre, die sie durch den Erwerb von Anteilen an der Aktiengesellschaft erhalten, sind in Verwaltungs- und Vermögensrechte unterteilt. Zu den Verwaltungsrechten zählen insbesondere das Recht zur Teilnahme an der Hauptversammlung gemäß § 118 AktG, das Frage- und Auskunftsrecht in der Hauptversammlung (§ 131 AktG) sowie das Stimmrecht bei dort zu fassenden Beschlüssen (§§ 12 Abs. 1 S. 1, 133 ff. AktG). Das Stimmrecht stellt für die Aktionäre das entscheidende Merkmal dar, aufgrund dessen sie nicht lediglich Geldgeber der Gesellschaft sind, sondern die Stellung von Mitgesellschaftern einnehmen[29]. Sie sind berechtigt, am Zustandekommen von Hauptversammlungsbeschlüssen durch Stimmabgabe mitzuwirken und ihren Inhalt entsprechend ihrer Stimmkraft zu beeinflussen[30]. Grundsätzlich gewährt jede Aktie das gleiche Stimmrecht. Es

---

26 *Hopt/Roth*, in: GK-AktG, § 111 Rn. 638; *Lutter*, AG 1991, 249, 254.

27 Vgl. *Hopt/Roth*, in: GK-AktG, § 111 Rn. 639; *Hommelhoff*, ZHR 143 (1979), 288, 308 f.

28 *Bachmann/Veil*, ZIP 1999, 348, 350.

29 *Richter*, ZHR 172 (2008), 419, 440.

30 *Hüffer*, AktG, § 12 Rn. 2.

wird bei Nennbetragsaktien nach Nennbeträgen, bei Stückaktien nach deren Zahl ausgeübt (§§ 12 Abs. 1 S. 1, 134 Abs. 1 S. 1 AktG).

Über welche Geschäftsangelegenheiten die Hauptversammlung durch Beschluss zu entscheiden hat, ist enumerativ in § 119 Abs. 1 AktG aufgeführt. Diese Aufzählung ist nicht abschließend[31]. Hinzu kommen einerseits weitere gesetzliche Beschlusszuständigkeiten der Hauptversammlung, etwa für die Ermächtigung zum Erwerb und zur Veräußerung eigener Aktien (§ 71 Abs. 1 Nr. 8 AktG), die Fortführung einer bereits aufgelösten Gesellschaft (§ 274 Abs. 1 und 2 AktG), den Abschluss und die Änderung von Unternehmensverträgen (§ 293 Abs. 1, Abs. 2 und § 295 Abs. 1 AktG) sowie die Eingliederung (§ 319 Abs. 1, Abs. 2 und § 320 Abs. 1 AktG). Ferner ist die Hauptversammlung zuständig für die Bestellung, Abberufung und Vergütung des Aufsichtsrats (§§ 101 Abs. 1 Alt. 1, 103 Abs. 1, 113 Abs. 1 S. 2 Alt. 2, Abs. 2 AktG), der wiederum den Vorstand nach § 84 AktG bestellt und abberuft, und die Geltendmachung von Ersatzansprüchen der Gesellschaft gegenüber dem Vorstand (§§ 50, 93 Abs. 4, 116, 117 Abs. 4 S. 2, 147 Abs. 1 S. 1, Abs. 2 S. 1, 309 Abs. 3, 310 Abs. 4, 317 Abs. 4, 318 Abs. 4, 323 Abs. 1 S. 2 AktG). Andererseits sind die von der Rechtsprechung begründeten ungeschriebenen Hauptversammlungszuständigkeiten in den so genannten „Holzmüller"-Fällen[32] und beim Delisting[33] zu nennen, in denen der Vorstand die Zustimmung der Hauptversammlung zu einer Maßnahme einholen muss. Nach der „Holzmüller"-Entscheidung ist dies der Fall bei „grundlegende[n] Entscheidungen, die durch die Außenvertretungsmacht des Vorstands, seine gemäß § 82 Abs. 2 AktG begrenzte Geschäftsführungsbefugnis wie auch durch den Wortlaut der Satzung formal noch gedeckt sind, gleichwohl aber so tief in die Mitgliedschaftsrechte der Aktionäre eingreifen, dass der Vorstand vernünftigerweise nicht annehmen kann, er dürfe sie ausschließlich in eigener Verantwortung treffen, ohne die Hauptversammlung zu beteiligen"[34]. In der „Gelatine"-Entscheidung hat der Bundesgerichtshof die Reichweite der „Holzmüller"-Entscheidung dahingehend begrenzt, dass ungeschriebene Mitwirkungsbefugnisse der Hauptversammlung nur „ausnahmsweise und in engen Grenzen" anzuerkennen seien, das Zustimmungserfordernis an sich aber nicht in Frage gestellt[35]. Für das reguläre Delisting entschied der Bundesgerichtshof, dass über den Rückzug aus dem amtlichen Handel (§ 38 Abs. 4 BörsG) oder vom geregelten Markt (§ 52 Abs. 2 BörsG) zwingend die Hauptversammlung zu entscheiden habe, weil die

31 *Hüffer*, AktG, § 119 Rn. 7.

32 Grundlegend BGHZ 83, 122 („Holzmüller"); konkretisiert in BGHZ 159, 30 („Gelatine"); vgl. dazu etwa *Habersack*, AG 2005, 137.

33 Vgl. dazu BGHZ 153, 47 („Macroton").

34 BGHZ 83, 122, 131; ähnlich OLG München AG 1995, 232, 233.

35 Vgl. BGHZ 159, 30, 44.

Aktionäre dadurch die Möglichkeit verlören, ihre Aktien jederzeit zu verkaufen[36].

Die zentralen Vermögensrechte der Aktionäre sind ihr Recht auf den Bilanzgewinn (§§ 58 Abs. 4, 60 AktG), das Recht zum Bezug junger Aktien (§ 186 AktG) und auf den Abwicklungsüberschuss (§ 271 AktG) sowie die Rechte auf Abfindung und Ausgleich gemäß §§ 304, 305 AktG[37].

C. Strukturänderung durch Beherrschungsvertrag

In einem Beherrschungsvertrag unterstellt die abhängige Gesellschaft ihre Leitung gemäß § 291 Abs. 1 S. 1 AktG einem anderen Unternehmen. Weil Beherrschungsverträge dadurch ebenso wie die Satzung den rechtlichen Status der beherrschten Gesellschaft prägen, sind sie nach herrschender Meinung gesellschaftsrechtliche Organisationsverträge[38]. Zwar begründet ein Beherrschungsvertrag Pflichten für beide Vertragsparteien, nämlich für das herrschende Unternehmen vor allem aufgrund der §§ 302 bis 305 AktG und für das abhängige Unternehmen gemäß § 308 Abs. 2 S. 1 AktG, so dass sich ein gewisser schuldrechtlicher Charakter nicht abstreiten lässt[39]. Der Schwerpunkt des Beherrschungsvertrags liegt aber nicht in diesen wechselseitigen Rechten und Pflichten, sondern in den unmittelbaren Änderungen der gesellschaftsrechtlichen Beziehungen[40]. Der Gesellschaftszweck der unterstellten Gesellschaft richtet sich dann bei gleich bleibendem Unternehmensgegenstand nach den Interessen des Gesamtkonzerns[41]. Der Beherrschungsvertrag setzt gemäß §§ 291, 308 AktG den Grundsatz der eigenverantwortlichen Leitung gemäß § 76 AktG bei der abhängigen Gesellschaft außer Kraft und gemäß §§ 57 Abs. 1 S. 3, 291 Abs. 3 AktG auch die Vermögensbindung nach den §§ 57 ff. AktG. Aufgrund dieser Eingriffe in die Struktur der Aktiengesellschaft bedürfen diese Verträge gemäß § 293 Abs. 2 AktG der Zustimmung der Hauptversammlung, nach § 293 Abs. 3 AktG der Schriftform und gemäß § 294 AktG der Eintragung in das Handelsregister. Die §§ 302 bis 305 AktG regeln dann ein Schutzsystem zugunsten der abhängigen Gesellschaft, ihrer außenstehenden Aktionäre und Gläubiger.

---

36 BGHZ 153, 47, 54 f.

37 Vgl. *Wiesner*, in: MünchHdb-AG, § 17 Rn. 4.

38 BGHZ 105, 324, 331; BGHZ 103, 1, 4 f.; statt vieler *Koppensteiner*, in: KK-AktG, Vorb. § 291 Rn. 156; *Veil*, in: Spindler/Stilz, AktG, Vor § 291 Rn. 25 jeweils m.w.Nachw.

39 Vgl. *Emmerich*, in: Emmerich/Habersack, Aktien- und GmbH-Konzernrecht, § 291 Rn. 25, 27.

40 *Emmerich*, in: Emmerich/Habersack, Aktien- und GmbH-Konzernrecht, § 291 Rn. 25.

41 Vgl. BGHZ 105, 324; BGHZ 103, 1, 4 f.

Zweites Kapitel: Strukturmerkmale eigenverantwortlicher Leitung

Wie bereits festgestellt, ist die eigenverantwortliche Leitung der Gesellschaft durch ihren Vorstand ein die Struktur der Aktiengesellschaft prägender Grundsatz, den nur ein Beherrschungsvertrag außer Kraft setzen kann. Daher eignet sich der Leitungsbegriff des § 76 Abs. 1 AktG als Ausgangspunkt für die Prüfung, wie schuldrechtliche Einwirkungsrechte zugunsten Dritter oder von Aktionären bei Angelegenheiten, die in den Kompetenzbereich des Vorstands fallen und seine Kernkompetenzen berühren, zu beurteilen sind. Klarheit muss zunächst darüber bestehen, was in inhaltlicher und funktioneller Hinsicht unter der eigenverantwortlichen Leitung der Gesellschaft durch den Vorstand nach § 76 Abs. 1 AktG zu verstehen ist.

A. Der Leitungsbegriff

I. Das Verhältnis von Leitung zu Geschäftsführung

Während § 76 Abs. 1 AktG die „Leitung" der Gesellschaft durch den Vorstand regelt, ist in den §§ 77 Abs. 1, 82 Abs. 2, 84 Abs. 3 S. 2, 93 Abs. 1, 111 Abs. 1, Abs. 4 S. 1 AktG von seiner „Geschäftsführung" die Rede. § 77 Abs. 1 S. 1 AktG sieht als Regel die „Gesamtgeschäftsführung" durch sämtliche Vorstandsmitglieder vor. Gemäß § 78 Abs. 1 AktG ist der Vorstand das Vertretungsorgan der Gesellschaft. Es sticht ins Auge, dass nach dem Gesetz von den Grundsätzen der Gesamtgeschäftsführung und Gesamtvertretung in der Satzung, vom Grundsatz der Gesamtgeschäftsführung überdies auch in einer Geschäftsordnung abgewichen werden darf (§ 77 Abs. 1 S. 2, § 78 Abs. 3 S. 1 AktG), wohingegen der Vorstand die Gesellschaft gemäß § 76 Abs. 1 AktG zwingend als Kollegialorgan zu leiten hat. Daher stellt sich die Frage nach dem Verhältnis von Leitung zu Vertretung und Geschäftsführung.

Vertretung i.S.d. § 78 Abs. 1 AktG ist – wie allgemein im Gesellschaftsrecht – die Befugnis, für die Gesellschaft nach außen gerichtlich und außergerichtlich zu handeln[42]. Demgegenüber ist es eine Frage der Geschäftsführungsbefugnis, ob eine Handlung vorgenommen werden darf, ohne Pflichten im Innenverhältnis zu

42 *Mertens/Cahn*, in: KK-AktG, § 78 Rn. 3.

verletzen[43]. Der Unterschied zwischen Geschäftsführung und Leitung ist erörterungsbedürftig, da das Aktiengesetz beide Begriffe nicht definiert. Die gesetzliche Differenzierung zwischen Leitung und Geschäftsführung lässt zwei Deutungen zu: Die Begriffe können trotz unterschiedlicher Wortwahl inhaltlich dasselbe bedeuten oder aber im Verhältnis zueinander ein Mehr oder Weniger.

Vereinzelt werden die Begriffe der Leitung und der Geschäftsführung – zumindest soweit das Innenverhältnis betroffen ist – als Synonyme verstanden[44]. Demgegenüber bezeichnet die herrschende Meinung Leitung als einen Bereich besonders tief greifender Geschäftsführungshandlungen, also einen Ausschnitt aus der Geschäftsführung in ihrer Gesamtheit[45]. Leitung sei ein herausgehobener Teilbereich der Geschäftsführung[46]. Die Geschäftsführung umfasse hingegen jedes Handeln des Vorstands für die Aktiengesellschaft[47], also etwa die täglich anfallenden Tätigkeiten und die Verwaltung der Gesellschaft.

Für die herrschende Meinung spricht die Systematik des Gesetzes. § 76 Abs. 1 AktG stünde in Widerspruch zu § 77 Abs. 1 S. 2 AktG, wenn Leitung und Geschäftsführung Synonyme wären. § 76 Abs. 1 AktG weist die Leitung der Gesellschaft zwingend dem Gesamtvorstand zu, während § 77 Abs. 1 S. 2 AktG Einzelgeschäftsführung bei einer entsprechenden Regelung in der Satzung oder einer Geschäftsordnung für zulässig erklärt[48]. Diese zwingende Regelung für die Leitung einerseits und die Abweichungsmöglichkeit für die Geschäftsführung andererseits ist nur zu erklären, wenn Geschäftsführung der Oberbegriff ist und

---

43 Vgl. *Mertens/Cahn*, in: KK-AktG, § 77 Rn. 2; *Kort*, in: GK-AktG, § 77 Rn. 1; *Fleischer*, in: Spindler/Stilz, AktG, § 77 Rn. 5.

44 *Semler*, Leitung und Überwachung der Aktiengesellschaft, Rn. 3 ff. (m.w.Nachw. zum Meinungsstand in Fn. 8); *ders.*, ZGR 1983, 1 ff.; *Mielke*, Die Leitung der unverbundenen Aktiengesellschaft, S. 34 ff., 56; zustimmend *Steinbeck*, Überwachungspflicht und Einwirkungsmöglichkeiten des Aufsichtsrates in der Aktiengesellschaft, S. 80; *Tieves*, Der Unternehmensgegenstand der Kapitalgesellschaften, S. 139 Fn. 7.

45 *Mertens/Cahn*, in: KK-AktG, § 76 Rn. 4; *Kort*, in: GK-AktG, § 76 Rn. 29; *Seibt*, in: Schmidt/Lutter, AktG, § 76 Rn. 9 und § 77 Rn. 4; *Fleischer*, in: Spindler/Stilz, AktG, § 77 Rn. 6; *Hüffer*, AktG, § 76 Rn. 7; *Weber*, in: Hölters, AktG, § 76 Rn. 8; *Schwark*, ZHR 142 (1978), 203, 215; *Bürgers/Israel*, in: Heidelberger Kommentar, AktG, § 76 Rn. 7.

46 Vgl. *Kort*, in: GK-AktG, § 76 Rn. 28 f.; *Wiesner*, in: MünchHdb-AG, § 19 Rn. 13; *Hüffer*, AktG, § 76 Rn. 7; *Fleischer*, in: Spindler/Stilz, AktG, § 76 Rn. 14; *ders.*, ZIP 2003, 1, 3; *Seibt*, in: Schmidt/Lutter, AktG, § 76 Rn. 9; *Schwark*, ZHR 142 (1978), 203, 215; ähnlich *Dose*, Die Rechtstellung der Vorstandsmitglieder einer Aktiengesellschaft, S. 40; *Raiser/Veil*, Recht der Kapitalgesellschaften, § 14 Rn. 1; zweifelnd *Henze*, BB 2000, 209: Geschäftsführung kann Leitungsbefugnis nicht umfassen.

47 *Kort*, in: GK-AktG, § 76 Rn. 29; *Hüffer*, AktG, § 76 Rn. 7.

48 *Richter*, in: Semler/Peltzer, Arbeitshandbuch für Vorstandsmitglieder, § 4 Rn. 6; *Henze*, BB 2000, 209; *Schwark*, ZHR 142 (1978), 203, 215.

Leitung einen hervorgehobenen Teilbereich darstellt[49]. Ähnliche Erwägungen sprechen auch im Hinblick auf die Frage der Zulässigkeit der Delegation von Vorstandsaufgaben – auf die im Einzelnen noch eingegangen wird[50] – dafür, in der Leitung einen hervorgehobenen Teilbereich der Geschäftsführung zu sehen: Ein zwingend vom Gesamtvorstand wahrzunehmender Aufgaben- und Kompetenzbereich lässt sich nur sinnvoll abgrenzen, wenn man die Leitung der Gesellschaft als herausgehobenen Teilbereich der Geschäftsführung ansieht, den der Gesamtvorstand aufgrund seiner Führungsfunktion selbst wahrnehmen muss und nicht auf nachgeordnete Führungsebenen in dem Unternehmen übertragen darf[51]. Maßnahmen von nicht herausgehobener Bedeutung sind demgegenüber einfache Geschäftsführungsaufgaben und dürfen daher delegiert werden[52].

Nach alledem ist Leitung somit als hervorgehobener Teilbereich der Geschäftsführung anzusehen.

II. Leitung unter eigener Verantwortung

Die Leitung der Gesellschaft, verstanden als herausgehobener Teilbereich der Geschäftsführung, obliegt dem Vorstand gemäß § 76 Abs. 1 AktG „unter eigener Verantwortung". Dieser Zusatz verdeutlicht die starke und unabhängige Stellung des Vorstands innerhalb der Gesellschaft. Als ihr Handlungsorgan nimmt er die Unternehmerfunktion in der Gesellschaft wahr und legt die Unternehmenspolitik sowie die zu ihrer Durchsetzung erforderlichen Maßnahmen fest[53]. Im Unterschied zu dem Geschäftsführer einer GmbH (vgl. § 37 GmbHG) ist der Vorstand der Aktiengesellschaft an keinerlei Weisungen gebunden[54]. Dies gilt für sein Verhältnis zum Aufsichtsrat und zur Hauptversammlung ebenso wie zu (Mehrheits-)Aktionären und Aktionärsgruppen[55]. Da sich § 76 Abs. 1 AktG nach vorzugswürdiger Ansicht auf die Leitung als hervorgehobenen Teilbereich der Geschäftsführung bezieht, betrifft die aus der Formulierung „unter eigener Verantwortung" in § 76 Abs. 1 AktG folgende Weisungsfreiheit des Vorstands direkt nur diesen Teilbereich.

---

49 So auch *Richter*, in: Semler/Peltzer, Arbeitshandbuch für Vorstandsmitglieder, § 4 Rn. 6.

50 Vgl. dazu Zweiter Teil, Zweites Kapitel, A.IV.

51 *Kort*, in: GK-AktG, § 76 Rn. 34; *Hüffer*, AktG, § 76 Rn. 7; *Fleischer*, in: Spindler/Stilz, AktG, § 76 Rn. 9; *ders.*, ZIP 2003, 1, 3.

52 Vgl. *Hüffer*, in: Bayer/Habersack, Aktienrecht im Wandel, Bd. II, S. 334, 349; *ders.*, AktG, § 76 Rn. 7; § 77 Rn. 3.

53 Vgl. nur *Mertens/Cahn*, in: KK-AktG, § 76 Rn. 4; *Fleischer*, in: Spindler/Stilz, AktG, § 76 Rn. 11.

54 BGH AG 2008, 541, 542.

55 BGH AG 2008, 541, 542; *Mertens/Cahn*, in: KK-AktG, § 76 Rn. 44; *Kort*, in: GK-AktG, § 76 Rn. 42; *Hüffer*, AktG, § 76 Rn. 10; *Fleischer*, in: Spindler/Stilz, AktG, § 76 Rn. 57.

Die generelle Weisungsfreiheit des Vorstands der unverbundenen Aktiengesellschaft in dem über den Teilbereich der Leitung hinausgehenden gesamten Bereich der Geschäftsführung ergibt sich indessen aus der Organisationsverfassung der Aktiengesellschaft, die an unterschiedlichen Stellen im Aktiengesetz zum Ausdruck kommt. Gegenüber der Hauptversammlung wird sie deutlich, indem die Hauptversammlung gemäß § 119 Abs. 2 AktG über Fragen der Geschäftsführung nur (subsidiär) entscheiden darf, wenn der Vorstand es explizit verlangt. Nur dann ist er nach § 83 Abs. 2 AktG verpflichtet, die von der Hauptversammlung beschlossenen Maßnahmen umzusetzen. Für das Verhältnis des Vorstands zum Aufsichtsrat zeigt sich die Weisungsunabhängigkeit des Vorstands daran, dass das Gesetz dem Aufsichtsrat in § 111 Abs. 1 AktG ausdrücklich die Aufgabe der Überwachung der Geschäftsführung zuweist und die Übertragung von Geschäftsführungsaufgaben auf den Aufsichtsrat untersagt (§ 111 Abs. 4 S. 1 AktG). Ein Instrument zur Überwachung der Geschäftsführung sind die Zustimmungsvorbehalte zugunsten des Aufsichtsrats gemäß § 111 Abs. 4 Satz 2 AktG bei bestimmten Arten von Geschäften[56].

III. Inhalt der Leitungsaufgaben

Um die zwingend vom Vorstand selbst wahrzunehmenden Aufgaben eingrenzen zu können, die § 76 Abs. 1 AktG dem Vorstand „unter eigener Verantwortung" zuweist, kommt es darauf an, welche Tätigkeiten in einem Unternehmen zur „Leitung" i.S.v. § 76 Abs. 1 AktG zählen.

Einen Ansatzpunkt bieten diejenigen Pflichtaufgaben, die das Aktiengesetz dem Gesamtvorstand unabhängig von der Regelung des § 76 Abs. 1 AktG explizit zuweist[57]. Sie stellen unverzichtbare Mindestaufgaben des Gesamtvorstands dar[58]. Daneben dienen die betriebswirtschaftlichen Erkenntnisse zur Unternehmensführung der näheren Konturierung der Leitungsaufgaben des Vorstands[59]. Sie sind zwar für die juristische Untersuchung des Leitungsbegriffs nicht bindend und mit Vorsicht heranzuziehen[60]. Bestimmte Bereiche zählen nämlich aus betriebswirtschaftlicher Sicht zu der Leitungsaufgabe des Vorstands, während

---

56 Vgl. dazu Zweiter Teil, Drittes Kapitel, C.IV.1.

57 *Kort*, in: GK-AktG, § 76 Rn. 35; *Hüffer*, AktG, § 76 Rn. 8; *Weber*, in: Hölters, AktG, § 76 Rn. 9; *Seibt*, in: FS K. Schmidt, S. 1463, 1470; *Fleischer*, ZIP 2003, 1, 6; *Turiaux/Knigge*, DB 2004, 2199, 2201; *Henze*, BB 2000, 209, 210.

58 So *Fleischer*, in: Fleischer, Hdb. VorstandsR, § 1 Rn. 16.

59 *Mertens/Cahn*, in: KK-AktG. § 76 Rn. 5; *Fleischer*, in: Spindler/Stilz, AktG, § 76 Rn. 16, 18; *ders.*, in: Fleischer, Hdb. VorstandsR, § 1 Rn. 13; *Seibt*, in: Schmidt/Lutter, AktG, § 76 Rn. 9; *ders.*, in: FS K. Schmidt, S. 1463, 1471; *Hüffer*, AktG, § 76 Rn. 8; *Dose*, Die Rechtsstellung der Vorstandsmitglieder einer Aktiengesellschaft, S. 38 ff.

60 *Hüffer*, in: Bayer/Habersack, Aktienrecht im Wandel, Band II, S. 334, 346.

das Aktiengesetz sie anderen Gesellschaftsorganen zuweist. Dies gilt beispielsweise für die Kontrolle der Geschäftsführung des Vorstands, die gemäß § 111 AktG dem Aufsichtsrat übertragen ist. Sofern in der Satzung Regelungen über die Organisation der Gesellschaft oder ihre Geschäftspolitik getroffen sind, kann sich hierfür im Rahmen von Satzungsänderungen (§ 119 Abs. 1 Nr. 5 i.V.m. § 23 AktG) – bei entsprechender Beschlussvorlage – eine begrenzte Zuständigkeit der Hauptversammlung ergeben. Ferner hat sie über die Bestellung und Abberufung des Aufsichtsrats (§ 101 Abs. 1 AktG) oder über die Verwendung des Bilanzgewinns (§ 119 Abs. 1 Nr. 2 AktG) zu entscheiden[61]. Aufgrund der Divergenzen zwischen den betriebswirtschaftlichen Erkenntnissen und den aktiengesetzlichen Zuständigkeitszuweisungen können diese Erkenntnisse daher nur Anhaltspunkte für die Beschreibung des Inhalts der Leitungsaufgaben des Vorstands liefern und sind keinesfalls rechtlich verbindlich[62].

1. Gesetzliche Leitungsaufgaben des Vorstands

Zu den gesetzlichen Pflichtaufgaben des Vorstands zählen unabhängig von der Größe und dem Gegenstand des einzelnen Unternehmens die Vorbereitungs- und Ausführungspflichten nach § 83 AktG, die Berichtspflichten gemäß § 90 AktG, die Buchführungspflicht (§ 91 Abs. 1 AktG) einschließlich der Unterzeichnungspflicht nach § 245 HGB, die Sicherung des Bestands der Gesellschaft (§ 92 Abs. 1 AktG), die Pflicht zur Stellung des Insolvenzantrags (§ 15a Abs. 1 InsO), zur Einberufung des Aufsichtsrats (§ 110 Abs.1 AktG), zur Teilnahme an der Hauptversammlung gemäß § 118 Abs. 2 AktG, zur Einberufung der Hauptversammlung nach § 121 Abs. 2 AktG, die Pflicht, der Hauptversammlung gemäß § 124 Abs. 3 AktG Beschlussvorschläge zu unterbreiten, die Auskunftserteilungspflicht nach §§ 131, 293 f. Abs. 2 AktG, bei börsennotierten Gesellschaften i.S.d. § 3 Abs. 2 AktG die Pflicht zur Abgabe einer Entsprechenserklärung gemäß § 161 AktG, die Pflicht zur Vorlage des Jahresabschlusses und des Lageberichts nach § 170 Abs. 1 AktG, die Pflicht, von der Anfechtungsbefugnis des § 245 Nr. 4 AktG Gebrauch zu machen, des Weiteren die Pflicht zur Erstattung des Vertragsberichts nach § 293 AktG und zur Erstellung eines Abhängigkeitsberichts nach § 312 AktG[63]. Diese gesetzlich zugewiesenen Leitungsaufgaben des Vorstands dienen alle der internen Funktionsfähigkeit der Gesellschaft, indem sie die Beziehungen des Vorstands zum

61 Vgl. *Dose*, Die Rechtsstellung der Vorstandsmitglieder einer Aktiengesellschaft, S. 39.

62 So auch *Kort*, in: GK-AktG, § 76 Rn. 38; ähnlich *Hüffer*, AktG, § 76 Rn. 8.

63 Vgl. *Kort*, in: GK-AktG, § 76 Rn. 30; *Fleischer*, in: Spindler/Stilz, AktG, § 76 Rn. 19; *Hüffer*, AktG, § 76 Rn. 8; *Bürgers/Israel*, in: Heidelberger Kommentar, AktG, § 76 Rn. 9.

Aufsichtsrat[64] und zur Hauptversammlung[65] regeln oder dem öffentlichen Interesse[66] dienen[67]. Aufgrund dessen sind sie auch nicht delegierbar, sondern zählen zu den vom Vorstand selbst wahrzunehmenden Aufgaben.

Es fällt auf, dass die gesetzlich statuierten Pflichtaufgaben des Vorstands überhaupt keine Auskunft über dessen substantielle unternehmerische Funktion geben[68]. Die Zuweisung der eigenverantwortlichen Leitung an den Vorstand durch § 76 Abs. 1 AktG muss auch etwas anderes bedeuten, als dass er nur das Geschäftsführungsorgan ist, denn das regelt schon § 77 AktG. Daher könnte der Begriff der Leitung i.S.d. § 76 AktG diesen Bereich unternehmerischen Handelns bezeichnen, durch dessen Zuweisung der Vorstand in der Gesellschaft die Funktion des Unternehmers wahrnimmt.

Dafür spricht, dass der Leitungsauftrag sich nicht auf die als Gesellschaft zusammengeschlossene Gemeinschaft von Aktionären beziehen kann, sondern das Unternehmen erfasst, die im Rechtsverkehr nach außen als Aktiengesellschaft in Erscheinung tritt[69]. Hinweise auf eine unternehmerische Führungsrolle des Vorstands liefert auch § 90 Abs. 1 Nr. 1 AktG, wonach er dem Aufsichtsrat über die beabsichtigte Geschäftspolitik und andere grundsätzliche Fragen der Unternehmensplanung, insbesondere die Finanz-, Investitions- und Personalplanung, zu berichten hat. Dabei muss der Vorstand auf Abweichungen der tatsächlichen Entwicklung von früher anvisierten Zielen eingehen und diese Abweichungen begründen[70]. Die Berichtspflichten setzen eine besondere Entscheidungskompetenz des Vorstands in den genannten Bereichen voraus, denn nur wenn er die Geschäftspolitik des Unternehmens entwickelt hat, kann er auch kompetent über sie berichten[71]. Kraft der Zuweisung der eigenverantwortlichen Leitung an den Vorstand hat dieser somit die grundlegenden unternehmerischen Entscheidungen in eigener Verantwortung zu treffen, frei von Fremdeinflüssen und nur durch das Unternehmensinteresse geleitet[72]. Die Unternehmerfunktion des Vorstands ist daher Ausgangspunkt einer Konkretisierung des Inhalts seiner Leitungsaufgaben.

---

64 §§ 90, 170 AktG.

65 §§ 83, 91 Abs. 1, 121 Abs. 2 S. 1, Abs. 3, 124, 131, 176 Abs. 1 AktG.

66 §§ 91, 181 Abs. 1, 195 Abs. 1, 201 Abs. 1, 207 Abs. 2, 221, 227 Abs. 1, 239 AktG, § 15a Abs. 1 InsO.

67 *Henze*, BB 2000, 209, 210.

68 *Martens*, in: FS Fleck, S. 191, 195; *Schwark*, ZHR 142 (1978), 203, 215.

69 *Mertens/Cahn*, in: KK-AktG, § 76 Rn. 6; *Kort*, in: GK-AktG, § 76 Rn. 39; *Spindler*, in: MünchKomm-AktG, § 76 Rn. 15.

70 Vgl. *Kort*, in: GK-AktG, § 76 Rn. 36; *Spindler*, in: MünchKomm-AktG, § 76 Rn. 17.

71 *Mielke*, Die Leitung der unverbundenen Aktiengesellschaft, S. 39.

72 Ähnlich *Mertens/Cahn*, in: KK-AktG, § 76 Rn. 4; *Fleischer*, ZIP 2003, 1, 2.

2. *Betriebswirtschaftliche Erkenntnisse*

Die betriebswirtschaftliche Literatur beschreibt die Führungsfunktion des Leitungsorgans regelmäßig – von unwesentlichen terminologischen Unterschieden abgesehen – mit Planung einschließlich Zielbildung, Entscheidung, Ausführung (Organisation und Personaleinsatz) und Kontrolle[73]. In diesen Bereichen hat der Vorstand die zentralen Führungsentscheidungen zu treffen[74]. Sie zeichnen sich durch ihre herausragende Bedeutung für das Vermögen und die Erträge des Unternehmens – und damit auch seinen Bestand – aus und sind daher für das Unternehmen als Ganzes von Bedeutung. Deshalb dürfen sie im Interesse des Unternehmens und seiner Führung durch das Leitungsorgan nicht delegiert werden[75]. Während die oberste Hierarchieebene die echten Führungsentscheidungen – vor allem im Bereich der Unternehmensstrategie – trifft, können taktische und operative Entscheidungen eher delegiert werden[76]. Rein ausführende Tätigkeiten können schließlich unproblematisch auf nachgeordnete Instanzen übertragen werden.

Einer juristischen Eingrenzung der Leitungsaufgabe des Vorstands ist somit die betriebswirtschaftliche Erkenntnis zugrunde zu legen, dass der Vorstand als oberste Hierarchieebene in einem Unternehmen die strategischen Führungsentscheidungen in den Bereichen Planung und Zielbildung, Ausführung (Organisation, Personaleinsatz) sowie Kontrolle zu treffen hat, die für die Entwicklung des Unternehmens entscheidend sind.

3. *Juristische Eingrenzung der Leitungsaufgaben des Vorstands*

Da die am Markt tätigen Unternehmen im Einzelnen sehr unterschiedlich sind, divergieren auch die Aufgaben ihrer Vorstände. Am Anfang einer abstrakten Eingrenzung der Leitungsaufgabe des Vorstands steht daher die Erkenntnis, dass sie sich nur begrenzt inhaltlich in allgemein gültiger Weise definieren lassen. Auf der Grundlage der Erkenntnisse der Betriebswirtschaftslehre existieren zwei Ansätze zur Bestimmung des Inhalts der Leitungsaufgaben des Vorstands.

---

73 Vgl. *Wöhe*, Einführung in die Allgemeine Betriebswirtschaftslehre, S. 47 ff.; 942 ff.; *Schierenbeck/Wöhle*, Grundzüge der Betriebswirtschaftslehre, S. 113 ff.; *Jung*, Allgemeine Betriebswirtschaftslehre, S. 173; grundlegend *Gutenberg*, Unternehmensführung, Organisation und Entscheidung, S. 61.

74 *Wöhe*, Einführung in die Allgemeine Betriebswirtschaftslehre, S. 56; *Thommen/Achleitner*, Allgemeine Betriebswirtschaftslehre, S. 959 f.

75 Vgl. *Gutenberg*, Unternehmensführung, Organisation und Entscheidung, S. 60 f.

76 *Wöhe*, Einführung in die Allgemeine Betriebswirtschaftslehre, S. 116; ähnlich *Jung*, Allgemeine Betriebswirtschaftslehre, S. 172.

a) Typologischer Ansatz

Überwiegend wird der Inhalt der Leitungsaufgabe des Vorstands gemäß § 76 Abs. 1 AktG typologisch bestimmt. Nach diesem Ansatz umfasst Leitung inhaltlich die Unternehmensplanung, die Unternehmenskoordination, die Unternehmenskontrolle sowie die Besetzung von Führungsposten in einem Unternehmen[77]. Daneben soll die Bedeutung der einzelnen Aufgabe für das Unternehmen maßgebend dafür sein, ob sie als Leitungsaufgabe des Vorstands einzuordnen ist[78]. Dieser Dualismus ermögliche es, bei der Eingrenzung der Führungsentscheidungen des Vorstands die Größe und den Charakter des einzelnen Unternehmens sowie die konkrete Entscheidungssituation zu berücksichtigen[79].

Unter dem Gesichtspunkt der Bedeutung der Aufgabe sollen diejenigen Maßnahmen und Entscheidungen in den typologisch bestimmten Bereichen zur Leitung zählen, die für die Ausrichtung des Unternehmens in seiner Gesamtheit wegweisend sind und wesentlichen Einfluss auf die Ertrags- bzw. Finanzlage oder die Belegschaft haben[80]. Der Vorstand müsse über diejenigen Maßnahmen und Geschäfte entscheiden, die für das Unternehmen außergewöhnlich bedeutsam und von hohem Risiko seien[81]. Da dem Vorstand die Unternehmenskontrolle obliege, müsse er auch für eine der Unternehmenspolitik angemessene Risikovorsorge Sorge tragen. Dazu zähle, die Durchführung delegierter Geschäftsführungsaufgaben und ihren Erfolg laufend zu überwachen[82]. In Hinblick auf das laufende Tagesgeschäft, verstanden als die laufenden Verwaltungsaufgaben, zähle ihre Ausrichtung im Sinne von Unternehmensplanung zu den Leitungsaufgaben des Vorstands, die tägliche Erledigung im Einzelnen hingegen nicht[83].

---

77 *Mertens/Cahn*, in: KK-AktG, § 76 Rn. 5; *Kort*, in: GK-AktG, § 76 Rn. 36; *Spindler*, in: MünchKomm-AktG, § 76 Rn. 16; *Seibt*, in: Schmidt/Lutter, AktG, § 76 Rn. 9; *Hüffer*, AktG, § 76 Rn. 8; *Wiesner*, in: MünchHdb-AG, § 19 Rn. 14; *Oltmanns*, in: Heidel, AktG, § 76 Rn. 5; *Jäger*, Aktiengesellschaft, § 21 Rn. 1; *Veil*, Unternehmensverträge, S. 70 f.; *Semler*, Leitung und Überwachung der Aktiengesellschaft, Rn. 11 f., 16 ff.; *ders.*, ZGR 1983, 1, 12 ff.; *Henze*, BB 2000, 209, 210 f.; *Turiaux/Knigge*, DB 2004, 2199, 2201.

78 *Mertens/Cahn*, in: KK-AktG, § 76 Rn. 5; *Kort*, in: GK-AktG, § 76 Rn. 38; *Semler*, Leitung und Überwachung der Aktiengesellschaft, Rn. 13, 16 ff.

79 Vgl. *Mertens/Cahn*, in: KK-AktG, § 76 Rn. 5; ähnlich *Seibt*, in: Schmidt/Lutter, AktG, § 76 Rn. 9; *Kort*, in: GK-AktG, § 76 Rn. 36, 38.

80 *Mertens/Cahn*, in: KK-AktG, § 76 Rn. 5; *Kort*, in: GK-AktG, § 76 Rn. 38; *Semler*, Leitung und Überwachung der Aktiengesellschaft, Rn. 13.

81 *Hoffmann-Becking*, ZGR 1998, 497, 509; *Henze*, BB 2000, 209, 210.

82 *Kort*, in: GK-AktG, § 76 Rn. 36.

83 Vgl. *Kort*, in: GK-AktG, § 76 Rn. 36; *Mertens/Cahn*, in: KK-AktG, § 76 Rn. 5.

b) Funktionsbezogener Ansatz

Im Unterschied zu dieser typologischen Bestimmung teilt eine andere Auffassung in der aktienrechtlichen Literatur die Leitungsaufgaben des Vorstands funktionsbezogen in Verantwortungsbereiche ein[84]. Dem Vorstand sind danach als zentrale unübertragbare Leitungsaufgaben die Planungs- und Steuerungs-, die Organisations-, die Finanz- und die Informationsverantwortung zugewiesen[85]. Die Planungs- und Steuerungsverantwortung enthalte die Festlegung eines strategischen Rahmens und die Vorgabe der längerfristigen Unternehmensziele sowie die Einrichtung eines leistungsfähigen Controllings[86]. Zur Organisationsverantwortung gehöre, das strukturelle Gerüst des Unternehmens in funktionsfähige Teileinheiten aufzugliedern[87]. Aufgrund seiner Finanzverantwortung müsse der Vorstand für eine zukunftsgerichtete Finanzplanung und eine Kontrolle des Finanzbereichs sorgen[88]. Schließlich sei Inhalt der Informationsverantwortung des Vorstands, den Informationsfluss innerhalb des Unternehmens sicherzustellen und zu koordinieren[89].

c) Stellungnahme

Im Ergebnis zeigen sich zwischen der typologischen Beschreibung der Leitungsaufgaben und dem funktionsbezogenen Ansatz kaum inhaltliche Unterschiede[90]. Die Bereiche, aus denen die Leitungsaufgaben des Vorstands zu bestimmen sind, decken sich inhaltlich weitgehend. Dies gilt auch für den Bereich der Informationsverantwortung, der noch am ehesten ein Unterscheidungsmerkmal darstellt, denn dieser Bereich kann bei einer typologischen Bestimmung unter die Leitungsaufgabe der Koordination, Überwachung und Kontrolle der Geschäftstätigkeit gefasst werden. Auch insoweit liegt also kein inhaltliches Defizit des typologischen Ansatzes vor. An dem funktionalen Ansatz ist indessen zu kritisieren, dass er den Eindruck vermittelt, Leitung bestehe lediglich aus Verantwortung und Kontrolle. Dies vernachlässigt rein begrifflich eine wichtige Komponente

---

84 *Fleischer*, ZIP 2003, 1, 5; *ders.*, in: Spindler/Stilz, AktG, § 76 Rn. 18, 20.
85 *Fleischer*, ZIP 2003, 1, 5; *ders.*, in: Spindler/Stilz, AktG, § 76 Rn. 18, 20.
86 *Fleischer*, ZIP 2003, 1, 5; *ders.*, in: Spindler/Stilz, AktG, § 76 Rn. 18, 20.
87 *Fleischer*, ZIP 2003, 1, 5; *ders.*, in: Spindler/Stilz, AktG, § 76 Rn. 18, 20.
88 *Fleischer*, ZIP 2003, 1, 5; *ders.*, in: Spindler/Stilz, AktG, § 76 Rn. 18, 20.
89 *Fleischer*, ZIP 2003, 1, 5; *ders.*, in: Spindler/Stilz, AktG, § 76 Rn. 18, 20.
90 So auch die Befunde von *Mertens/Cahn*, in: KK-AktG, § 76 Rn. 5; *Spindler*, in: MünchKomm-AktG, § 76 Rn. 16; *Arnold*, in: Marsch-Barner/Schäfer, Handbuch börsennotierte AG, § 18 Rn. 10; *Lawall*, Die virtuelle Holding nach deutschem Aktienrecht, S. 152 f.; *Wettich*, Vorstandsorganisation in der Aktiengesellschaft, S. 62; *Konopatzki*, Funktionsauslagerung bei Kreditinstituten, S. 31.

der Leitungskompetenz des Vorstands, nämlich sein Initiativrecht, die künftige Strategie und Geschäftspolitik der Gesellschaft zu bestimmen. Durch die Steuerungs- und Planungsverantwortung kommt dies begrifflich nicht hinreichend zum Ausdruck. Man könnte daher meinen, selbst Führungsentscheidungen seien in diesen Bereichen delegierbar, solange der Vorstand letztlich dafür die Verantwortung trage. Dieses Verständnis würde aber sein Initiativ- und Entscheidungsrecht in Leitungsangelegenheiten missachten. Im Übrigen wird dem typologischen Ansatz selbst von der Gegenauffassung zugebilligt, bei sachgerechtem Einsatz zu akzeptablen Ergebnissen zu kommen[91].

Damit ist festzuhalten, dass zur Leitung i.S.d. § 76 Abs. 1 AktG die besonders bedeutsamen und für die Entwicklung des Unternehmens und seine Unternehmenspolitik richtungsweisenden Entscheidungen in den Bereichen Unternehmensplanung, Unternehmenskoordination, Unternehmenskontrolle sowie Besetzung von Führungsposten gehören.

IV. Nicht delegierbare Leitungsaufgaben

Auf einen „Kernbereich" nicht delegierbarer Leitungsaufgaben wird oftmals verwiesen, wenn es um die Frage der Zulässigkeit einer Delegation von Vorstandsaufgaben geht[92]. Da die gesetzliche Zuweisung der eigenverantwortlichen Leitung an den Vorstand durch § 76 Abs. 1 AktG der Delegation von Vorstandsaufgaben und -zuständigkeiten Grenzen setzt[93], stellt sich die Frage, ob die für die Delegation gemäß § 76 Abs. 1 AktG geltenden Grenzen möglicherweise verallgemeinerungsfähig sind.

Aufgrund der Vielzahl, Vielfalt und Komplexität der in großen Unternehmen aufgrund expliziter gesetzlicher Zuweisungen und gemäß § 76 Abs. 1 AktG anfallenden Leitungsaufgaben ist es erforderlich, ein System der Arbeitsteilung zu entwickeln, das sicherstellt, dass der Vorstand seiner Leitungspflicht mit der notwendigen Sorgfalt nachkommen kann. Daher muss es auch bei den Leitungsaufgaben noch einmal Abstufungen geben, welche Kernkompetenzen zwingend dem Gesamtvorstand vorbehalten sind und welche Leitungsaufgaben oder Teile davon er delegieren darf.

Eine Entlastung des Vorstands lässt sich einerseits erreichen, indem ihn unternehmensinterne und unternehmensexterne Kräfte unterstützen, andererseits durch eine Geschäftsverteilung unter den Vorstandsmitgliedern, die in der

---

91 *Fleischer*, ZIP 2003, 1, 5.

92 Vgl. nur *Mertens/Cahn*, in: KK-AktG, § 77 Rn. 23; *Hüffer*, in: Bayer/Habersack, Aktienrecht im Wandel, Bd. II, S. 334, 354.

93 Vgl. *Kort*, in: GK-AktG, § 76 Rn. 49, 34; *Fleischer*, in: Spindler/Stilz, AktG, § 76 Rn. 62 ff.; *Hüffer*, in: Bayer/Habersack, Aktienrecht im Wandel, Bd. II, S. 334, 354 f.

Geschäftsordnung des Vorstands geregelt werden kann. Für beides sind die Zulässigkeitsgrenzen den §§ 76, 77 AktG zu entnehmen. Der Grundsatz der eigenverantwortlichen Leitung gemäß § 76 Abs. 1 AktG verbietet die Entäußerung der Leitungsmacht durch den Vorstand als eines der zentralen organisationsrechtlichen Prinzipien der Aktiengesellschaft[94]. § 76 Abs. 1 AktG weist dem Vorstand sowohl im Innen- als auch im Außenverhältnis einen Kernbereich an Leitungstätigkeiten zu, die er weder auf nachgeordnete Unternehmensebenen noch auf unternehmensfremde Dritte übertragen darf[95]. Fraglich ist, worin dieser delegationsfeste Kernbereich der Leitung in den typologisch beschriebenen Leitungsbereichen besteht, den der Vorstand als Gesamtorgan zwingend selbst wahrnehmen muss.

1. Delegation von Vorbereitungs- und Ausführungshandlungen

Im Aktiengesetz finden sich unmittelbare Anhaltspunkte dafür, dass der Vorstand Vorbereitungs- und Ausführungshandlungen bei Leitungsaufgaben nicht unbedingt selbst vornehmen muss, sondern sie delegieren kann. Aus diesen gesetzlichen Beispielen könnte sich möglicherweise eine allgemeine Regel ableiten lassen.

Das Gesetz erlaubt eine Delegation von Vorbereitungs- und Ausführungshandlungen bei der in § 91 AktG geregelten Buchführungspflicht des Vorstands (Abs. 1) sowie seiner Pflicht, in dem Unternehmen geeignete Maßnahmen zur Früherkennung von bestandsgefährdenden Entwicklungen zu treffen, insbesondere ein Früherkennungssystem einzurichten (Abs. 2). Diese Pflichten sind gesetzliche Leitungsaufgaben des Vorstands[96].

Gemäß § 91 Abs. 1 AktG hat der Vorstand dafür „zu sorgen", dass die erforderlichen Handelsbücher geführt werden. Die Buchführungspflicht nach § 91 Abs. 1 AktG ist ein Einzelaspekt der Leitungspflicht des Gesamtvorstands gemäß § 76 Abs. 1 AktG[97]. Daher kann er die Buchführungspflicht sowohl im Rahmen einer ressortmäßigen Geschäftsverteilung auf ein Vorstandsmitglied[98] als auch auf Angestellte der Gesellschaft oder externe Dritte delegieren[99]. Dele-

---

94 *Mertens/Cahn*, in: KK-AktG, § 76 Rn. 42; *Kort*, in: GK-AktG, § 76 Rn. 34, 50; *Schmidt-Leithoff*, Die Verantwortung der Unternehmensleitung, S. 376 f; ausführlich *Semler*, Leitung und Überwachung der Aktiengesellschaft, Rn. 21 ff.

95 *Fleischer*, ZIP 2003, 1, 2; im Ergebnis auch *Mertens/Cahn*, in: KK-AktG, § 76 Rn. 45; *Semler*, Leitung und Überwachung der Aktiengesellschaft, Rn. 22 ff.

96 Vgl. *Hüffer*, AktG, § 91 Rn. 1; *Hommelhoff*, Die Konzernleitungspflicht, S. 165 f.; *Fleischer*, ZIP 2001, 1, 6.

97 *Krieger/Sailer-Coceani*, in: Schmidt/Lutter, AktG, § 91 Rn. 1; *Hüffer*, AktG, § 91 Rn. 1.

98 *Krieger/Sailer-Coceani*, in: Schmidt/Lutter, AktG, § 91 Rn. 3; *Kort*, in: GK-AktG, § 91 Rn. 13.

99 *Krieger/Sailer-Coceani*, in: Schmidt/Lutter, AktG, § 91 Rn. 4; *Kort*, in: GK-AktG, § 91 Rn. 13.

gierbar ist jedoch nur die technische Durchführung der Buchführung, hingegen nicht die ordnungsgemäße Organisation und Überwachung[100]. Der Vorstand ist zur sorgfältigen Auswahl und Überwachung der mit der Aufgabe betrauten Personen sowie zu einer sachgerechten und sorgfältigen Organisation verpflichtet[101]. Die technische Durchführung der Überwachung muss nicht zwingend durch ihn persönlich erfolgen[102]. Er bleibt aber in jedem Fall für die ordnungsgemäße Überwachung verantwortlich[103]. Die technische Durchführung der Buchführung stellt somit bei der Leitungsaufgabe der Buchführung einen delegierbaren Randbereich dar.

Laut § 91 Abs. 2 AktG hat der Vorstand geeignete Maßnahmen zur Früherkennung von Risiken zu treffen, die den Bestand der Gesellschaft gefährden können. Diese Norm verlangt von ihm, ein System zur Risikofrüherkennung und zur Überwachung einzurichten[104]. Damit konkretisiert sie die Leitungspflicht des Vorstands gemäß § 76 Abs. 1 AktG bei bestandsgefährdenden Entwicklungen[105]. Der Gesetzeswortlaut fordert lediglich „geeignete Maßnahmen" und ein „Überwachungssystem", von dem „gefährdende Entwicklungen erkannt werden". Die Verwendung des Passivs verdeutlicht, dass die Durchführung der Überwachung und Kontrolle nicht durch den Vorstand persönlich erfolgen muss. Wesentliche Elemente eines solchen Systems sind eine klare Aufgabenverteilung in dem Unternehmen, eine sorgfältige Dokumentation und ein funktionierendes Berichtswesen[106]. Insofern trifft § 91 Abs. 2 AktG eine Regelung zur Organisationsstruktur der Aktiengesellschaft, die die ordnungsgemäße Wahrnehmung der Leitungsaufgabe des Vorstands sicherstellen soll. Das System muss dafür sorgen, dass gefährdende Entwicklungen frühzeitig erkannt werden. Welche Maßnahmen sich dafür im Einzelnen eignen, hängt von den jeweiligen nachteiligen Entwicklungen und den Eigenheiten des Unternehmens unter Berücksichtigung des unternehmerischen Ermessens des Vorstands ab[107]. Die Einrichtung eines Überwachungssystems entbindet den Gesamtvorstand aber nicht von seiner Verantwortung für die internen Prozesse, insbesondere im Hinblick auf existenzgefährdende Entwicklungen[108].

Vor allem praktische Erwägungen sprechen dafür, § 91 AktG einen allgemeinen Hinweis auf die Delegationsfähigkeit von Vorbereitungs- und Ausfüh-

---

100 *Kort*, in: GK-AktG, § 91 Rn. 13; *Hüffer*, AktG, § 91 Rn. 3.

101 *Krieger/Sailer-Coceani*, in: Schmidt/Lutter, AktG, § 91 Rn. 4.

102 *Mertens/Cahn*, in: KK-AktG, § 91 Rn. 5.

103 *Mertens/Cahn*, in: KK-AktG, § 91 Rn. 5.

104 *Kort*, in: GK-AktG, § 91 Rn. 22; *Wettich*, Vorstandsorganisation in der Aktiengesellschaft, S. 67.

105 *Mertens/Cahn*, in: KK-AktG; § 91 Rn. 1, 14; *Kort*, in: GK-AktG, § 91 Rn. 20.

106 *Hüffer*, AktG, § 91 Rn. 8; *Bürgers/Israel*, in: Heidelberger Kommentar, AktG, § 91 Rn. 11.

107 *Spindler*, in: MünchKomm-AktG, § 91 Rn. 24; *Hüffer*, AktG, § 91 Rn. 7.

108 *Mertens/Cahn*, in: KK-AktG, § 91 Rn. 15.

rungshandlungen bei Leitungsaufgaben des Vorstands zu entnehmen, da dies der Unternehmensrealität und den Bedürfnissen in den Unternehmen gerecht wird[109]. Der Vorstand kann schlichtweg nicht alle Entscheidungen und Maßnahmen in den zur Leitung gehörenden Bereichen von der Planung über die Vorbereitung bis hin zur Durchführung eigenhändig vornehmen, sondern muss anhand eines Systems sicherstellen, dass alle Teilschritte und Aufgaben sorgfältig erledigt werden. Dieses Bedürfnis und den Weg, wie ihm nachgekommen werden kann, zeigt § 91 Abs. 1 und Abs. 2 AktG beispielhaft auf[110].

Damit ist davon auszugehen, dass auch bei anderen Leitungsaufgaben i.S.v. § 76 Abs. 1 AktG ein arbeitsteiliges Zusammenwirken möglich ist. Vorbereitungs- und Ausführungshandlungen in den Leitungsbereichen Unternehmensplanung, Unternehmenskoordination, Unternehmenskontrolle oder Führungspostenbesetzung bilden insofern einen Randbereich der Leitung, der entweder einzelnen Vorstandsmitgliedern oder Mitarbeitern nachgeordneter Leitungsebenen übertragen werden kann, die dem Direktionsrecht des Vorstands unterliegen[111]. Entscheidend ist im Hinblick auf § 76 Abs. 1 AktG, dass der Vorstand am Ende eine selbständige, wohl überlegte Entscheidung trifft, die er alleine zu verantworten hat[112]. Er darf sich zwar Entscheidungsvorschläge und Beschlussvorlagen vorbereiten lassen, die Vorschläge jedoch nicht ungeprüft übernehmen[113]. Entscheidungskompetenzen an sich darf der Vorstand weder an gesellschaftsinterne Mitarbeiter noch an gesellschaftsexterne Dritte delegieren[114]. Der Fokus liegt somit nicht auf dem Entscheidungsprozess als solchem, sondern auf der Entscheidung, die diesen Prozess abschließt und sein Ergebnis verbindlich publik macht[115]. Ferner muss der Gesamtvorstand sicherstellen, die delegierten Aufgaben zu jeder Zeit unter seiner Kontrolle zu haben und wieder an sich ziehen zu können[116].

---

109 So auch *Fleischer*, in: Spindler/Stilz, AktG, § 91 Rn. 11; *ders.*, ZIP 2003, 1, 6; *Hommelhoff*, Die Konzernleitungspflicht, S. 165; *Wettich*, Vorstandsorganisation in der Aktiengesellschaft, S. 66 f.

110 So auch *Fleischer*, in: Spindler/Stilz, AktG, § 91 Rn. 11; *ders.*, ZIP 2003, 1, 6; *Hommelhoff*, Die Konzernleitungspflicht, S. 165; *Wettich*, Vorstandsorganisation in der Aktiengesellschaft, S. 67.

111 Vgl. *Hoffmann-Becking*, ZGR 1998, 497, 508; *Fleischer*, in: Spindler/Stilz, AktG, § 76 Rn. 20, 65; *ders.*, ZIP 2003, 1, 6.

112 *Fleischer*, ZIP 2003, 1, 6.

113 Vgl. *Fleischer*, ZIP 2003, 1, 6.

114 *Kort*, in: GK-AktG, § 76 Rn. 49 f.; *Spindler*, in: MünchKomm-AktG, § 76 Rn. 19; *Fleischer*, ZIP 2003, 1, 2, 8 f.; *Lutter*, in: FS Fleck, S. 169, 184.

115 Vgl. *Fleischer*, ZIP 2003, 1, 6; *Wiesner*, MünchHdb-AG, § 19 Rn. 14; *Hoffmann-Becking*, ZGR 1998, 497, 508; *Turiaux/Knigge*, DB 2004, 2199, 2204.

116 *Mertens/Cahn*, in: KK-AktG, § 76 Rn. 45.

Die Unterstützung des Vorstands durch Mitarbeiter einer nachgeordneten Unternehmensebene oder unternehmensexterne Dienstleister ist mithin zulässig, wenn der Gesamtvorstand die eigentliche unternehmerische Entscheidung eigenverantwortlich trifft[117] und kein Zuständigkeitstransfer stattfindet[118]. Vorbereitungs- und Ausführungshandlungen in Leitungsangelegenheiten des Vorstands sind jedoch delegationsfähig. Dementsprechend wurde etwa die vollständige Auslagerung der EDV eines Unternehmens auf einen externen Dienstleister als zulässig erachtet, solange dem Vorstand die Aufgabenstellung gegenüber dem Dienstleister sowie die Entscheidungsfreiheit und -kompetenz über die Umsetzung der Entscheidungsvorschläge vorbehalten blieb[119].

2. Zwingende Kompetenzen des Gesamtvorstands

Nachdem sich Vorbereitungs- und Ausführungshandlungen bei Leitungsaufgaben des Vorstands nach § 76 Abs. 1 AktG unter den genannten Voraussetzungen als delegationsfähig erwiesen haben, ist zu klären, ob darüber hinaus bei den Leitungskompetenzen Abstufungen vorgenommen werden können. Die Frage nach einem Kernbereich ausschließlicher Kompetenzen des Gesamtvorstands stellt sich vor allem im Zusammenhang mit der Geschäftsverteilung im mehrköpfigen Vorstand.

a) Geschäftsverteilung im mehrköpfigen Vorstand

Die vielen Leitungsaufgaben, die vom Vorstand in den einzelnen Unternehmensbereichen erfüllt werden müssen, lassen sich besser bewältigen, wenn die Vorstandsmitglieder abweichend vom Gesamtgeschäftsführungsprinzip einzelne Leitungsbereiche als Ressorts übernehmen und diese eigenverantwortlich leiten. Eine solche Regelung kann in der Geschäftsordnung getroffen werden (§ 77 Abs. 1 AktG), zu deren Erlass der Aufsichtsrat aufgrund seiner Personalkompetenz im Hinblick auf den Vorstand berechtigt ist[120]. In regelmäßigen Abständen tritt der Vorstand dann als Kollegialorgan zusammen, um grundlegende Entscheidungen zur Unternehmenspolitik gemeinsam zu treffen[121]. Ziff. 4.2.1 des Deutschen Corporate Governance Kodex[122] empfiehlt ausdrücklich eine Ressortverteilung verbunden

117 *Hoffmann-Becking*, ZGR 1998, 497, 508 f.; *Hüffer*, in: Aktienrecht im Wandel, Bd. II, S. 334, 354 f.; *Turiaux/Knigge*, DB 2004, 2199, 2204; *Fleischer*, ZIP 2003, 1, 6; *ders.*, NZG 2003, 449, 452; *Götz*, ZGR 2003, 1, 11.

118 *Hüffer*, in: Aktienrecht im Wandel, Bd. II, S. 334, 355.

119 Vgl. LG Darmstadt AG 1987, 218, 220 („Opel-Fall") mit Anm. *Hirte*, EWiR § 111 AktG 1/86, 853; vgl. auch *Kort*, AG 1987, 193; *Stein*, ZGR 1988, 163.

120 *Spindler*, in: MünchKomm-AktG, § 77 Rn. 47; *Fleischer*, in: Spindler/Stilz, AktG, § 77 Rn. 63.

121 *Kort*, in: GK-AktG, § 77 Rn. 42; *Mertens/Cahn*, in: KK-AktG, § 77 Rn. 16.

122 In der Fassung vom 26. Mai 2010.

mit einer Festlegung von Aufgaben des Gesamtvorstands. Auf diese Weise können besondere Kenntnisse, Spezialisierungen und Erfahrungen einzelner Vorstandsmitglieder für die Gesellschaft genutzt werden[123]. Verbreitet wird im Wesentlichen auf die Grundmodelle einer funktionalen, divisionalen oder regionalen Ressortbildung zurückgegriffen[124]. Unternehmensbereiche können aber auch als rechtlich selbständige Gesellschaften geführt werden, deren Anteile der Obergesellschaft gehören. Auf diese Weise lassen sich funktionale und divisionale Strukturen kombinieren (Matrixorganisation)[125]. Von Interesse sind im vorliegenden Zusammenhang allerdings lediglich die Grenzen, die diesen Organisationsstrukturen die aus § 76 Abs. 1 AktG abgeleiteten Grundsätze der Gesamtleitung und der Gesamtverantwortung setzen. Nach ihnen ist der Vorstand als Gesamtorgan für die Leitung der Gesellschaft zuständig und verantwortlich und muss es auch nach der Bildung einzelner Ressorts bleiben[126].

b) Grenzen gemäß § 76 AktG

Generell steht § 76 Abs. 1 AktG einer vorstandsinternen Arbeitsteilung durch Ressortbildung nicht entgegen[127]. Unzulässig ist es lediglich, diejenigen Leitungsaufgaben unter den Vorstandsmitgliedern aufzuteilen und der gemeinsamen Wahrnehmung durch den Gesamtvorstand zu entziehen, die zu einem besonders engen Kreis an Leitungsaufgaben gemäß § 76 Abs. 1 AktG gehören, nämlich zu dem Kernbereich der Leitung[128]. Diesen Kernbereich der Leitung muss der Vorstand weiterhin als Gesamtorgan wahrnehmen und darf ihn nicht delegieren[129].

Eine Reduzierung der zwingenden Leitungsaufgaben des Gesamtvorstands auf einen Kernbereich erlegt den Vorstandsmitgliedern zwei Pflichten auf: Jedem Vorstandsmitglied obliegt über sein Ressort hinaus eine Pflicht zur Überwachung und Kontrolle der anderen Mitglieder[130]. Durch sie wird er seiner Leitungs- und

123 *Wettich*, Vorstandsorganisation in der Aktiengesellschaft, S. 87.

124 Vgl. dazu *Wettich*, Vorstandsorganisation in der Aktiengesellschaft, S. 14 ff., 86 ff.; *Mertens/ Cahn*, in: KK-AktG, § 77 Rn. 15 ff.; *Kort*, in: GK-AktG, § 77 Rn. 23 ff.; *Fleischer*, in: Spindler/Stilz, AktG, § 77 Rn. 36 ff.

125 *Mertens/Cahn*, in: KK-AktG, § 77 Rn. 15; *Fleischer*, in: Spindler/Stilz, AktG, § 77 Rn. 39.

126 *Hoffmann-Becking*, ZGR 1998, 497, 506; *Wettich*, Vorstandsorganisation in der Aktiengesellschaft, S. 28 f.; *Schwark*, ZHR 142 (1978), 203, 214 f.; *Fleischer*, in: Fleischer, Hdb. VorstandsR, § 1 Rn. 53 ff.; *Kort*, in: GK-AktG, § 76 Rn. 2, 33; *Hüffer*, AktG, § 76 Rn. 1; *Dose*, Die Rechtsstellung der Vorstandsmitglieder einer Aktiengesellschaft, S. 32 ff.

127 *Kort*, in: GK-AktG, § 77 Rn. 36; *Fleischer*, in: Spindler/Stilz, AktG, § 77 Rn. 46; *ders*., NZG 2003, 449, 451.

128 *Mertens/Cahn*, in: KK-AktG, § 77 Rn. 23; *Hoffmann-Becking*, ZGR 1998, 497, 508.

129 *Mertens/Cahn*, in: KK-AktG, § 77 Rn. 23.

130 Vgl. nur *Mertens/Cahn*, in: KK-AktG, § 77 Rn. 25 f.

Kontrollverantwortung in den anderen Leitungsbereichen gerecht[131]. Die Leitungspflicht wandelt sich insofern infolge der Ressortbildung in eine allgemeine Aufsichtspflicht in denjenigen Bereichen um, für die das betreffende Vorstandsmitglied nach der Geschäftsverteilung nicht zuständig ist. Die gesamtverantwortliche Leitungsbefugnis des Vorstands gemäß § 76 Abs. 1 AktG bedeutet insofern in erster Linie gesamtverantwortliche Leitungskontrolle[132]. Die zweite Pflicht der Vorstandsmitglieder besteht bei einer Pflichtenreduzierung auf den Kernbereich der Leitung darin, jede Entscheidung in ihrem Ressort, die grundsätzliche Fragen der Unternehmenspolitik betrifft, von grundlegender Bedeutung für das Unternehmen als Ganzes ist und daher die Qualität einer originären Führungsentscheidung hat, dem Gesamtvorstand zur Entscheidung vorzulegen[133]. Dadurch ist ein gemeinsamer Willensbildungsprozess in dem Kernbereich der Leitung sichergestellt[134]. Eine solche Organisation der Vorstandstätigkeit wird sowohl dem Bedürfnis nach Arbeitsteilung als auch den gemäß § 76 Abs. 1 AktG zwingenden Grundsätzen der Gesamtleitung und Gesamtverantwortung gerecht.

Aus Zweckmäßigkeitgründen ist der Kernbereich der Leitung eng zu fassen und auf wenige unternehmerische Führungsfunktionen in den einzelnen Leitungsbereichen zu beschränken[135]. Auf diese Weise bestehen weitreichende Möglichkeiten für eine Arbeitsteilung und eine Aufgabendelegation, die insbesondere in Großunternehmen und internationalen Konzernen unabdingbar sind. Das einzelne Vorstandsmitglied wird entlastet und kann sich auf diese Weise mit größerer Aufmerksamkeit und Sorgfalt den wichtigsten, grundlegenden geschäftspolitischen Entscheidungen zuwenden[136]. Infolge eines eng gezogenen Kernbereichs undelegierbarer Leitungsaufgaben können Vorstand und Aufsichtsrat für das Unternehmen ein geeignetes individuelles Führungskonzept ausarbeiten.

Ein enges Verständnis des delegationsfesten Kernbereichs kollidiert auch nicht mit Schutzzweckgesichtspunkten, die in den gesetzlichen Leitungsaufgaben des Gesamtvorstands zum Ausdruck kommen. Die gesetzlichen Leitungsaufgaben des Vorstands dienen überwiegend den Interessen der Aktionäre, der Gläubiger und

131 *Wettich*, Vorstandsorganisation in der Aktiengesellschaft, S. 87.

132 Vgl. *Martens*, in: FS Fleck, S. 191, 195; *Wettich*, Vorstandsorganisation in der Aktiengesellschaft, S. 87 f. und 248 f.; *Kort*, in: GK-AktG, § 77 Rn. 35; *Spindler*, in: MünchKomm-AktG, § 77 Rn. 59; *Wiesner*, in: MünchHdb-AG, § 22 Rn. 15.

133 *Mertens/Cahn*, in: KK-AktG, § 77 Rn. 16; *Kort*, in: GK-AktG, § 77 Rn. 41; *Spindler*, in: MünchKomm-AktG, § 77 Rn. 33, 62; *Wettich*, Vorstandsorganisation in der Aktiengesellschaft, S. 87 f.; *Schwark*, ZHR 142 (1978), 203, 215 f.

134 *Martens*, in: FS Fleck, S. 191, 196.

135 Überzeugend *Lawall*, Die virtuelle Holding nach deutschem Aktienrecht, S. 161 ff.; ähnlich *Fleischer*, in: Spindler/Stilz, AktG, § 76 Rn. 20 („immanente Pflichtenreduzierung"); *ders.*, ZIP 2003, 1, 6; zustimmend *Bürgers/Israel*, in: Heidelberger Kommentar, AktG, § 76 Rn. 8.

136 *Lawall*, Die virtuelle Holding nach deutschem Aktienrecht, S. 161 ff.

der Öffentlichkeit[137]. Alle diese Bezugsgruppen haben ein gemeinsames Interesse daran, dass die Geschicke der Gesellschaft ein Leitungsorgan bestimmt, das seine Entscheidungen am Wohl der Gesellschaft ausrichtet, unabhängig ist und für sein Handeln die Verantwortung trägt. Dafür muss der Vorstand nicht sämtliche Leitungsaufgaben als Gesamtorgan wahrnehmen. Von wem eine Aufgabe im Einzelnen erledigt wird, ist von nachrangiger Bedeutung, solange das Gesamtorgan – also alle Organmitglieder in gleicher Weise – für die Ordnungsmäßigkeit einsteht und nicht die Gefahr droht, dass einzelne Vorstandsmitglieder sich ihrer Verantwortung entziehen[138].

Festzuhalten ist somit, dass der Vorstand nur einen engen Kernbereich an Aufgaben in den Leitungsbereichen Unternehmensplanung, Unternehmenskoordination, Unternehmenskontrolle und Besetzung von Führungsposten zwingend als Gesamtorgan wahrnehmen muss[139]. Zu diesem Kernbereich zählen die besonders wichtigen, außergewöhnlichen und risikoreichen geschäftspolitischen Entscheidungen von großer Tragweite für das Unternehmen und insbesondere seine Ertrags- und Finanzlage[140]. Außerhalb dieses Kernbereichs können Leitungsaufgaben delegiert werden, solange jedes Vorstandsmitglied die ordnungsgemäße Erfüllung überwacht und der Vorstand als Gesamtorgan für sie verantwortlich bleibt. Worin der Kernbereich in den Leitungsbereichen im Einzelnen besteht, lässt sich nicht pauschal sagen, da er von der Eigenart des einzelnen Unternehmens abhängt, also von der Branche, der Größe, der Struktur und der geschäftlichen Beziehungen[141]. Ein allzu starres gesetzliches Organisationsprinzip würde eine individuelle Führungsorganisation mit maßgeschneiderten Entscheidungsstrukturen verhindern[142].

Bei einem engen Verständnis des Kernbereichs der Leitung kann sich etwa die Leitungsaufgabe der Unternehmensplanung auf die Vorgabe strategischer Unternehmensziele, Richtlinien und Unternehmensgrundsätze beschränken, die Aufgabe der Unternehmensorganisation auf die Vorgabe der wesentlichen Grundzüge der Aufgabenverteilung und die Vorstandspflicht der Unternehmenskontrolle auf die Einrichtung eines Berichtswesens, einer Revisions- und einer Kontrollabteilung[143].

---

137 Vgl. oben, Zweiter Teil, Zweites Kapitel, A. III. 1.

138 *Martens*, in: FS Fleck, S. 191, 195.

139 Vgl. *Fleischer*, in: Spindler/Stilz, AktG, § 76 Rn. 20; *ders.*, ZIP 2003, 1, 6; zustimmend *Bürgers/Israel*, in: Heidelberger Kommentar, AktG, § 76 Rn. 8; ähnlich *Lawall*, Die virtuelle Holding nach deutschem Aktienrecht, S. 161 ff.

140 *Dose*, Die Rechtsstellung der einzelnen Vorstandsmitglieder, S. 41; *Fleischer*, ZIP 2003, 1, 6.

141 Im Ergebnis auch *Mertens/Cahn*, in: KK-AktG, § 76 Rn. 5 und § 77 Rn. 23.

142 Für eine flexible Anwendung der gesetzliche Vorschriften in Hinblick auf die Vorstandsorganisation wirbt auch *Martens*, in: FS Fleck, S. 191, 192 f.

143 *Fleischer*, in: Spindler/Stilz, AktG, § 76 Rn. 20.

3. *Übertragbarkeit der Grenzen auf schuldrechtliche Einflussrechte*

Die Delegation von Leitungsbefugnissen unterscheidet sich in ihren Auswirkungen auf die Leitungskompetenz des Vorstands allerdings in entscheidenden Punkten von einer schuldrechtlichen Einschränkung der Leitungsmacht gegenüber Aktionären oder Dritten. Daher können die für die Delegation gemäß § 76 Abs. 1 AktG geltenden Grenzen nicht auf schuldrechtliche Einschränkungen der Leitungsmacht übertragen werden. Bei schuldrechtlichen Einschränkungen der Leitungsmacht fehlt es in der Regel nämlich sowohl an einem Letztentscheidungsrecht als auch an der Möglichkeit des Vorstands, Einflussnahmen des Vertragspartners jederzeit beenden und die betreffende Maßnahme oder Entscheidung wieder ganz an sich zu ziehen. Zwar verpflichtet sich durch einen schuldrechtlichen Vertrag mit einem Aktionär oder Dritten stets nur die Gesellschaft und nicht der Vorstand selbst. Auf dessen Kompetenzen wirken sich schuldrechtlich begründete Einflussrechte nicht aus. Ignoriert der Vorstand ein vertraglich vereinbartes Einflussrecht oder handelt er entgegen dem Votum des Vertragspartners, macht sich daher lediglich die Gesellschaft schadensersatzpflichtig, nicht aber der Vorstand selbst. Dennoch folgt aus der Schadensersatzpflicht der Gesellschaft eine faktische Bindung des Vorstands, weil er als ihr Handlungsorgan verpflichtet ist, dafür zu sorgen, dass sie ihre vertraglichen Verpflichtungen einhält. Insofern resultiert aus dem Vertrag letztendlich auch eine Bindung des Vorstands, aufgrund derer er in seinen Entscheidungen nicht mehr frei ist. Darin ist ein wesentlicher und entscheidender Unterschied zu dem autonomen Letztentscheidungsrecht zu sehen, das dem Gesamtvorstand bei der Delegation von Leitungsaufgaben stets zusteht.

B. Zwischenergebnis und Schlussfolgerungen

§ 76 Abs. 1 AktG begründet für den Vorstand ein Recht und eine Pflicht zur Leitung des Unternehmens. Leitung stellt einen herausgehobenen Teilbereich der Geschäftsführung dar. Geschäftsführung ist der Oberbegriff für jedes Handeln des Vorstands für die Gesellschaft. Leitung lässt sich typologisch in die Bereiche Unternehmensplanung, Unternehmenskoordination, Unternehmenskontrolle sowie Führungspostenbesetzung unterteilen.

Der gesamte Bereich der Geschäftsführung ist ausschließlich dem Vorstand zugewiesen. Nach der Organisationsverfassung der unverbundenen Aktiengesellschaft ist der Vorstand in diesem gesamten Bereich an keinerlei Weisungen gebunden. Im Aktiengesetz kommt die Weisungsfreiheit des Vorstands an unterschiedlichen Stellen zum Ausdruck, etwa in § 111 Abs. 1 oder § 119 Abs. 2 AktG.

Die Weisungsfreiheit des Vorstands der unverbundenen Aktiengesellschaft steht einem vertraglichen Weisungsrecht zugunsten Dritter oder von Aktionären entgegen.

Aufgaben der Geschäftsführung, die nicht zu Leitung zählen, können sowohl unter den Vorstandsmitgliedern aufgeteilt als auch unternehmensintern an Mitarbeiter nachgeordneter Unternehmensebenen oder an unternehmensexterne Dienstleister übertragen werden. Bei der Delegation von Aufgaben aus dem Zuständigkeitsbereich des Vorstands schließt § 76 Abs. 1 AktG lediglich Beschränkungen des Kernbereichs originärer Vorstandskompetenzen aus. Dieser delegationsfeste Kernbereich besteht aus den besonders wichtigen, außergewöhnlichen und risikoreichen geschäftspolitischen Entscheidungen, die von großer Tragweite für das Unternehmen und insbesondere seine Ertrags- und Finanzlage sind. Abstrakt lassen sich diese Entscheidungen nicht näher spezifizieren, da sie von der Eigenart des einzelnen Unternehmens abhängen, also seiner Branche, Größe, Struktur, den geschäftlichen Beziehungen sowie sonstigen individuellen Charakteristika.

In den nicht zu diesem Kernbereich zählenden Leitungsangelegenheiten sowie in allgemeinen Geschäftsführungsangelegenheiten ist eine Delegation zulässig, solange der Vorstand über die delegierten Aufgaben die Kontrolle behält, die Angelegenheiten jederzeit wieder an sich ziehen kann und ihm das Letztentscheidungsrecht bleibt. Daran zeigt sich, dass das Aktiengesetz kein vollkommen starres Organisationsprinzip manifestiert.

Die für die Delegation von Leitungsbefugnissen gemäß § 76 Abs. 1 AktG geltenden Grenzen lassen sich auf schuldrechtlich begründete Einflussrechte für Aktionäre oder Dritte nicht übertragen, da entscheidende Unterschiede in den jeweiligen Auswirkungen auf die Leitungsmacht des Vorstands bestehen.

Aus den Erkenntnisse zum Leitungsbegriff ist zu schließen, dass schuldrechtliche Einflussnahmen auf Entscheidungen des Vorstands nicht schlechterdings verboten sein können, sondern nur dann, wenn sie bei wertender Betrachtung seine ausschließliche Zuständigkeit für die besonders wichtigen und außergewöhnlichen Entscheidungen, die mit hohem Risiko verbunden und von großer Tragweite für das gesamte Unternehmen sind, unverhältnismäßig stark einschränken und den Vorstand daran hindern, seine Führungsverantwortung in dem Unternehmen wahrzunehmen[144]. Diese Beurteilungskriterien gelten für sämtliche Vorgänge und Maßnahmen, die gesetzliche Zuständigkeiten des Vorstands berühren und daher an den zwingenden Prinzipien des Aktiengesetzes zu messen sind.

---

144 Im Ergebnis auch *Mertens/Cahn*, in: KK-AktG, § 76 Rn. 48; ähnlich *Seibt*, in: Schmidt/Lutter, AktG, § 76 Rn. 10; *ders.*, in: FS K. Schmidt, S. 1463, 1464.

Ab wann schuldrechtlich begründete Einflussrechte auf Maßnahmen und Entscheidungen des Vorstands als unverhältnismäßig anzusehen sind, ist im Einzelfall zu entscheiden[145]. Maßgebend sind die Auswirkungen, die sich für den Vorstand ergeben. Um zu handhabbaren Kriterien für diese Einzelfallentscheidung zu gelangen, ist in einem nächsten Schritt die beherrschungsvertragliche Bedeutung vertraglicher Einwirkungsrechte auf Vorstandsentscheidungen zu untersuchen.

Drittes Kapitel: Vertragliche Einwirkungsrechte und Beherrschungsvertrag

Wie bereits in den Grundlagen zur aktienrechtlichen Kompetenzordnung angesprochen[146], besteht die Bedeutung des Beherrschungsvertrags für die Frage nach der Zulässigkeit vertraglicher Einschränkungen der Leitungsmacht des Vorstands darin, dass er gemäß § 23 Abs. 5 AktG die einzige gesetzlich vorgesehene Möglichkeit darstellt, die Leitungszuständigkeit des Vorstands gemäß § 76 Abs. 1 AktG zu durchbrechen (vgl. §§ 291 Abs. 1 S. 1, 308 AktG). Nachdem nunmehr Gegenstand und Inhalt der Leitung i.S.d. § 76 Abs. 1 AktG feststehen, ist zu erörtern, was unter einer Leitungsunterstellung nach § 291 Abs. 1 S. 1 AktG als Inhalt des Beherrschungsvertrags zu verstehen ist und welche Bedeutung in diesem Zusammenhang vertraglichen Einflussrechten für Aktionäre oder sonstige Geschäftspartner zukommt, die zu einer Einschränkung der Leitungsmacht des Vorstands führen.

A. Leitungsunterstellung im Beherrschungsvertrag

I. Aktienrechtliche Grundlagen zum Beherrschungsvertrag

Ein Beherrschungsvertrag zeichnet sich nach § 291 Abs. 1 S. 1 AktG durch die Unterstellung der Leitung der Aktiengesellschaft oder Kommanditgesellschaft auf Aktien unter die Leitung eines anderen Unternehmens aus. Gemäß § 18 Abs. 1 S. 2 AktG bilden beide Gesellschaften dann einen Konzern. Der Begriff der „Leitung“ wird in den §§ 291 Abs. 1 S. 1, 308 Abs. 1 S. 1 AktG und § 18

---

145 Ebenso *Mertens/Cahn*, in: KK-AktG, § 76 Rn. 48; *Seibt*, in: Schmidt/Lutter, AktG, § 76 Rn. 10; *ders.*, in: FS K. Schmidt, S. 1463, 1464.

146 Vgl. oben, Zweiter Teil, Erstes Kapitel, C.

Abs. 1 und Abs. 2 AktG in demselben Sinn verwendet wie in § 76 Abs. 1 AktG[147]. Die Obergesellschaft erlangt in einem Beherrschungsvertrag die Leitungsmacht über die Untergesellschaft. Gesetzlich vorgesehenes Instrument, mit der das herrschende Unternehmen die Leitungsmacht ausübt, ist gemäß § 308 Abs. 1 S. 1 AktG ein Weisungsrecht gegenüber dem Vorstand der abhängigen Gesellschaft hinsichtlich der Leitung. Das Weisungsrecht berührt die Rechte und Pflichten der Hauptversammlung und des Aufsichtsrats – bis auf die Zustimmung des Aufsichtsrats zu bestimmten Geschäften gemäß § 111 Abs. 4 S. 2 AktG, die gemäß § 308 Abs. 3 AktG entbehrlich werden kann – nicht[148].

Gemäß § 291 Abs. 3 AktG gelten Leistungen bei Bestehen eines Beherrschungsvertrags nicht als Verstoß gegen die Kapitalerhaltungsvorschriften (§§ 57, 58, 60 AktG). Im Gegenzug sieht das Gesetz Schutzregeln für die unterstellte Gesellschaft, ihre Gläubiger und außenstehenden Aktionäre vor. § 300 Nr. 3 AktG regelt die Dotierung der gesetzlichen Rücklage bei Bestehen eines Beherrschungsvertrags. Dadurch soll verhindert werden, dass das herrschende Unternehmen bei der Untergesellschaft durch Ausübung seines Weisungsrechts oder auf andere Weise Gewinne zu Lasten ihrer Substanzbildung abschöpft[149]. Der Untergesellschaft steht gegen die herrschende Gesellschaft ein Anspruch auf Ausgleich jedes während der Vertragsdauer entstehenden Jahresfehlbetrags gemäß § 302 Abs. 1 AktG zu. Ihn ergänzt bei Vertragsende ein Anspruch der Gläubiger der Untergesellschaft auf Sicherheitsleistung (§ 303 Abs. 1 AktG). Die §§ 304 bis 307 AktG schützen dagegen vorrangig die außenstehenden Aktionäre. Die herrschende Gesellschaft muss ihnen entweder einen Ausgleich in Form jährlicher Zahlungen oder aber eine Abfindung gewähren, die jeweils auf der Grundlage einer Unternehmensbewertung zu ermitteln sind (§§ 304 ff. AktG), weil ihr Unternehmen bei Bestehen des Beherrschungsvertrags nicht mehr im gemeinsamen Interesse betrieben wird. Nach § 304 Abs. 1 S. 2 AktG muss ein Beherrschungsvertrag eine Ausgleichsregelung zu Gunsten der außenstehenden Aktionäre enthalten. § 305 Abs. 1 AktG fordert eine angemessene Abfindungsregelung zugunsten außenstehender Aktionäre, die aus der Gesellschaft ausscheiden wollen.

---

147 AllgM, vgl. *Kropff*, Begr. RegE AktG 1965 zu § 308 AktG, S. 403; *Emmerich*, in: Emmerich/Habersack, Aktien- und GmbH-Konzernrecht, § 291 Rn. 12; ferner *Koppensteiner*, in: KK-AktG, § 291 Rn. 20; *Altmeppen*, in: MünchKomm-AktG, § 291 Rn. 76; *Hüffer*, AktG, § 291 Rn. 10.

148 OLG Stuttgart AG 1998, 585, 586; OLG Karlsruhe AG 1991, 144, 146; *Koppensteiner*, in: KK-AktG, § 291 Rn. 20; *Emmerich*, in: Emmerich/Habersack, Aktien- und GmbH-Konzernrecht, § 291 Rn. 12.

149 *Koppensteiner*, in: KK-AktG, § 300 Rn. 21; *Hüffer*, AktG, § 300 Rn. 12.

In formeller Hinsicht bedarf ein Beherrschungsvertrag der Zustimmung der Hauptversammlung der abhängigen Gesellschaft mit qualifizierter Mehrheit (§ 293 Abs. 1 AktG) und – sofern es sich bei dem anderen Vertragsteil um eine Aktiengesellschaft handelt – auch der Zustimmung ihrer Hauptversammlung (§ 293 Abs. 2 AktG). Ein Beherrschungsvertrag bedarf nach § 291 Abs. 3 AktG der Schriftform und gemäß § 294 AktG der Eintragung in das Handelsregister. Die Eintragung wirkt gemäß § 294 Abs. 2 AktG konstitutiv[150]. Diese Regelungen erfassen vertragliche Unternehmenskonzentrationen rechtlich, machen sie durch Publizitätserfordernisse transparent und entziehen sie vor allem der alleinigen Leitungsmacht des Vorstands[151].

II. Inhalt und Modalitäten der Leitungsunterstellung

Für die konzernrechtliche Beurteilung vertraglicher Einwirkungsrechte auf Vorstandsentscheidungen ist von entscheidender Bedeutung, ob sie zu einer Leitungsunterstellung i.S.d. § 291 Abs. 1 Satz 1 AktG führen. Dafür sind die Voraussetzungen und der Inhalt der Leitungsunterstellung zu untersuchen. Anhand der Ergebnisse dieser Untersuchung lässt sich dann beurteilen, welche Vertragsgestaltungen aufgrund ihres Inhalts nur unter den Voraussetzungen des Beherrschungsvertrags wirksam geschlossen werden können und folglich ohne Einhaltung dieser Voraussetzungen gegen § 76 Abs. 1 AktG verstoßen.

Verlangt ein Kapitalgeber in einem Vertrag Einflussrechte bei Maßnahmen oder Entscheidungen aus dem Bereich der Leitung, beziehen sich diese Einflussrechte typischerweise nicht auf sämtliche Leitungsentscheidungen des Vorstands, sondern lediglich auf einzelne Teilbereiche oder bestimmte Entscheidungen, die dem Vertragspartner besonders wichtig sind. Zuerst ist daher zu klären, ob Einwirkungsrechte auf einzelne Leitungsbereiche zu einer Leitungsunterstellung i.S.v. § 291 Abs. 1 S. 1 AktG führen können. Darüber hinaus stellt sich die Frage, was unter einer Weisung i.S.d. § 308 AktG zu verstehen ist und welche Organisationsfreiheit die Parteien bei der Wahl der Leitungsmittel in einem Beherrschungsvertrag genießen. Daraus ergibt sich dann, welche Vereinbarungen nicht in einem schuldrechtlichen Vertrag, sondern nur unter den Voraussetzungen eines Beherrschungsvertrags wirksam getroffen werden können, weil sie zu einer beherrschungsvertraglichen Leitungsunterstellung führen würden. Die Erkenntnisse zu der Leitungsunterstellung i.S.d. § 291 Abs. 1 AktG sind maßgebend für den Prüfungsmaßstab, der bei der Beurteilung vertraglicher Einwirkungsrechte auf Vorstandsentscheidungen zugrunde zu legen ist. Wäre eine Leitungsunterstellung durch schuldrechtlich begründete Einwirkungsrechte – insbesondere durch

150 *Koppensteiner*, in: KK-AktG, § 294 Rn. 29; *Hüffer*, AktG, § 294 Rn. 17.

151 *Kropff*, BegrRegE AktG 1965, Allg. Begründung RegE. S. 16 f.

Zustimmungsvorbehalte bei bestimmten geschäftspolitischen Entscheidungen des Vorstands – von vornherein ausgeschlossen, würden sie sich innerhalb der Grenzen des nach § 76 Abs. 1 AktG Zulässigen bewegen. Könnten sie hingegen eine Leitungsunterstellung begründen, wäre die Schwelle zur Leitungsunterstellung die Grenze, ab der Einwirkungsrechte gegen § 76 Abs. 1 AktG verstoßen.

1. Gesetzestypischer Fall der Leitungsunterstellung

Inhalt eines Beherrschungsvertrags ist der Übergang der Leitungskompetenz des Vorstands gemäß § 76 Abs. 1 AktG auf das herrschende Unternehmen[152]. Der Vorstand der abhängigen Gesellschaft behält zwar seine Zuständigkeiten, Befugnisse und Pflichten. Er ist jedoch gebunden, sofern und soweit er Weisungen durch das herrschende Unternehmen erhält[153].

a) Merkmale und Bezugspunkt der Weisung gemäß § 308 AktG

Gemäß § 308 AktG erfolgt die beherrschungsvertragliche Leitungsunterstellung mittels eines vertraglichen Weisungsrechts des herrschenden Unternehmens gegenüber dem Vorstand der abhängigen Gesellschaft. Das Weisungsrecht des Vertragspartners überlagert dann seine Leitungsmacht. Bei einer Weisung trifft der Vorstand der Untergesellschaft Führungsentscheidungen nicht mehr eigenverantwortlich, sondern nur noch nach Maßgabe der Weisung. Das herrschende Unternehmen darf dem Vorstand der Untergesellschaft gemäß § 308 Abs. 1 S. 2 AktG auch Weisungen erteilen, die für dessen Gesellschaft nachteilig sind, solange sie dem Konzerninteresse dienen. Das herrschende Unternehmen muss auf die Belange der unterstellten Gesellschaft keine Rücksicht nehmen. Der Vorstand der Untergesellschaft hat den Weisungen gemäß § 308 Abs. 2 AktG Folge zu leisten. Sie sind für ihn rechtlich verbindlich und können aufgrund des Beherrschungsvertrags im Konfliktfall gegen seinen Willen durchgesetzt werden. Merkmal der Leitungsunterstellung nach § 291 Abs. 1 AktG ist insofern ein verbindlicher und rechtlich durchsetzbarer Leitungstransfer auf das andere Unternehmen, der nach dem Gesetz durch ein Weisungsrecht gemäß § 308 AktG erfolgt.

Zu klären ist, auf welche Befugnisse des Vorstands der abhängigen Gesellschaft sich das Weisungsrecht des herrschenden Unternehmens gemäß § 308 AktG beziehen muss, damit es zu einer Leitungsunterstellung i.S.v. § 291 Abs. 1 S. 1 AktG führt. Es könnte ausreichen, wenn das Weisungsrecht einzelne wenige,

---

152 *Koppensteiner*, in: KK-AktG, § 291 Rn. 20; *Altmeppen*, in: MünchKomm-AktG, § 291 Rn. 76; *Emmerich*, in: Emmerich/Habersack, Aktien- und GmbH-Konzernrecht, § 291 Rn. 11 ff.; *Hüffer*, AktG, § 291 Rn. 10; *Deilmann*, in: Hölters, AktG, § 291 Rn. 15.

153 *Fett*, in: Heidelberger Kommentar, AktG, § 308 Rn. 15.

aber bedeutende, Leitungskompetenzen des Vorstands erfasst. Möglicherweise muss das herrschende Unternehmen aber auch in sämtlichen Leitungsangelegenheiten des Vorstands der abhängigen Gesellschaft weisungsbefugt sein. Neben dieser Frage ist für die Beurteilung der konzernrechtlichen Bedeutung vertraglicher Einflussrechte auf Vorstandsentscheidungen zu klären, ob auch andere Herrschaftsmittel als ein explizites Weisungsrecht zu einer Leitungsunterstellung i.S.d. § 291 Abs. 1 AktG führen können.

§ 291 Abs. 1 AktG nimmt durch Verwendung des Wortes „Leitung“ auf den Leitungsbegriff des § 76 Abs. 1 AktG Bezug[154]. Dies ergibt sich aus der Gesetzesbegründung zu § 308 AktG, nach der das Weisungsrecht nicht auf Geschäftsführungsangelegenheiten beschränkt ist, sondern den gesamten Bereich der Leitung nach § 76 Abs. 1 AktG umfasst[155]. Eine Übertragung sämtlicher Leitungsbefugnisse des Vorstands der Untergesellschaft auf das herrschende Unternehmen stellt somit den gesetzestypischen Regelfall einer Leitungsunterstellung i.S.d. § 291 Abs. 1 S. 1 AktG dar. Ein gegenständlich unbegrenztes Weisungsrecht in allen Leitungsangelegenheiten, das für den Vorstand der Gesellschaft rechtlich verbindlich und gegen seinen Willen durchsetzbar ist, kann damit nur in einem Beherrschungsvertrag und nicht in einem schuldrechtlichen Vertrag wirksam vereinbart werden.

Nachdem das vertragliche Weisungsrecht als gesetzlich vorgesehenes Instrument für eine Leitungsunterstellung feststeht, ist zu untersuchen, wie der Begriff der „Weisung“ auszulegen ist und welche Einflussnahmen darunter zu subsumieren sind. Das Gesetz definiert den Weisungsbegriff nicht. Im Interesse des Schutzes der Untergesellschaft vor nachteiligen Einflussnahmen ist er weit zu fassen[156]. Eine förmliche Bezeichnung eines Einwirkungsmittels als „Weisung“ ist daher nicht erforderlich[157]. Entscheidend ist allein der Effekt des Einwirkungsmittels. Insofern kann jede – auch weniger autoritäre – Willensäußerung des herrschenden Unternehmens eine Weisung i.S.d. § 308 AktG sein[158]. Irrelevant ist, ob sie in Form einer Aufforderung, Direktive, Anregung oder in sonstiger mündlicher oder schriftlicher Weise ergeht[159]. Das herrschende Unternehmen muss

154 Vgl. die Nachweise in Fn. 152.

155 Vgl. *Kropff*, BegrRegE AktG 1965 zu § 308, S. 403; *Koppensteiner*, in: KK-AktG, § 308 Rn. 27; *Hüffer*, AktG, § 308 Rn. 12.

156 Vgl. *Koppensteiner*, in: KK-AktG, § 308 Rn. 22; *Hirte*, in: GK-AktG, § 308 Rn. 18; *Altmeppen*, in: MünchKomm-AktG, § 308 Rn. 9; *Emmerich*, in: Emmerich/Habersack, Aktien- und GmbH-Konzernrecht, § 308 Rn. 23 f.

157 LG München I ZIP 2008, 555, 560; *Koppensteiner*, in: KK-AktG, § 308 Rn. 22; *Hüffer*, AktG, § 308 Rn. 10.

158 Vgl. *Altmeppen*, in: MünchKomm-AktG, § 308 Rn. 9.

159 *Altmeppen*, in: MünchKomm-AktG, § 308 Rn. 9; *Veil*, in: Spindler/Stilz, AktG, § 308 Rn. 5; *Hüffer*, AktG, § 308 Rn. 10; *Hirte*, in: GK-AktG, § 308 Rn. 18.

nur in einer Weise auf das Leitungshandeln des Vorstands der abhängigen Gesellschaft Einfluss nehmen, die dieser als rechtlich verpflichtend empfindet[160]. Diese Wirkung ist nach allgemeinen Auslegungsgrundsätzen gemäß §§ 133, 157 BGB zu ermitteln[161]. Im Einzelfall kann sich eine Weisung auch hinter einer Einflussnahme durch personelle Verflechtungen verbergen, wie etwa Vorstandsdoppelmandaten[162], oder einer Einflussnahme über die Hauptversammlung oder den Aufsichtsrat der abhängigen Gesellschaft[163].

Unerheblich ist ferner, worauf sich die Weisung inhaltlich bezieht. Sie kann einzelfallbezogen oder aber von genereller Bedeutung sein[164] und sich sowohl auf Pläne für einzelne Geschäftsbereiche als auch auf die gesamte strategische Ausrichtung der Geschäftspolitik richten[165].

b) Schlussfolgerungen

Aufgrund dieses weiten Weisungsbegriffs sind sämtliche vertraglichen Einwirkungsrechte stets darauf zu überprüfen, ob das andere Unternehmen die Erwartungshaltung zum Ausdruck bringt, der Vorstand der Gesellschaft müsse der Einflussnahme Folge leisten. Ist das der Fall und beziehen sich die Einflussnahmemöglichkeiten des anderen Unternehmens auf den gesamten Bereich der Leitung, liegt der gesetzestypische Fall einer Leitungsunterstellung i.S.d. § 291 Abs. 1 S. 1 AktG vor, die nur in einem Beherrschungsvertrag wirksam vereinbart werden kann.

2. *Atypische Leitungsunterstellung*

a) Verdeckte Beherrschungsverträge

Schwieriger zu identifizieren ist eine Leitungsunterstellung in Fällen, die diesem gesetzlichen Leitbild nicht entsprechen. Weder der Vertrag selbst noch das Wei-

160 *Altmeppen*, in: MünchKomm-AktG, § 308 Rn. 9; *Hirte*, in: GK-AktG, § 308 Rn. 18; *Hüffer*, AktG, § 308 Rn. 10; *Emmerich*, in: Emmerich/Habersack, Aktien- und GmbH-Konzernrecht, § 308 Rn. 23; *Veil*, in: Spindler/Stilz, AktG, § 308 Rn. 5; *Langenbucher*, in: Schmidt/Lutter, AktG, § 308 Rn. 4 f.

161 LG München I ZIP 2008, 555, 560; *Hirte*, in: GK-AktG, § 308 Rn. 18.

162 Vgl. dazu *Altmeppen*, in: MünchKomm-AktG, § 311 Rn. 109 ff.; *Emmerich*, in: Emmerich/Habersack, Aktien- und GmbH-Konzernrecht, § 308 Rn. 29 f.; *Hirte*, in: GK-AktG, § 308 Rn. 18; *Langenbucher*, in: Schmidt/Lutter, AktG, § 308 Rn. 7 ff. jeweils m.w.Nachw.

163 Vgl. *Koppensteiner*, in: KK-AktG, § 311 Rn. 24; *Emmerich*, in: Emmerich/Habersack, Aktien- und GmbH-Konzernrecht, § 308 Rn. 30; *Vetter*, in: Schmidt/Lutter, AktG, § 311 Rn. 34.

164 *Hirte*, in: GK-AktG, § 308 Rn. 18; *Veil*, in: Spindler/Stilz, AktG, § 308 Rn. 5; *Hüffer*, AktG, § 308 Rn. 10.

165 *Altmeppen*, in: MünchKomm-AktG, § 308 Rn. 14; *Hirte/Schall*, Der Konzern 2006, 243, 245.

sungsrecht oder die Leitungsunterstellung müssen in einem Beherrschungsvertrag als solche bezeichnet sein[166]. Vielmehr ist anhand des materiellrechtlichen Inhalts eines Vertrags zu beurteilen, ob er zu einer Leitungsunterstellung i.S.d. § 291 Abs. 1 S. 1 AktG führt und damit nur als Beherrschungsvertrag wirksam geschlossen werden kann[167]. Führt ein Vertrag zu einer Leitungsunterstellung und erfüllt er die gesetzlichen Wirksamkeitsvoraussetzungen, ist er ein Beherrschungsvertrag i.S.v. § 291 Abs. 1 S. 1 AktG[168]. Daher ist bei Verträgen, die als Schuldverträge geschlossen werden und Auswirkungen von einiger Tragweite auf die Leitungsautonomie des Vorstands haben, stets zu fragen, ob sie im Ergebnis auf eine Leitungsunterstellung i.S.d. § 291 Abs. 1 S. 1 AktG hinauslaufen.

Die Terminologie für Verträge, die die Parteien als schuldrechtliche Austauschverträge schließen, obwohl sie inhaltlich zu einer Leitungsunterstellung führen, ist weder einheitlich noch zwingend. Da die Leitungsunterstellung in diesen Fällen nicht auf den ersten Blick zu erkennen ist, bezeichnet sie die Rechtsprechung und das Schrifttum überwiegend als „verdeckte“ Beherrschungsverträge[169]. Manche titulieren sie auch nur als „atypische“ Beherrschungsverträge[170]. Diese Bezeichnung passt jedoch besser für Verträge, in denen die Parteien unter Beachtung der Wirksamkeitsvoraussetzungen eines Beherrschungsvertrags das Weisungsrecht des herrschenden Unternehmens einschränken (sog. Teilbeherrschungsverträge) oder durch sonstige Einwirkungsrechte auf die Unternehmensführung der Gesellschaft ersetzen[171]. Zwar sind „verdeckte“ Beherrschungsverträge insofern

---

166 KG AG 2001, 186; *Koppensteiner*, in: KK-AktG, § 291 Rn. 23.

167 Vgl. KG AG 2001, 186; LG Hamburg AG 1991, 365, 366; LG München I ZIP 2008, 555, 560; *Koppensteiner*, in: KK-AktG, § 291 Rn. 26, Vor § 291 Rn. 155; *Altmeppen*, in: MünchKomm-AktG, § 291 Rn. 43 ff., 54; *Emmerich*, in: Emmerich/Habersack, Aktien- und GmbH-Konzernrecht, § 291 Rn. 17; *Veil*, in: Spindler/Stilz, AktG, § 291 Rn. 12; *Hirte*, CR 1992, 193, 197; *ders./Schall*, Der Konzern 2006, 243, 244 f.; *Krieger*, in: MünchHdb-AG, § 70 Rn. 7; *Langenbucher*, in: Schmidt/Lutter, AktG, § 291 Rn. 25; *Hüffer*, AktG, § 291 Rn. 13; *Goslar*, DB 2008, 800, 801; *Schürnbrand*, ZHR 169 (2005), 35 ff.

168 Vgl. KG AG 2001, 186; LG München I ZIP 2008, 555, 560; *Krieger*, in: MünchHdb-AG, § 70 Rn. 7; *Veil*, in: Spindler/Stilz, AktG, § 291 Rn. 12; *Emmerich*, in: Emmerich/Habersack, Aktien- und GmbH-Konzernrecht, § 291 Rn. 17; *Kort*, NZG 2009, 364, 365.

169 Z.B. LG München I ZIP 2008, 555, 559 ff.; *Emmerich*, in: Emmerich/Habersack, Aktien- und GmbH-Konzernrecht, § 291 Rn. 24; *ders.*, in: FS Hüffer, S. 179 ff.; *Decher*, in: FS Hüffer, S. 145 ff.; *Schürnbrand*, ZHR 169 (2005), 35, 36; *Mülbert*, Funktionsauslagerung bei Kreditinstituten aus gesellschafts- und konzernrechtlicher Sicht, in: Bankrechtstag 2000, 2001, S. 1, 31; *Kienzle*, Verdeckte Beherrschungsverträge im Aktienrecht, S. 19 f.; *Ederle*, Verdeckte Beherrschungsverträge, S. 83 ff.; es finden sich auch die Bezeichnungen „faktische“ (z.B. *Hirte/Schall*, Der Konzern 2006, 243 ff.) oder „verschleierte“ (z.B. *Krieger*, in: MünchHdb-AG, § 70 Rn. 12) Beherrschungsverträge.

170 *Koppensteiner*, in: KK-AktG, § 291 Rn. 24; *Hüffer*, AktG, § 291 Rn. 14.

171 So auch *Emmerich*, in: Emmerich/Habersack, Aktien- und GmbH-Konzernrecht, § 291 Rn. 24 ff.; *ders.*, in: Emmerich/Habersack, Konzernrecht, § 11 Rn. 14 ff., *Veil*, in: Spindler/Stilz, AktG,

„atypisch", als sie äußerlich nicht als Beherrschungsverträge erkennbar sind, aufgrund ihrer Wirkungen aber gleichwohl als solche einzuordnen sind. Letztlich ist die Bezeichnung aber auch zweitrangig, da Verträge, die zu einer Leitungsunterstellung führen, unabhängig von ihrer Titulierung inhaltlich Beherrschungsverträge i.S.d. § 291 Abs. 1 S. 1 AktG sind[172]. Einer eigenen Kategorie von Beherrschungsverträgen, die nicht auf den ersten Blick als solche zu erkennen sind, bedarf es daher nicht[173]. Die Bezeichnung als „verdeckte" Beherrschungsverträge ist lediglich insofern hilfreich, als sie zum Ausdruck bringt, dass der Vertrag äußerlich – ob beabsichtigt oder nicht – nicht sofort als Beherrschungsvertrag erkennbar ist.

Die Gründe, aus denen die Vertragsparteien eine Leitungsunterstellung i.S.d. § 291 Abs. 1 S. 1 AktG vereinbaren, ohne die Anforderungen der §§ 293 Abs. 1 und 2, 294 Abs. 2, § 304 Abs. 1 S. 2 AktG einzuhalten, können unterschiedlich sein. Möglicherweise kennen sie den beherrschungsvertraglichen Charakter der Abrede gar nicht oder möchten bewusst den mit einem Beherrschungsvertrag verbundenen Zeit- und Kostenaufwand sowie seine Rechtsfolgen vermeiden[174]. Da das gesetzliche Schutzsystem des Beherrschungsvertragsrechts gemäß §§ 302 ff. AktG aber nicht zur Disposition der Parteien steht, sind sämtliche Vertragsgestaltungen, die die Leitungskompetenz des Vorstands einschränken, an den §§ 291 ff. AktG zu messen. Maßgebend ist allein, ob Leitungsbefugnisse des Vorstands auf das herrschende Unternehmen übergehen[175]. Ein entgegenstehender erklärter oder nicht erklärter Wille der Vertragsparteien vermag daran per se nichts zu ändern.

Festzuhalten ist, dass ein gegenständlich unbeschränktes Weisungsrecht in einem schuldrechtlichen Vertrag, sei es im Zusammenhang mit einem Kreditvertrag, einem Beteiligungsvertrag oder einem sonstigen Austauschvertrag, unabhängig von der Vertragsbezeichnung und dem Parteiwillen, stets zu einer Leitungsunterstellung i.S.d. § 291 Abs. 1 S. 1 AktG führen würde und daher nur unter den Voraussetzungen der §§ 293 ff. AktG wirksam vereinbart werden kann.

---

§ 291 Rn. 26 f.; *ders.*, Unternehmensverträge, S. 236, 275 ff.; *Ederle*, Verdeckte Beherrschungsverträge, S. 119 ff.; *Kienzle*, Verdeckte Beherrschungsverträge im Aktienrecht, S. 19 f.; *Hirte/Schall*, Der Konzern 2006, 243; *Schürnbrand*, ZHR 169 (2005), 35; *Goslar*, DB 2008, 800.

172 *Hüffer*, AktG, § 291 Rn. 14; *Altmeppen*, in: MünchKomm-AktG, § 291 Rn. 41; *Langenbucher*, in: Schmidt/Lutter, AktG, § 291 Rn. 29; *Schürnbrand*, ZHR 169 (2005), 35, 39.

173 Zutreffend *Hüffer*, AktG, § 291 Rn. 14.

174 *Schürnbrand*, ZHR 169 (2005), 35, 36.

175 Vgl. *Kropff*, BegrRegE AktG 1965 zu § 291, S. 376; *Altmeppen*, in: MünchKomm-AktG, § 291 Rn. 54; *Koppensteiner*, in: KK-AktG, § 291 Rn. 20; *Emmerich*, in: Emmerich/Habersack, Aktien- und GmbH-Konzernrecht, § 291 Rn. 11 ff.

b) Beherrschungsvertrag über Teilbereiche der Leitung

Daran schließt sich die Frage an, ob auch andere Vertragsgestaltungen, die kein umfassendes Weisungsrecht in Leitungsangelegenheiten zugunsten der anderen Partei begründen, ihrem Inhalt nach zu einer Leitungsunterstellung i.S.v. § 291 Abs. 1 S. 1 AktG führen können und dann den Wirksamkeitsvoraussetzungen eines Beherrschungsvertrags unterliegen. Es könnte für eine Leitungsunterstellung unter bestimmten Voraussetzungen ausreichen, dem anderen Unternehmen Kompetenzen in einem dieser Teilbereiche einzuräumen.

aa) Meinungsstand

aaa) Enges Verständnis der Leitungsunterstellung

Eine Auffassung in der Literatur legt den Wortlaut des § 291 Abs. 1 S. 1 AktG eng aus und nimmt eine Leitungsunterstellung nur an, wenn das herrschende Unternehmen unbeschränkt auf alle Leitungsfunktionen des Vorstands der anderen Gesellschaft verbindliche Einflussmöglichkeiten erlangt[176]. Eine Leitungsunterstellung setze für das herrschende Unternehmen die Möglichkeit voraus, zu entscheiden, wie die abhängige Gesellschaft zu führen sei[177]. Dies sei nur bei gegenständlich unbeschränkten Einwirkungsmöglichkeiten gewährleistet[178]. Es reiche nicht aus, wenn sich der Einfluss auf einzelne Leitungsbereiche – und seien es auch wesentliche Leitungsbereiche der Gesellschaft – beschränke[179]. Für dieses Verständnis spreche der Wortlaut des § 305 Abs. 3 S. 1 AktG, der ausdrücklich von der fusionsähnlichen Wirkung eines Beherrschungsvertrages ausgehe[180]. Daher seien nur Verträge mit eben dieser Wirkung Beherrschungsverträge[181]. Eine abgestufte, teilweise Leitungsunterstellung als Inhalt des Beherrschungsvertrags sei ferner aufgrund der Indisponibilität der konzernrechtlichen Schutzvorschriften abzulehnen. Zwischen § 291 AktG und den §§ 300 ff., 304 f. AktG bestehe ein zwingender systematischer, quasi-synallagmatischer Zu-

---

176 *Koppensteiner*, in: KK-AktG, § 291 Rn. 44, 49; *Würdiger*, in: GK-AktG, § 291 Rn. 8 ff.; *Däubler*, NZG 2005, 617, 618; *Schulze-Osterloh*, ZGR 1974, 427, 456; *Ederle*, Verdeckte Beherrschungsverträge, S. 103 f.

177 Vgl. *Koppensteiner*, in: KK-AktG, § 291 Rn. 18, 23; *Däubler*, NZG 2005, 617, 618.

178 *Koppensteiner*, in: KK-AktG, § 291 Rn. 44; *Würdiger*, in: GK-AktG, § 308 Rn. 8.

179 *Koppensteiner*, in: KK-AktG, § 291 Rn. 47 ff.; *Würdiger*, in: GK-AktG, § 291 Anm. 8; *Däubler*, NZG 2005, 617, 618 f.; *Dierdorf*, Herrschaft und Abhängigkeit einer Aktiengesellschaft auf schuldvertraglicher und tatsächlicher Grundlage, S. 109 f.

180 *Koppensteiner*, in: KK-AktG, § 291 Rn. 49.

181 *Koppensteiner*, in: KK-AktG, § 291 Rn. 49; *Würdiger*, in: GK-AktG, § 291 Rn. 8 ff.; wohl auch *Dierdorf*, Herrschaft und Abhängigkeit einer Aktiengesellschaft auf schuldvertraglicher und tatsächlicher Grundlage, S. 122.

sammenhang, der weder auf der Tatbestands- noch auf der Rechtsfolgenseite Abstufungen zulasse[182].

Darüber hinaus wird auch das Argument angeführt, § 291 Abs. 1 S. 1 AktG nehme auf den Leitungsbegriff in seiner „zuständigkeitsabgrenzenden" Funktion Bezug[183]. Daher erlange ein Vertrag nur dann im Hinblick auf § 291 Abs. 1 S. 1 AktG Bedeutung, wenn das herrschende Unternehmen Einfluss auf den gesamten Zuständigkeitsbereich des Vorstands der abhängigen Gesellschaft erlange, der ihm in der unverbundenen Gesellschaft in Abgrenzung zu den anderen Gesellschaftsorganen zugewiesen sei. Dem herrschenden Unternehmen sei der gesamte Zuständigkeitsbereich des Vorstands zu unterstellen, der diesem in der unverbundenen Gesellschaft in Abgrenzung zu den anderen Gesellschaftsorganen zugewiesen sei[184]. Dadurch ließen sich Abgrenzungsprobleme zwischen gemäß § 76 Abs. 1 AktG zulässigen Einwirkungsrechten auf den Vorstand und einer nur durch Abschluss eines Beherrschungsvertrags legitimierbaren Leitungsunterstellung verhindern[185]. Einwirkungsrechte auf Teilbereiche der Leitung fielen nämlich von vornherein aus dem Anwendungsbereich der §§ 291 ff. AktG heraus. Ihre Zulässigkeit richte sich allein nach § 76 Abs. 1 AktG[186]. Der Verweis in der Gesetzesbegründung zu § 308 AktG auf § 76 Abs. 1 AktG[187] widerspreche dem nicht, da der Gesetzesbegründung nicht das heutige differenzierte Verständnis von „Leitung" und ihre Abgrenzung von den anderen Aufgaben des Vorstands zugrunde liege[188]. Daher seien die heutigen Erkenntnisse für die Ermittlung des Willens des Gesetzgebers bei § 291 Abs. 1 S. 1 AktG nicht zwingend[189].

bbb) Weites Verständnis der Leitungsunterstellung

Die Rechtsprechung und die herrschende Meinung in der Literatur folgen diesem engen Verständnis des Begriffs der Leitungsunterstellung i.S.v. § 291 Abs. 1 S. 1 AktG nicht. Sie fordern für eine Leitungsunterstellung keine vollständige Weisungsunterwerfung der abhängigen Gesellschaft[190]. Entscheidend sei, ob das

---

182 *Koppensteiner*, in: KK-AktG, § 291 Rn. 49 und Fn. 157.
183 *Ederle*, Verdeckte Beherrschungsverträge, S. 102 f.
184 *Ederle*, Verdeckte Beherrschungsverträge, S. 102 f.
185 So *Ederle*, Verdeckte Beherrschungsverträge, S. 103 f.
186 Vgl. *Ederle*, Verdeckte Beherrschungsverträge, S. 103 f.
187 Vgl. *Kropff*, BegrRegE AktG 1965 zu § 308 AktG, S. 403.
188 *Ederle*, Verdeckte Beherrschungsverträge, S. 103 unter Hinweis auf *Fleischer*, ZIP 2003, 1, 3.
189 *Ederle*, Verdeckte Beherrschungsverträge, S. 102 f.
190 So BGHZ 103, 1, 6; OLG München ZIP 2008, 1330, 1331; KG AG 2001, 186; LG München I ZIP 2008, 555, 560; *Emmerich*, in: Emmerich/Habersack, Aktien- und GmbH-Konzernrecht, § 291 Rn. 20 f.; *Hüffer*, AktG, § 291 Rn. 10; *Krieger*, in: MünchHdb-AG, § 70 Rn. 5; *Deilmann*, in: Hölters, AktG, § 291 Rn. 30; *Schenk*, in: Heidelberger/Kommentar, AktG, § 291 Rn. 13; *Hommel-*

herrschende Unternehmen durch die ihm übertragenen Leitungsbefugnisse in die Lage versetzt werde, eine auf das Gesamtinteresse der verbundenen Unternehmen ausgerichtete Zielkonzeption zu entwickeln und sie gegenüber dem Vorstand der abhängigen Gesellschaft durchzusetzen[191]. Dafür könne es ausreichen, dem herrschenden Unternehmen einzelne wesentliche Ausschnitte der Unternehmensleitung zu übertragen[192]. Vor dem Hintergrund der typologischen Beschreibung der Leitungsaufgabe reiche es daher für eine Leitungsunterstellung unter Umständen aus, dem anderen Unternehmen Herrschaftsmacht über einzelne wesentliche unternehmerische Teilbereiche einzuräumen, also über die Unternehmensplanung, die Unternehmenskoordinierung oder -kontrolle, die Personalpolitik, die Forschung oder das Finanzwesen[193]. Für diese Auffassung spreche § 308 Abs. 1 S. 2 AktG, nach dem die Parteien das Recht des herrschenden Unternehmens zur Erteilung nachteiliger Weisungen in einem Beherrschungsvertrag ganz ausschließen und dadurch auf seine wesentlichen Merkmale verzichten können[194]. Aus der darin zum Ausdruck kommenden Organisationsautonomie der Parteien sei a maiore ad minus zu schließen, dass die Parteien auch andere Beschränkungen vereinbaren könnten, die gegenüber einem vollständigen Ausschluss nachteiliger Weisungen weniger einschneidend seien[195]. Eine solche geringere Beschränkung der Rechte des herrschenden Unternehmens sei in einer teilweisen Leitungsunterstellung zu sehen[196].

---

hoff, Die Konzernleitungspflicht, S. 152 f.; *Kienzle*, Verdeckte Beherrschungsverträge im Aktienrecht, S. 47 ff.; *Hirte/Schall*, Der Konzern 2006, 243, 244 f.; *Schürnbrand*, ZHR (169) 2005, 45; *Bachmann/Veil*, ZIP 1999, 348, 353 ff.; *Grobecker*, DStR 2002, 1953; am weitesten gehen *Altmeppen*, in: MünchKomm-AktG, § 291 Rn. 88 ff., *Veil*, in: Spindler/Stilz, AktG, § 291 Rn. 24 f. und *Exner*, Beherrschungsvertrag und Vertragsfreiheit, S. 111 ff., die mit der von ihnen vertretenen Vertragsfreiheit der Parteien beim Beherrschungsvertrag argumentieren.

191 Vgl. BGHZ 103, 1, 6; LG München I ZIP 2008, 555, 560; KG AG 2001, 186; *Hüffer*, AktG, § 291 Rn. 10; *Krieger*, in: MünchHdb-AG, § 70 Rn. 5; *Bachmann/Veil*, ZIP 1999, 348, 353 f.; *Hirte/Schall*, Der Konzern 2006, 243, 244 f.; ähnlich *Emmerich*, in: Emmerich/Habersack, in: Aktien- und GmbH-Konzernrecht, § 291 Rn. 21.

192 Vgl. OLG München ZIP 2008, 1330, 1331; KG AG 2001, 186; *Krieger*, in: MünchHdb-AG, § 70 Rn. 5; *Hüffer*, AktG, § 291 Rn. 10; *Raiser/Veil*, Recht der Kapitalgesellschaften, § 54 Rn. 2; restriktiv *Langenbucher*, in: Schmidt/Lutter, AktG, § 291 Rn. 30.

193 Vgl. *Hüffer*, AktG, § 291 Rn. 10; *Emmerich*, in: Emmerich/Habersack, Aktien- und GmbH-Konzernrecht, § 291 Rn. 20 f.; *Krieger*, in: MünchHdb-AG, § 70 Rn. 5; *Raiser/Veil*, Recht der Kapitalgesellschaften, § 54 Rn. 2; *Hirte/Schall*, Der Konzern 2006, 243, 244 f.

194 *Grobecker*, DStR 2002, 1953, 1954.

195 *Exner*, Beherrschungsvertrag und Vertragsfreiheit, S. 114; *Emmerich*, in: Emmerich/Habersack, Aktien- und GmbH-Konzernrecht, § 291 Rn. 21.

196 Vgl. *Emmerich*, in: Emmerich/Habersack, Aktien- und GmbH-Konzernrecht, § 291 Rn. 21.

bb) Stellungnahme

Es ist nicht überzeugend, für eine Leitungsunterstellung i.S.v. §§ 291, 308 AktG die verbindliche Möglichkeit der Einflussnahme auf alle Leitungsaufgaben des Vorstands der Untergesellschaft zu verlangen. Zutreffend ist vielmehr ein weites Verständnis der Leitungsunterstellung. Es genügt, dem anderen Vertragsteil Kompetenzen in wesentlichen Teilbereichen der typologisch beschriebenen Leitungsaufgabe des Vorstands einzuräumen, sofern dieser dadurch eigene Vorstellungen von der Zukunft des Unternehmens entwickeln und mit dem Weisungsrecht gegen den Willen des Vorstands der Untergesellschaft durchsetzen kann.

Entgegen der restriktiven Auffassung steht § 305 Abs. 3 S. 1 AktG diesem Verständnis nicht entgegen. Die Vorschrift trifft mit ihrer Bezugnahme auf die Verschmelzung lediglich eine Aussage über die maximale Integrationswirkung eines Beherrschungsvertrags und richtet den Schutz der außenstehenden Aktionäre daran aus. Über die Leitungsfunktionen, die für eine Leitungsunterstellung mindestens übertragen werden müssen, sagt sie indessen nichts aus[197]. Abzulehnen ist wegen § 308 Abs. 1 S. 2 AktG auch ein quasi-synallagmatischer Zusammenhang zwischen den konzernrechtlichen Schutzvorschriften auf der einen und den Befugnissen der anderen Vertragspartei auf der anderen Seite. Ein Verzicht auf die Befugnis zur Erteilung nachteiliger Weisungen führt nämlich nicht zu einer Anpassung der konzernrechtlichen Schutzvorschriften. Das herrschende Unternehmen bleibt gemäß §§ 302 ff. AktG zur Übernahme der Verluste der Gesellschaft, zur Sicherheitsleistung an die Gläubiger bei Vertragsende und zum Angebot eines Ausgleichs und einer Abfindung an die außenstehenden Aktionäre verpflichtet. Ein quasi-synallagmatisches Verhältnis zwischen Herrschaftsrecht und Sicherung besteht somit nicht[198].

Auch Schutzzweckerwägungen sprechen nicht dagegen, eine Teilleitungsunterstellung als Leitungsunterstellung i.S.v. § 291 Abs. 1 S. 1 AktG anzuerkennen, und zwar weder Schutzzweckerwägungen in Bezug auf die abhängige Gesellschaft, ihre Gläubiger und Aktionäre noch bezogen auf das herrschende Unternehmen und ihre Außenseiter[199]. Ersteren kommt eine eingeschränkte Leitungsbefugnis des herrschenden Unternehmens durchaus entgegen, weil die konzernrechtlichen Schutzvorschriften zu ihren Gunsten Anwendung finden, obwohl das andere Unternehmen lediglich in Teilbereichen die Möglichkeit erhält, für sich oder andere verbundene Unternehmen vorteilhafte Entscheidungen durchzusetzen.

---

197 So auch *Exner*, Beherrschungsvertrag und Vertragsfreiheit, S. 113; *Fabian*, Inhalt und Auswirkungen des Beherrschungsvertrags, S. 179 f.

198 Vgl. *Veil*, Unternehmensverträge, S. 233 ff.

199 Vgl. *Veil*, in: Spindler/Stilz, AktG, § 291 Rn. 24; *ders.*, Unternehmensverträge, S. 233; *Altmeppen*, in: MünchKomm-AktG, § 291 Rn. 90 f.; aA *Däubler*, NZG 2005, 617, 618.

Für sie verringert sich insofern das Gefährdungspotenzial[200]. Gleichwohl ist die Anwendung der konzernrechtlichen Schutzvorschriften auch bei verringertem Gefährdungspotenzial geboten, da Voraussetzung für die Anerkennung einer Einräumung von Kompetenzen in Teilbereichen der Leitung als Leitungsunterstellung i.S.v. § 291 Abs. 1 S. 1 AktG ist, dass das herrschende Unternehmen in die Lage versetzt wird, eine auf das Gesamtinteresse der verbundenen Unternehmen ausgerichtete Zielkonzeption zu entwickeln und durchzusetzen. Dann ist für das Handeln des Vorstands nämlich nicht mehr allein das Unternehmensinteresse das maßgebende Kriterium.

Einzugehen ist ferner auf Schutzzweckerwägungen zugunsten der Gläubiger und außenstehenden Aktionäre des herrschenden Unternehmens. Weil das herrschende Unternehmen bei einer Teilleitungsunterstellung weniger Leitungskompetenzen erhält, gleichwohl aber unverändert den §§ 300 ff. AktG unterliegt, insbesondere gemäß § 302 AktG zu pauschalem Ausgleich eines Jahresfehlbetrags verpflichtet ist, könnten das herrschende Unternehmen und seine Außenseiter unangemessen benachteiligt werden, wenn man eine Teilleitungsunterstellung im Rahmen von § 291 Abs. 1 S. 1 AktG anerkennen würde. Aufgrund des § 308 Abs. 1 S. 2 AktG liegt eine solche unangemessene Benachteiligung jedoch nicht vor. Die in § 308 Abs. 1 S. 2 AktG ausdrücklich vorgesehene Möglichkeit des Ausschlusses nachteiliger Weisungen wirkt sich für die Gläubiger und außenstehenden Aktionäre des herrschenden Unternehmens weitaus negativer aus als eine Beschränkung der Leitungsmacht auf bestimmte Leitungsfunktionen oder -bereiche. Auch hier finden die beherrschungsvertraglichen Schutzvorschriften weiterhin uneingeschränkt Anwendung, obwohl das herrschende Unternehmen im Gegenzug nur ein weniger effektives Herrschaftsmittel erhält. Wenn § 308 Abs. 1 S. 2 AktG es sogar zulässt, das Weisungsrecht auf nicht nachteilige Weisungen zu beschränken, spricht dies für die Möglichkeit, es auch in anderer Hinsicht zu beschränken, etwa gegenständlich auf einzelne Teilbereiche der Leitung[201], zumal es durchaus gute Gründe für eine derartige Beschränkung des Weisungsrechts geben kann. Zunächst erscheint es für das herrschende Unternehmen zwar unattraktiv, sich mit einer teilweisen Leitungsunterstellung zufrieden zu geben und dennoch nach den §§ 302 ff. AktG verpflichtet zu bleiben. Jedoch kann es den Parteien bei dem Beherrschungsvertrag auch nur um die Befreiung von den Verboten der §§ 57, 58, 60 AktG gehen und weniger um die Weisungs- und Leitungsbefugnis, etwa wenn sie eine enge Zusammenarbeit im Finanzbereich planen. Oder

200 *Altmeppen*, in: MünchKomm-AktG, § 291 Rn. 90; *ders.*, Die Haftung des Managers im Konzern, S. 19; *Veil*, in: Spindler/Stilz, AktG, § 291 Rn. 24; *ders.*, Unternehmensverträge, S. 234 f.; *Däubler*, NZG 2005, 617, 618.

201 *Exner*, Beherrschungsvertrag und Vertragsfreiheit, S. 114.

das herrschende Unternehmen besitzt in der Hauptversammlung keine eigene Stimmmehrheit für den Abschluss des Beherrschungsvertrags und ist auf außenstehende Aktionäre angewiesen, die mit einem umfassenden Weisungsrecht aber nicht einverstanden sind[202]. Diese Argumente sprechen dafür, als Leitungsunterstellung nach § 291 Abs. 1 S. 1 AktG auch eine Teilleitungsunterstellung anzuerkennen.

Es überzeugt auch nicht, bei der Leitungsunterstellung i.S.v. § 291 Abs. 1 S. 1 AktG auf den Leitungsbegriff in seiner Funktion abzustellen, einen Zuständigkeitsbereich des Vorstands zu beschreiben. Aus guten Gründen muss der gemäß § 76 Abs. 1 AktG zwingend ausschließlich dem Vorstand zugewiesene Bereich der Leitung vielmehr auf einen Kernbereich an Führungskompetenzen reduziert werden können. Ein enger Leitungsunterstellungsbegriff würde Umgehungskonstruktionen Tür und Tor öffnen. Die Parteien könnten durch geringe vertragliche Einschränkungen der Leitungsbefugnisse des herrschenden Unternehmens das Eingreifen der §§ 291 ff. AktG vermeiden[203]. Dies ist mit dem Schutzbedürfnis der abhängigen Gesellschaft und ihrer Außenseiter nicht zu vereinbaren. Es muss daher genügen, wenn die Gesellschaft dem anderen Unternehmen Befugnisse in wesentlichen Teilbereichen der Leitung überträgt, solange sie damit eine auf das Gesamtinteresse ausgerichtete Zielkonzeption entwickeln und aufgrund des Weisungsrechts durchsetzen kann.

Dass bereits die Unterstellung einzelner Leitungsbereiche zu einer Leitungsunterstellung i.S.d. § 291 Abs. 1 S. 1 AktG führen kann, ergibt sich ferner aus der Verbindung der Leitungsbereiche miteinander. Aufgrund dieser Verbindungen hat ein Weisungsrecht in einem wesentlichen Teilbereich in der Regel auch Auswirkungen auf die gesamte Unternehmensführung[204]. Deutlich wird dies am Beispiel des Finanzbereichs. Durch die Koordination des Finanzbereichs werden die Unternehmen wirtschaftlich zu einer Einheit, da der Finanzbereich von herausgehobener Bedeutung für die unternehmerische Tätigkeit ist. Daher lässt sich über die finanzielle Führung auch weitgehend die Geschäftspolitik bestimmen[205]. Die Unterstellung des Finanzbereichs führt zudem regelmäßig zu einer konzerntypischen Gefährdungslage, da zu befürchten ist, dass die herrschende Gesellschaft ihre Einflussnahmen auf das Konzerninteresse ausrichtet und die finanziellen

---

202 *Veil*, Unternehmensverträge, S. 14 m.w.Nachw.

203 Zutreffend *Hirte/Schall*, Der Konzern 2006, 243, 244 ff.; dieses Argument lässt *Ederle*, Verdeckte Beherrschungsverträge, S. 104 f. nicht gelten, weil er Umgehungsschutz durch § 76 AktG i.V.m. §§ 134, 138 BGB und die §§ 311 ff. AktG sichergestellt sieht.

204 *Geßler*, in: Geßler/Hefermehl/Eckardt/Kropff, AktG, § 291 Anm. 51 („Interdependenz der Entscheidungsbereiche"); *Dierdorf*, Herrschaft und Abhängigkeit einer Aktiengesellschaft auf schuldvertraglicher und tatsächlicher Grundlage, S. 78 f., 111.

205 Vgl. KG AG 2001. 186; *Hirte/Schall*, Der Konzern 2006, 243, 244.

Interessen der unterstellten Gesellschaft, ihrer Gläubiger und außenstehenden Aktionäre ignoriert[206]. Diese Ausstrahlungswirkung ist nicht auf den Finanzbereich beschränkt. So haben etwa auch Entscheidungen in einem der Bereiche Beschaffung, Produktion und Absatz mittelbar Auswirkungen auf die jeweils anderen Leitungsbereiche, weil der Absatz notwendigerweise für die Produktion und die Beschaffung von Bedeutung ist und umgekehrt[207].

Ein enges Verständnis der Leitungsunterstellung erscheint auch nur auf den ersten Blick leichter handhabbar zu sein, indem die Übertragung einzelner Leitungskompetenzen von vornherein aus dem Anwendungsbereich des § 291 Abs. 1 S. 1 AktG herausfällt. Die Abgrenzungsprobleme treten dann nämlich bei der Frage auf, ob die Übertragung einzelner Leitungskompetenzen mit § 76 Abs. 1 AktG zu vereinbaren ist. Dafür ist ebenfalls eine Wertungsentscheidung zu treffen, in die sämtliche Umstände des Einzelfalls einzubeziehen sind[208]. Ein Gewinn an Rechtssicherheit ist mit einem engen Verständnis der Leitungsunterstellung insofern nicht verbunden[209].

cc) Zwischenergebnis

Eine Leitungsunterstellung i.S.d. § 291 Abs. 1 S. 1 AktG erfordert keine vollständige Unterwerfung einer Aktiengesellschaft unter die Weisungen eines anderen Unternehmens. Es reicht vielmehr aus, wenn das vereinbarte Weisungsrecht das herrschende Unternehmen in die Lage versetzt, eine auf das Gesamtinteresse der verbundenen Unternehmen ausgerichtete Zielkonzeption verbindlich zu entwickeln und sie gegenüber dem Vorstand der abhängigen Gesellschaft durchzusetzen. Dies kann durch ein auf Teilbereiche der Leitung gegenständlich beschränktes Weisungsrecht geschehen. Es muss sich aber auf wesentliche Ausschnitte der Unternehmensleitung beziehen, nämlich aus den Leitungsbereichen Unternehmensplanung, Unternehmensorganisation, Unternehmenskontrolle oder Besetzung von Führungsposten, die dem Vorstand in dem Unternehmen nachgeordnet sind.

Aufgrund dieser Erkenntnisse zur Leitungsunterstellung gemäß § 291 Abs. 1 S. 1 AktG steht auch ihr Verhältnis zur eigenverantwortlichen Leitung gemäß § 76 Abs. 1 AktG fest: Sobald vertragliche Einflussrechte auf Vorstandsentscheidungen den Bereich der Leitung des Unternehmens durch den Vorstand in einer Weise beschränken, die außerhalb des nach § 76 Abs. 1 AktG Zulässigen liegt,

---

206 Ähnlich *Bayreuther*, Wirschaftlich-existentiell abhängige Unternehmen im Konzern-, Kartell- und Arbeitsrecht, S. 110.

207 *Dierdorf*, Herrschaft und Abhängigkeit einer Aktiengesellschaft auf schuldvertraglicher und tatsächlicher Grundlage, S. 78 f.

208 Vgl. oben, Zweiter Teil, Zweites Kapitel, B.

209 So auch *Koppensteiner*, in: KK-AktG, § 291 Rn. 26.

handelt es sich um eine Leitungsunterstellung nach § 291 Abs. 1 S. 1 AktG. Ein umfassendes Weisungsrecht verstößt stets gegen § 76 Abs. 1 AktG und begründet eine Leitungsunterstellung. Sind Teilbereiche der Leitung von dem Weisungsrecht betroffen, ist zu prüfen, ob das andere Unternehmen durch sein Einflusspotential in die Lage versetzt wird, eine auf das Gesamtinteresse der Unternehmen gerichtete Zielkonzeption zu entwickeln und durchzusetzen. Nach der hier vertretenen Auffassung ist es somit nicht denkbar, dass ein vertragliches Einwirkungsrecht die Grenzen des nach § 76 Abs. 1 AktG Zulässigen überschreitet, ohne inhaltlich zu einer Leitungsunterstellung i.S.d. § 291 Abs. 1 AktG zu führen.

c) Andere beherrschungsvertragliche Leitungsinstrumente

Im Anschluss an die Frage nach den Voraussetzungen und dem Inhalt der Leitungsunterstellung gemäß § 291 Abs. 1 S. 1 AktG ist zu klären, welche Mittel als Leitungsinstrumente in einem Beherrschungsvertrag in Betracht kommen und damit die Abgrenzungsproblematik einer nach § 76 Abs. 1 AktG zulässigen Einschränkung der Leitungsmacht von einer Leitungsunterstellung auslösen.

aa) Weisungsrecht als notwendiges Substrat des Beherrschungsvertrags

Fraglich ist, ob eine Leitungsunterstellung i.S.v. § 291 Abs. 1 S. 1 AktG zwingend auf einem Weisungsrecht nach § 308 Abs. 1 AktG beruhen muss oder ob es nur gesetzestypisches Mittel der Leitungsunterstellung ist, das aber zur Disposition der Parteien steht. Wäre letzteres der Fall, könnten auch andere vertragliche Herrschaftsrechte, die nicht unter den Begriff der Weisung fallen, wie etwa Zustimmungsvorbehalte, eine Leitungsunterstellung begründen. Dann müssten sämtliche vertraglichen Einflussrechte stets darauf überprüft werden, ob sie ihrem Inhalt nach zu einer Leitungsunterstellung führen. In diesem Fall könnten sie nur unter den Voraussetzungen des Beherrschungsvertrags wirksam vereinbart werden. Wäre ein Weisungsrecht hingegen zwingender Bestandteil eines Beherrschungsvertrags, weil es der einzige Weg ist, eine Leitungsunterstellung i.S.v. § 291 Abs. 1 S. 1 AktG herbeizuführen, wäre zum einen jeder Vertrag, in dem die Parteien ein solches Weisungsrecht vereinbaren, zwingend aufgrund seines Inhalts ein Beherrschungsvertrag. Zum anderen lägen dann Vertragsgestaltungen, die kein Weisungsrecht nach § 308 AktG zugunsten einer Partei vorsehen, von vornherein außerhalb des Anwendungsbereichs des Beherrschungsvertragsrechts. Die Zulässigkeit etwa vertraglich vereinbarter Zustimmungsvorbehalte würde sich in diesem Fall ausschließlich nach § 76 Abs. 1 AktG richten.

Im Schrifttum wird die Auffassung vertreten, die Parteien könnten das Weisungsrecht des herrschenden Unternehmens gegenüber dem Vorstand der abhängigen Gesellschaft in einem Beherrschungsvertrag nicht nur beschränken, sondern auch vollständig ausschließen[210]. Hierfür spreche der Grundsatz der Privatautonomie, der den Vertragsparteien erlaube, einvernehmlich frei zu entscheiden, wie sie die einheitliche Leitung der abhängigen Gesellschaft gestalten wollen[211]. Angeführt wird § 308 Abs. 1 S. 2 AktG, wonach das Recht der Obergesellschaft zur Erteilung nachteiliger Weisungen ausgeschlossen werden könne. Es seien keine Gründe ersichtlich, warum die in dieser Vorschrift für den Beherrschungsvertrag zum Ausdruck kommende Dispositionsbefugnis nur auf nachteilige Weisungen zu beschränken sei[212].

Dieser Ansicht ist jedoch nicht zu folgen[213]. Das Gesetz stellt in § 291 Abs. 2 AktG ausdrücklich klar, dass kein Beherrschungsvertrag vorliegt, sondern ein Gleichordnungskonzernvertrag, wenn sich zwei Unternehmen vertraglich ohne Abhängigkeit oder Beherrschung unter einheitliche Leitung stellen[214]. Ein Gleichordnungskonzernvertrag ist aber ein Schuldvertrag und kein Unternehmensvertrag[215]. Die beherrschungsvertraglichen Schutzvorschriften finden auf ihn keine Anwendung, weil die Gesellschaft an der Willensbildung des Leitungsorgans partizipiert und ihr somit nicht die gleichen Gefahren wie bei einem Beherrschungsvertrag drohen[216]. Aus diesem Grund wird ein Gleichordnungskonzernvertrag auch nicht durch die Einhaltung der formellen Voraussetzungen der §§ 293 ff. AktG zu einem Beherrschungsvertrag.

Ohne ein Weisungsrecht zugunsten des herrschenden Unternehmens würde dem Beherrschungsvertrag sein typusprägendes Merkmal fehlen, nämlich der verbindliche und rechtlich durchsetzbare Transfer der Leitungsmacht des Vorstands der unterstellten Gesellschaft auf das andere Unternehmen. Das Weisungsrecht ist Mittel und Garant dieses Leitungstransfers. Auch in Hinblick auf ihre

---

210 *Geßler*, in: Geßler/Hefermehl, AktG, § 291 Rn. 53; *ders.*, in: FS Beitzke, S. 923, 928 ff., 932; *Altmeppen*, in: MünchKomm-AktG, § 291 Rn. 97 ff.; ähnlich *Exner*, Beherrschungsvertrag und Vertragsfreiheit, S. 114 ff.; *Hommelhoff*, Die Konzernleitungspflicht, S. 152.

211 *Altmeppen*, in: MünchKomm-AktG, § 291 Rn. 99.

212 *Hommelhoff*, Die Konzernleitungspflicht, S. 152; *Altmeppen*, in: MünchKomm-AktG, § 291 Rn. 98 f.

213 Ablehnend auch *Koppensteiner*, in: KK-AktG, § 291 Rn. 22; *Hüffer*, AktG, § 291 Rn. 11; *Emmerich*, in: Emmerich/Habersack, Aktien- und GmbH-Konzernrecht, § 291 Rn. 22 f.; *Veil*, in: Spindler/Stilz, AktG, § 291 Rn. 25; *Langenbucher*, in: Schmidt/Lutter, AktG, § 291 Rn. 33; *Krieger*, in: MünchHdb-AG, § 70 Rn. 6; *Deilmann*, in: Hölters, AktG, § 291 Rn. 21; *Schürnbrand*, ZHR 169 (2005), 35, 43 f.

214 *Hüffer*, AktG, § 291 Rn. 34 f.; *Emmerich*, in: Emmerich/Habersack, Konzernrecht, § 11 Rn. 16; aA *Altmeppen*, in: MünchKomm-AktG, § 291 Rn. 101, nach dem ein Gleichordnungskonzern auf vertraglicher Basis als Unterordnungskonzern konzipiert werden kann.

215 *Koppensteiner*, in: KK-AktG, § 291 Rn. 98, 104; *Altmeppen*, in: MünchKomm-AktG, § 291 Rn. 212; *Hüffer*, AktG, § 291 Rn. 34 f.

216 Vgl. *Kropff*, BegrRegE AktG 1965 zu § 291, S. 377; *Koppensteiner*, in: KK-AktG, § 291 Rn. 104.

Aktionäre und Gläubiger darf das herrschende Unternehmen nicht auf das Weisungsrecht verzichten. Es wäre nach den §§ 302 ff. AktG zu globalem Verlustausgleich sowie zu Ausgleichs- und Abfindungszahlungen verpflichtet, ohne seine Interessen durch Weisungen geltend machen und durchsetzen zu können. Dieser Gesichtspunkt ist auch im Rahmen des § 18 Abs. 1 S. 2 AktG von Bedeutung. Ein Ausschluss des Weisungsrechts würde der unwiderlegbaren Vermutung des § 18 Abs. 1 S. 2 AktG widersprechen, nach der die Parteien eines Beherrschungsvertrages als „unter einheitlicher Leitung zusammengefasst" anzusehen sind[217]. Grundlage dieser Vermutung ist das – wenn auch gemäß § 308 Abs. 1 S. 2 AktG beschränkbare – Weisungsrecht des herrschenden Unternehmens gegenüber dem Vorstand der abhängigen Gesellschaft[218]. Bei einem vollständigen Ausschluss des Weisungsrechts wäre kein Anknüpfungspunkt mehr für die Vermutung vorhanden.

Folgte man der Auffassung, nach der ein Beherrschungsvertrag nicht zwingend ein Weisungsrecht begründen muss, wäre unklar, woran die Einordnung des Vertrags als Beherrschungsvertrag inhaltlich überhaupt festgemacht werden sollte, da die Vertragsbezeichnung unerheblich ist. Das System des Konzernrechts, also des Vertragskonzerns und des faktischen Konzerns, wäre gestört, wenn eine Abgrenzung nicht anhand eines eindeutigen Vertragsinhalts vorgenommen werden könnte[219]. § 308 Abs. 1 S. 2 AktG ermöglicht zwar den Ausschluss nachteiliger Weisungen im Beherrschungsvertrag. Die herrschende Gesellschaft muss aber auch in diesem Fall in der Lage sein, mit dem eingeschränkten Weisungsrecht Leitungsmacht in der unterstellten Gesellschaft auszuüben und durchzusetzen. § 308 Abs. 1 S. 2 AktG bezieht sich zudem eindeutig auf nachteilige Weisungen. Der Schluss von der Möglichkeit, nachteilige Weisungen in einem Beherrschungsvertrag auszuschließen, auf die Zulässigkeit eines vollständigen Weisungsverzichts würde den Wortlaut der Vorschrift überdehnen.

Damit ist ein Weisungsrecht, das dem herrschenden Unternehmen die verbindliche und rechtlich durchsetzbare Möglichkeit verschafft, die Leitung der unterstellten Gesellschaft nach seinem Willen zu steuern, ein unabdingbares und typusprägendes Merkmal eines Beherrschungsvertrages, auf das nicht durch Parteivereinbarung verzichtet werden kann und ohne das grundsätzlich kein Beherrschungsvertrag vorliegt. Ein Weisungsrecht dieser Qualität und dieses Umfangs führt damit stets zu einer Leitungsunterstellung i.S.v. § 291 Abs. 1 S. 1

---

217 *Emmerich*, in: Emmerich/Habersack, Aktien- und GmbH-Konzernrecht, § 291 Rn. 23; *Peres*, in: Heidel, AktG, § 291 Rn. 42.

218 Vgl. *Bayer*, in: MünchKomm-AktG, § 18 Rn. 44.

219 Vgl. *Koppensteiner*, in: KK-AktG, § 291 Rn. 22; *Langenbucher*, in: Schmidt/Lutter, AktG, § 291 Rn. 33; *Hüffer*, AktG, § 291 Rn. 11; *Krieger*, in: MünchHdb-AG, § 70 Rn. 6; *Schürnbrand*, ZHR 169 (2005), 35, 44.

AktG und kann nur in einem Beherrschungsvertrag wirksam vereinbart werden. Ohne die legitimierende Wirkung des Beherrschungsvertrags würde ein Weisungsrecht, das zu einer vollständigen oder einer im Ergebnis gleichwertigen teilweisen Leitungsunterstellung führt, gegen § 76 Abs. 1 AktG verstoßen.

bb) Zustimmungsvorbehalte als Leitungsinstrumente

Die Unabdingbarkeit des Weisungsrechts in einem Beherrschungsvertrag sagt jedoch noch nichts darüber aus, ob nicht auch andere Leitungsinstrumente zu einer Leitungsunterstellung i.S.d. § 291 Abs. 1 S. 1 AktG führen können. Wäre dies der Fall, müsste der Kreis von Vertragsgestaltungen, die darauf zu überprüfen sind, ob sie zu einer beherrschungsvertraglichen Leitungsunterstellung führen und mithin außerhalb der Grenzen des § 76 Abs. 1 AktG liegen, weiter gezogen werden, insbesondere weil es – wie soeben festgestellt – für § 291 Abs. 1 S. 1 AktG unter bestimmten Voraussetzungen ausreichen kann, dem herrschenden Unternehmen Teilbereiche der Unternehmensleitung zu unterstellen.

Gemäß § 82 Abs. 1 AktG ist die organschaftliche Vertretungsmacht des Vorstands nach außen hin unbeschränkbar, wohingegen er nach Abs. 2 verpflichtet ist, im Verhältnis zur Aktiengesellschaft Beschränkungen seiner Geschäftsführungsbefugnis einzuhalten. Da der Vorstand als Gesellschaftsorgan keine eigene Rechtspersönlichkeit besitzt[220], kann es sich bei den Verträgen, deren beherrschungsvertragliche Relevanz auf dem Prüfstand steht, nur um Verträge mit der Aktiengesellschaft handeln. Darin geregelte Zustimmungsvorbehalte binden den Vorstand dann mittelbar.

Die vertraglichen Gestaltungsmöglichkeiten der Parteien bei Zustimmungsvorbehalten sind vielfältig. Die Parteien können einen Katalog zustimmungspflichtiger Geschäfte oder Maßnahmen festlegen, zu denen der Vertragspartner vorab befragt werden und ein Votum abgeben muss. Diese Zustimmungsvorbehalte führen dann zu einem Vetorecht in den festgelegten Angelegenheiten. Die Parteien können auch vereinbaren, die Gesellschaft dürfe ihre Geschäftspolitik solange eigenständig verfolgen, bis der Vertragspartner bei einem Geschäft oder einer Maßnahme von sich aus ein Veto einlegt. Ein Katalog zustimmungspflichtiger Maßnahmen kann entweder nur sehr wenige, für die Gesellschaft und ihre Finanzlage besonders wichtige und richtungsweisende Entscheidungen umfassen oder sich auf sämtliche Geschäftsführungsmaßnahmen erstrecken. Nachstehend ist zu prüfen, ob Zustimmungsvorbehalte zu einer Leitungsunterstellung i.S.v. § 291 Abs. 1 S. 1 AktG führen können.

---

220 Vgl. *Mertens/Cahn*, in: KK-AktG, § 76 Rn. 3.

aaa) Meinungsstand

Die Rechtsprechung und das Schrifttum beurteilen die Möglichkeit einer Leitungsunterstellung durch Zustimmungsvorbehalte unterschiedlich.

(1) Enges Verständnis

Eine Ansicht in der Literatur sieht in Zustimmungsvorbehalten kein hinreichendes Leitungsinstrument eines Beherrschungsvertrags, weil sie nicht wie ein Weisungsrecht zu einem Übergang der Leitungsmacht auf einen Dritten führen[221]. Eine Leitungsunterstellung setze die Möglichkeit voraus, unternehmerische Initiative in Bezug auf die Geschäftspolitik der Zielgesellschaft auszuüben und die wesentlichen Unternehmensziele vorzugeben[222]. Diese aktive Gestaltungsmacht sei – wie § 308 Abs. 1 AktG zeige – kennzeichnendes und konstitutives Merkmal einer Leitungsunterstellung[223]. Zustimmungsvorbehalte ließen indessen keine eigene unternehmerische Initiative zu[224]. Sie erforderten ihrerseits eine Initiative des Vorstands und begründeten nur eine Reaktionsmöglichkeit[225]. Dies reiche für eine Leitungsunterstellung nicht aus[226]. Beleg hierfür seien unter anderem die Vorschriften über das Verhältnis zwischen Vorstand und Aufsichtsrat[227]. § 111 Abs. 4 S. 2 AktG verlange die Aufstellung eines Katalogs von Zustimmungsvorbehalten zugunsten des Aufsichtsrats, ohne dass dadurch ein Leitungstransfer auf den Aufsichtsrat stattfände und die Leitungsautonomie des Vorstands in unzulässigem Maß eingeschränkt würde[228]. In diesem Sinne ordnete das Oberlandesgericht Schleswig 2008 die Mechanismen eines Kooperationsvertrags (*Coordination Framework Agreement*), der ein Einstimmigkeitserfordernis bei allen Entscheidungen der einen Vertragspartei und damit eine weitreichende Blockademög-

221 *Koppensteiner*, in: KK-AktG, § 308 Rn. 23; *Habersack*, ZGR 2000, 384, 397 f.; *Hüffer*, AktG, § 291 Rn. 10; *Langenbucher*, in: Schmidt/Lutter, AktG, § 291 Rn. 33; *Peres*, in: Heidel, AktG, § 291 Rn. 42; *Schenk*, in: Heidelberger Kommentar, AktG, § 291 Rn. 12; *Deilmann*, in: Hölters, AktG, § 291 Rn. 22, 32; *Ederle*, Verdeckte Beherrschungsverträge, S. 108 f.; *Runge*, Covenants in Kreditverträgen, S. 204; *Kästle*, Rechtsfragen bei der Verwendung von Covenants, S. 199 ff.

222 *Koppensteiner*, in: KK-AktG, § 308 Rn. 23; *Hüffer*, AktG, § 291 Rn. 10; *Schenk*, in: Heidelberger Kommentar, AktG, § 291 Rn. 12.

223 *Hüffer*, AktG, § 291 Rn. 11; *Schenk*, in: Heidelberger Kommentar, AktG, § 291 Rn. 12.

224 *Koppensteiner*, in: KK-AktG, § 308 Rn. 23; *Hüffer*, AktG, § 291 Rn. 10; *Langenbucher*, in: Schmidt/ Lutter, AktG, § 291 Rn. 33.

225 *Koppensteiner*, in: KK-AktG, § 308 Rn. 23; *Hüffer*, AktG, § 308 Rn. 10; *Goslar*, DB 2008, 800, 801 f.

226 *Koppensteiner*, in: KK-AktG, § 308 Rn. 23; *Hüffer*, AktG, § 308 Rn. 10.

227 Vgl. *Koppensteiner*, in: KK-AktG, § 308 Rn. 23.

228 So *Koppensteiner*, in: KK-AktG, § 308 Rn. 23; *Hüffer*, AktG, § 291 Rn. 10.

lichkeit für die andere Vertragspartei begründete, zwar als „Herrschaftsinstrument" ein, lehnte jedoch in materieller Hinsicht mangels Handlungsinitiativrechts eine beherrschungsvertragliche Leitungsunterstellung ab[229]. Es fehlte nach Auffassung des Oberlandesgerichts an einem Übergang von Leitungsmacht, wenn die Handlungsinitiative nicht von dem Vorstand der Untergesellschaft auf das herrschende Unternehmen übergehe und es seine Vorstellungen bei einem Dissens nicht rechtlich durchsetzen könne[230]. Ein ausdrückliches Weisungsrecht sei hierfür zwar nicht unbedingt erforderlich, Zustimmungsvorbehalte ermöglichten einen solchen Übergang der Leitungsmacht mangels Initiativrechts aber nicht[231].

(2) Weites Verständnis

Demgegenüber halten andere Autoren das Weisungsrecht in einem Beherrschungsvertrag generell für abdingbar und haben konsequenterweise keine Einwände dagegen, an seiner Stelle Zustimmungsvorbehalte zu vereinbaren[232]. Die inhaltlichen Details des Beherrschungsvertrags unterlägen der Vertragsfreiheit der Parteien[233]. Sofern das herrschende Unternehmen sich damit begnüge, anstelle eines Weisungsrechts Zustimmungsvorbehalte bei bestimmten vertraglich festgelegten Entscheidungen oder Geschäftsführungsmaßnahmen zu erhalten, spreche nichts dagegen[234].

(3) Vermittelnder Standpunkt

In Rechtsprechung und Schrifttum wird überwiegend ein vermittelnder Standpunkt eingenommen. Ein Weisungsrecht sei zwar ein notwendiger Bestandteil des Beherrschungsvertrags, dem Zustimmungsvorbehalte jedenfalls nicht generell gleichwertig seien[235]. Unter bestimmten Voraussetzung könnten sie ein Weisungsrecht aber ersetzen, nämlich wenn die Zustimmungsvorbehalte zentrale unternehmerische Bereiche beträfen und der Sache nach einer Weisung i.S.d. § 308

---

229 OLG Schleswig NZG 2008, 868, 870.

230 OLG Schleswig NZG 2008, 868, 870.

231 OLG Schleswig NZG 2008, 868, 870.

232 *Geßler*, in: FS Beitzke, S. 923, 932; *Altmeppen*, in: MünchKomm-AktG, § 291 Rn. 97 ff. und § 308 Rn. 11 ff.; *Exner*, Beherrschungsvertrag und Vertragsfreiheit, S. 113 f., 115 ff.

233 *Altmeppen*, in: MünchKomm-AktG, § 308 Rn. 12.

234 *Altmeppen*, in: MünchKomm-AktG, § 308 Rn. 12.

235 *Hirte*, in: GK-AktG, § 308 Rn. 18; *Emmerich*, in: Emmerich/Habersack, Aktien- und GmbH-Konzernrecht, § 291 Rn. 24a; *Veil*, in: Spindler/Stilz, AktG, § 291 Rn. 26 ff.; *ders.*, Unternehmensverträge, S. 236, 284, 297 ff.; *Servatius*, Gläubigereinfluss durch Covenants, S. 351 ff.; *Priester*, in: FS Raiser, S. 293, 308; *Bachmann/Veil*, ZIP 1999, 348, 354 f.; *Hirte/Schall*, Der Konzern 2006, 243, 245 ff.; *Schürnbrand*, ZHR 169 (2005), 35, 45.

Abs. 1 AktG entsprächen[236]. Sie müssten den Vertragspartner in die Lage versetzen, in zentralen unternehmerischen Fragen seine Interessen durchzusetzen[237]. Wie schon bei der Frage, ob ein Weisungsrecht in Teilbereichen der Leitung zu einer Leitungsunterstellung i.S.d. § 291 Abs. 1 AktG führt, müsse die Summe der in dem Vertrag getroffenen Regelungen es dem anderen Unternehmen ermöglichen, eine auf das Gesamtinteresse der verbundenen Unternehmen ausgerichtete Zielkonzeption zu entwickeln und gegenüber dem Vorstand der beherrschten Gesellschaft durchzusetzen[238]. Dies wird einerseits angenommen, wenn der Vorstand der Untergesellschaft aufgrund der Dichte der Zustimmungsvorbehalte nicht mehr in der Lage sei, die Gesellschaft eigenverantwortlich zu leiten[239], andererseits mit Blick auf die Rechtsfolgenseite dann, wenn der Vorstand um seine erneute Bestellung fürchten müsse, wenn er die Zustimmungsvorbehalte missachte[240]. Begründet wird diese Ansicht unter anderem mit dem Schutz der abhängigen Gesellschaft und ihrer Aktionäre: Erhalte der Vertragspartner eine (nicht nur theoretische) Möglichkeit, Entscheidungen über Geschäftsvorhaben und ihre Umsetzung zu verhindern, könne der Vertrag nicht ohne Beachtung der §§ 293 ff. AktG geschlossen werden[241].

bbb) Stellungnahme

In einem Beherrschungsvertrag steht das Weisungsrecht des herrschenden Unternehmens nicht zur Disposition der Parteien[242]. Daher kann die Organisationsfreiheit der Parteien auch nicht als Argument für Zustimmungsvorbehalte als zulässige Leitungsinstrumente eines Beherrschungsvertrags dienen. Das weite Verständnis ist deshalb abzulehnen.

Die restriktive Betrachtungsweise fasst den Begriff der Leitungsunterstellung hingegen zu eng, wenn sie zwingend ein Initiativrecht im Sinne eines Weisungsrechts für eine Leitungsunterstellung fordert. Zwar berechtigen Zustimmungsvorbehalte den Vertragspartner weder dazu, ein Geschäft selbst abzuschließen, noch hat er Einfluss darauf, ob der Vorstand einen Vertrag, zu dem der Vertragspartner seine Zustimmung erteilt hat, auch tatsächlich schließt oder aber davon

---

236 Vgl. die Nachweise in der vorigen Fn.

237 *Priester*, in: FS Raiser, S. 293, 308.

238 LG München I ZIP 2008, 555, 560 unter Berufung auf BGHZ 103, 1, 6; KG AG 2001, 186; *Emmerich*, in: Emmerich/Habersack, Aktien- und GmbH-Konzernrecht, § 291 Rn. 24 f.; *Schürnbrand*, ZHR 169 (2005), 35, 45; *Hirte/Schall*, Der Konzern 2006, 243, 244 f.

239 *Veil*, in: Spindler/Stilz, AktG, § 308 Rn. 6; *Bachmann/Veil*, ZIP 1999, 348, 354; *Schürnbrand*, ZHR 169 (2005), 35, 45.

240 *Emmerich*, in: Emmerich/Habersack, Aktien- und GmbH-Konzernrecht, § 308 Rn. 23.

241 *Mertens/Cahn*, in: KK-AktG, § 76 Rn. 54 und Fn. 114; *Priester*, in: FS Raiser, S. 293, 308.

242 Vgl. oben, Zweiter Teil, Drittes Kapitel, A. II. 2. c) aa).

wieder abrückt. Gleichwohl schränken Zustimmungsvorbehalte die Leitungsmacht des Vorstands erheblich ein, denn er ist in seinen Entscheidungen nicht mehr frei und kann nicht mehr autonom und letztinstanzlich entscheiden. Er ist auf das Votum des Vertragspartners angewiesen und verhält sich vertragswidrig, wenn er die Zustimmung zu einem vereinbarten Punkt nicht einholt oder ein von der eigenen Linie abweichendes Votum ignoriert.

Dem stehen die von der restriktiven Auffassung vorgetragenen Wertungen des § 111 Abs. 4 S. 2 AktG nicht entgegen, nach denen Zustimmungsvorbehalte zugunsten des Aufsichtsrats nicht dazu führten, dass dieser Leitungsmacht erlange. Der Aufsichtsrat wird durch Zustimmungsvorbehalte zu seinen Gunsten zwar nicht zu einem zweiten Leitungsorgan der Gesellschaft neben dem Vorstand, obwohl der Begriff der Geschäftsführung in § 111 Abs. 1 AktG und der Leitungsbegriff in § 76 Abs. 1 AktG inhaltlich übereinstimmen[243]. Er erlangt durch die Zustimmungsvorbehalte aber zweifellos Einfluss auf die Geschäftsführung des Vorstands[244]. Er kann seine Zustimmung etwa an die Bedingung knüpfen, dass der Vorstand eine Maßnahme in seinem Sinne ändert, neu verhandelt oder nur unter bestimmten Auflagen vollzieht[245]. Aus diesem Grund ist bei der Festlegung der Zustimmungsvorbehalte zugunsten des Aufsichtsrats sorgfältig darauf zu achten, dass es nicht zu einem Verstoß gegen den Grundsatz der eigenverantwortlichen Leitung gemäß § 76 Abs. 1 AktG kommt. Die Zustimmungsvorbehalte zugunsten des Aufsichtsrats sind auch nur unter strengen Voraussetzungen zulässig. Gemäß Ziff. 3.3 S. 2 DCGK dürfen nur jene Geschäfte und Maßnahmen an die Zustimmung des Aufsichtsrats gebunden werden, „die die Vermögens-, Finanz- oder Ertragslage der Gesellschaft grundlegend verändern", mithin von wesentlicher Bedeutung sind und sich dadurch von den gewöhnlichen Geschäftsführungsmaßnahmen deutlich abgrenzen[246]. Die Zustimmungsvorbehalte dürfen sich allerdings nicht auf sämtliche Geschäfte oder Maßnahmen von grundlegender Bedeutung beziehen, sondern nur auf „bestimmte Arten von Geschäften" (§ 111 Abs. 4 S. 2 AktG)[247]. Einzelne Ausschnitte aus dem typologisch beschriebenen Bereich der Leitung können daher unter den Vorbehalt der Zustimmung des Aufsichtsrats gestellt werden, solange die Zustimmungsvorbehalte nicht den

---

243 Vgl. *Hoffmann-Becking*, in: MünchHdb-AG, § 29 Rn. 22; *Hopt/Roth*, in: GK-AktG, § 111 Rn. 160; *Hüffer*, AktG, § 111 Rn. 3.

244 Vgl. *Habersack*, in: MünchKomm-AktG, § 111 Rn. 96; *Hüffer*, AktG, § 111 Rn. 16.

245 *Kropff*, in: Semler/v. Schenck, Arbeitshandbuch für Aufsichtsratsmitglieder, § 8 Rn. 12.

246 *Habersack*, in: MünchKomm-AktG, § 111 Rn. 109.

247 Vgl. *Habersack*, in: MünchKomm-AktG, § 111 Rn. 106; *Hopt/Roth*, in: GK-AktG, § 111 Rn. 639; *Drygala*, in: Schmidt/Lutter, AktG, § 111 Rn. 55; zu den Ausnahmefällen, in denen auch Einzelgeschäfte einem Zustimmungsvorbehalt unterworfen werden dürfen vgl. etwa die Nachw. bei *Hüffer*, AktG, § 111 Rn. 18.

Kernbereich der Leitungskompetenzen des Vorstands betreffen[248]. Dann könnte der Aufsichtsrat nämlich die durch § 76 Abs. 1 AktG vorgeschriebene eigenverantwortliche Leitung der Gesellschaft durch den Vorstand untergraben[249]. Einer generalklauselartigen Formulierung der Zustimmungsvorbehalte stehen das Geschäftsführungsverbot nach § 111 Abs. 4 S. 1 AktG und der Grundsatz der eigenverantwortlichen Leitung der Gesellschaft durch den Vorstand gemäß § 76 Abs. 1 AktG entgegen[250]. Dem Bestimmtheitserfordernis wird allerdings Genüge getan, wenn die zustimmungspflichtigen Geschäfte im Vorhinein nach generellen Merkmalen bestimmt sind[251].

Die strengen Anforderungen an die Zustimmungsvorbehalte zugunsten des Aufsichtsrats zeigen, dass durch sie grundsätzlich Leitungsmacht übertragen werden kann. Ansonsten wären all diese Restriktionen nicht erforderlich[252]. Damit können Zustimmungsvorbehalte, die dem Vertragspartner die Möglichkeit geben, eine seinen Vorstellungen widersprechende Geschäftspolitik zu verhindern, zu einer Leitungsunterstellung i.S.d. § 291 Abs. 1 S. 1 AktG führen, sofern sie weit reichen und ein breites Spektrum an Geschäften oder Maßnahmen betreffen. Dann greifen sie in den Kernbereich der Organkompetenzen des Vorstands ein und überschreiten die Grenzen des § 76 Abs. 1 AktG.

Die Auswirkung von Zustimmungsvorbehalten auf die Leitungsautonomie kann dadurch verstärkt werden, dass die Parteien eine bestimmte Geschäftspolitik vorab vereinbaren oder der Vertragspartner dem Vorstand im Vorfeld einer Leitungsentscheidung Bedingungen für seine Zustimmung oder sogar den Inhalt einer konkreten Entscheidung, der er zustimmen würde, mitteilt[253]. Der Vorstand wird seine Entscheidungen dann vernünftiger Weise an den Vorstellungen des Vertragspartners ausrichten, weil dieser abweichenden Entscheidungen ansonsten widersprechen kann[254].

Allein ein legitimes Interesse des Vertragspartners an einer bestimmten Geschäftspolitik und einem Mitspracherecht hinsichtlich der Verwendung etwaiger

---

248 *Spindler*, in: Spindler/Stilz, AktG, § 111 Rn. 66; ähnlich *Altmeppen*, in: FS K. Schmidt, S. 29 f.

249 *Mertens*, in: KK-AktG, § 111 Rn. 66.

250 *Hüffer*, AktG, § 111 Rn. 18; *Spindler*, in: Spindler/Stilz, AktG, § 111 Rn. 65; *Hoffmann-Becking*, in: MünchHdb-AG, § 29 Rn. 44; *Altmeppen*, in: FS K. Schmidt, S. 23, 30; *Schönberger*, Der Zustimmungsvorbehalt des Aufsichtsrats bei Geschäftsführungsmaßnahmen des Vorstands (§ 111 Abs. 4 S. 2-4 AktG), S. 187.

251 *Habersack*, in: MünchKomm-AktG, § 111 Rn. 106; *Hopt/Roth*, in: GK-AktG, § 111 Rn. 627; *Hüffer*, AktG, § 111 Rn. 18.

252 Zutreffend *Schürnbrand*, ZHR 169 (2005), 35, 45.

253 *Schürnbrand*, ZHR 169 (2005), 35, 44; *Dierdorf*, Herrschaft und Abhängigkeit einer Aktiengesellschaft auf schuldvertraglicher und tatsächlicher Grundlage, S. 150.

254 So auch *Schürnbrand*, ZHR 169 (2005), 35, 44; *Dierdorf*, Herrschaft und Abhängigkeit einer Aktiengesellschaft auf schuldvertraglicher und tatsächlicher Grundlage, S. 150; *Veil*, Unternehmensverträge, S. 286.

von ihm zur Verfügung gestellter Finanzmittel rechtfertigt derart weitreichende Zustimmungsvorbehalte nicht, die inhaltlich zu einer Leitungsunterstellung führen[255]. Solche Zustimmungsvorbehalte dürfen nur in einem Beherrschungsvertrag vereinbart werden[256].

Damit ist der Beurteilung, ob vertragliche Einwirkungsrechte zu einer Leitungsunterstellung im Sinne des § 291 Abs. 1 S. 1 AktG führen, die vermittelnde Betrachtungsweise zugrunde zu legen.

III. Zwischenergebnis

Eine beherrschungsvertragliche Leitungsunterstellung i.S.v. § 291 Abs. 1 S. 1 AktG erfolgt im gesetzlichen Regelfall gemäß § 308 Abs. 1 AktG durch ein umfassendes Weisungsrecht eines Unternehmens gegenüber dem Vorstand einer Aktiengesellschaft. In seinem Umfang muss sich das Weisungsrecht nicht auf sämtliche Leitungsbefugnisse ihres Vorstands beziehen. Es ist ferner weder erforderlich noch ausreichend, dass sich das Weisungsrecht auf „einfache" bzw. „allgemeine" Geschäftsführungsangelegenheiten bezieht. Inhalt des Beherrschungsvertrags ist vielmehr die Unterstellung der Leitung im Sinne eines hervorgehobenen Teilbereichs der Geschäftsführung. Eine Unterstellung einzelner Leitungsbereiche kann für eine Leitungsunterstellung ausreichen, sofern es sich um wesentliche Ausschnitte der Unternehmensleitung handelt, nämlich den Kernbereich der Unternehmensplanung, Unternehmensorganisation, Unternehmenskontrolle oder der Besetzung von Führungsposten. Das andere Unternehmen muss jedoch in die Lage versetzt werden, eine auf das Gesamtinteresse der verbundenen Unternehmen ausgerichtete Zielkonzeption zu entwickeln und dauerhaft rechtlich verbindlich durchzusetzen.

Das Weisungsrecht kann in einem Beherrschungsvertrag nicht ausgeschlossen werden. Schließen die Parteien es dennoch aus oder schränken sie es in einer Weise ein, dass sich an der Unabhängigkeit der Parteien nichts ändert, liegt kein Beherrschungsvertrag vor, sondern ein Gleichordnungskonzernvertrag (vgl. § 291 Abs. 2 AktG).

Zustimmungsvorbehalte können ebenfalls zu einer Leitungsunterstellung führen, obwohl sie kein Initiativrecht wie ein Weisungsrecht vermitteln. Dies ist aber nur unter engen Voraussetzungen anzuerkennen, nämlich dann, wenn die Zustimmungsvorbehalte ein Einwirkungspotential vermitteln, das dem eines Weisungsrechts entspricht. Der Vorstand der Untergesellschaft darf dafür aufgrund

---

255 *Dierdorf*, Herrschaft und Abhängigkeit einer Aktiengesellschaft auf schuldvertraglicher und tatsächlicher Grundlage, S. 150 f.

256 *Dierdorf*, Herrschaft und Abhängigkeit einer Aktiengesellschaft auf schuldvertraglicher und tatsächlicher Grundlage, S. 150 f.

der Dichte und der Qualität der Zustimmungsvorbehalte nicht mehr in der Lage sein, die Gesellschaft gemäß § 76 Abs. 1 AktG eigenverantwortlich zu leiten, weil der Vertragspartner eine ihm unliebsame Unternehmenspolitik verhindern und sie in andere Bahnen lenken kann. Bleibt das dem Vertragspartner vermittelte Einflusspotential indessen dahinter zurück, ist eine Leitungsunterstellung i.S.d. § 291 Abs. 1 S. 1 AktG abzulehnen und die Zustimmungsvorbehalte können in zulässiger Weise ohne Beachtung der beherrschungsvertraglichen Wirksamkeitsvoraussetzungen vereinbart werden.

B. Unternehmensverträge gemäß § 292 AktG

Obwohl der Beherrschungsvertrag nach der gesetzlichen Konzeption der Aktiengesellschaft der einzige zulässige Weg für eine vertragliche Übertragung von Leitungsmacht des Vorstands auf ein anderes Unternehmen zu sein scheint, ist in einem nächsten Schritt auf die in § 292 AktG geregelten „anderen Unternehmensverträge" einzugehen. Dazu zählen unter anderem gemäß § 292 Abs. 1 Nr. 3 AktG der Betriebsüberlassungs- und der Betriebspachtvertrag. Diese Vertragstypen sind im Zusammenhang mit der Frage der Einschränkbarkeit der Kompetenzen des Vorstands durch schuldrechtliche Verträge aus folgenden Gründen von Interesse: Die Eigentümergesellschaft überträgt hier dem Vertragspartner vertraglich die Kompetenz zum Betrieb ihres Unternehmens. Gleichwohl handelt es sich bei den Verträgen des § 292 Abs. 1 Nr. 3 AktG nach herrschender Meinung um Schuldverträge und nicht um Organisationsverträge[257]. In unmittelbarem Zusammenhang mit den gesetzlich in § 292 Abs. 1 Nr. 3 AktG geregelten Verträgen steht der Betriebsführungsvertrag. Er ist in dieser Vorschrift zwar nicht genannt, weist aber Ähnlichkeiten mit Betriebspacht- und Betriebsüberlassungsverträgen auf. Im Hinblick auf die Einschränkbarkeit der Leitungsmacht des Vorstands spielt er eine hervorgehobene Rolle, weil er zum einen ein Anwendungsfall und Prüfstein des Grundsatzes der eigenverantwortlichen Leitung gemäß § 76 Abs. 1 AktG ist. Zum anderen stellt sich bei seiner rechtlichen Einordnung die auch für verdeckte

257 Vgl. *Kropff*, BegrRegE AktG 1965 zu § 292, S. 378 („schuldrechtliche Verträge mit Austausch von Leistung und Gegenleistung"); *Altmeppen*, in: MünchKomm-AktG, § 292 Rn. 7; *Langenbucher*, in: Schmidt/Lutter, AktG, § 292 Rn. 1; *Hüffer*, AktG; § 292 Rn. 2; einschränkend *Koppensteiner*, in: KK-AktG, Vor § 291 Rn. 161; *Emmerich*, in: Emmerich/Habersack, Aktien- und GmbH-Konzernrecht, § 292 Rn. 6; für organisationsrechtlichen Charakter *Veil*, in: Spindler/Stilz, AktG, § 292 Rn. 1; *ders.*, Unternehmensverträge S. 266, 287 ff.; *Oesterreich*, Die Betriebsüberlassung zwischen Vertragskonzern und faktischem Konzern, S. 61 ff.; differenzierend *Fenzl*, Betriebspacht-, Betriebsüberlassungs- und Betriebsführungsverträge in der Konzernpraxis, S. 70 ff.

Beherrschungsverträge bedeutsame Frage, ob die anderen Unternehmensverträge möglicherweise neben dem Beherrschungsvertrag einen weiteren Weg bieten, Leitungsbefugnisse auf einen Vertragspartner zu übertragen, ohne die Rechtsfolgen eines Beherrschungsvertrags auszulösen. Auf den Betriebsführungsvertrag kann allerdings nicht unter den genannten Gesichtspunkten eingegangen werden, ohne vorher einige Grundlagen zu Betriebspacht- und Betriebsüberlassungsverträgen zu erläutern.

I. Betriebspacht- und Betriebsüberlassungsverträge

1. Begriffe und Vertragsgegenstände

Betriebspacht- und Betriebsüberlassungsverträge sind gemäß § 292 Abs. 1 Nr. 3 AktG Verträge, in denen die Aktiengesellschaft „den Betrieb ihres Unternehmens einem anderen verpachtet oder sonst überlässt (Betriebspachtvertrag, Betriebsüberlassungsvertrag)“. Der Betriebspachtvertrag ist ein Pachtvertrag im Sinne der §§ 581 ff. BGB[258]. Der Pächter führt den Betrieb des Unternehmens der Eigentümergesellschaft in eigenem Namen und für eigene Rechnung und trägt das unternehmerische Risiko[259]. In einem Betriebsüberlassungsvertrag überlässt die Eigentümergesellschaft den Betrieb dem Vertragspartner, der ihn in Besitz nimmt und nach seinen Interessen und auf seine Rechnung nutzt. Der Hauptunterschied zwischen beiden Vertragsarten besteht darin, dass der Betrieb bei einem Betriebsüberlassungsvertrag im Namen der Eigentümergesellschaft fortgeführt wird, wozu der Übernehmer bevollmächtigt wird, während der Pächter bei einem Betriebspachtvertrag in eigenem Namen handelt[260].

2. Aktienrechtliche Behandlung

Betriebspacht- und Betriebsüberlassungsverträge ändern – zumindest vorübergehend – den Unternehmensgegenstand der Eigentümergesellschaft von einer unternehmerischen Tätigkeit in die Erwirtschaftung eines Entgelts, das sie für die Verpachtung bzw. Überlassung erhält[261]. An unternehmerischer Tätigkeit bleibt ihr lediglich die Entscheidung über die Verwendung dieses Entgelts („Rentner-

258 *Altmeppen*, in: MünchKomm-AktG, § 292 Rn. 97; *Koppensteiner*, in: KK-AktG, § 292 Rn. 75; *Hüffer*, AktG, § 292 Rn. 19.

259 *Fenzl*, Der Konzern 2006, 18, 21.

260 *Koppensteiner*, in: KK-AktG, § 292 Rn. 78; *Hüffer*, AktG, § 292 Rn. 19.

261 *Langenbucher*, in: Schmidt/Lutter, AktG, § 292 Rn. 29; *Veil*, in: Spindler/Stilz, AktG, § 292 Rn. 37; eine Änderung des Gesellschaftstzwecks ablehnend *Koppensteiner*, in: KK-AktG, § 292 Rn. 13, 19.

gesellschaft“)[262]. Aufgrund dieser tiefgreifenden Veränderung setzt die Wirksamkeit von Betriebspacht- und Betriebsüberlassungsverträgen gemäß § 293 Abs. 1 AktG und § 294 Abs. 1 AktG die Zustimmung der Hauptversammlung mit Dreiviertelmehrheit und die Eintragung in das Handelsregister voraus[263]. Besteht zwischen den Vertragsparteien zusätzlich ein Abhängigkeitsverhältnis i.S.v. § 17 AktG, schützt § 302 Abs. 2 AktG die Eigentümergesellschaft durch die Pflicht des anderen Vertragsteils zur Verlustübernahme. Soweit die vereinbarte Gegenleistung kein angemessenes Entgelt darstellt, hat das herrschende Unternehmen dann jeden während der Vertragsdauer entstehenden Jahresfehlbetrag auszugleichen (§ 302 Abs. 2 AktG). Diese Ausgleichspflicht soll das herrschende Unternehmen davon abhalten, die Unternehmenssubstanz der abhängigen Gesellschaft anzugreifen, indem es das Abhängigkeitsverhältnis dazu ausnutzt, die abhängige Gesellschaft zur Verpachtung oder Überlassung ihres Betriebs gegen ein unangemessen geringes Entgelt zu verpflichten[264].

Die Auswirkungen auf die Struktur und die Organisation der Eigentümergesellschaft sind bei den anderen Unternehmensverträgen schwächer als bei den Verträgen nach § 291 AktG. Betriebspacht- und Betriebsüberlassungsverträge heben die Eigenständigkeit einer Vertragspartei auf[265]. Anders als Organisationsverträge (vgl. § 291 Abs. 3 AktG) führen Betriebspacht- und Betriebsüberlassungsverträge nicht zu einer Lockerung der gesetzlichen Vermögensbindung gemäß §§ 57, 58 und 60 AktG, sie durchbrechen nicht die Leitungszuständigkeit des Vorstands gemäß § 76 Abs. 1 AktG und begründen kein Abhängigkeitsverhältnis[266]. Daher sind auch die Sicherungsmechanismen zugunsten der Gesellschaft und ihrer Außenseiter schwächer als bei den Verträgen des § 291 AktG. Sie beschränken sich – von § 302 Abs. 2 AktG abgesehen – auf die Mitwirkung der Aktionäre bei Abschluss, Änderung oder Aufhebung des Vertrags. Die Klassifizierung als schuldrechtliche Austauschverträge ist allerdings auch nicht vollkommen eindeutig, da der Pächter in dem ihm durch den Vertrag übertragenen Entscheidungsbereich eigenverantwortlich handelt und sich die Kompetenz des

---

262 OLG Hamburg NZG 2000, 421, 422; *Emmerich*, in: Emmerich/Habersack, Aktien- und GmbH-Konzernrecht, § 292 Rn. 39; *Koppensteiner*, in: KK-AktG, § 292 Rn. 75; *Altmeppen*, in: MünchKomm-AktG, § 292 Rn. 97.

263 AA *Fenzl*, Betriebspacht-, Betriebsüberlassungs- und Betriebsführungsverträge in der Konzernpraxis, S. 59 (Rn. 212), nach dem die §§ 293 ff. AktG nur dann Anwendung finden, wenn der Betriebspacht- und der Betriebsüberlassungsvertrag organisationsrechtliche Elemente aufweisen. Diese Auffassung ist jedoch abzulehnen, da sich für die Differenzierung keine Stütze im Gesetz findet.

264 *Kropff*, BegrRegE AktG AktG 1965 zu § 302, S. 391.

265 *Altmeppen*, in: MünchKomm-AktG, § 292 Rn. 7.

266 *Emmerich*, in: Emmerich/Habersack, Aktien- und GmbH-Konzernrecht, § 292 Rn. 4; *Altmeppen*, in: MünchKomm-AktG, § 292 Rn. 7.

Vorstands der verpflichteten Gesellschaft – wie bereits gesagt – auf den Einzug des Pachtzinses reduziert[267]. Ferner ist der Vorstand der Verpächterin gemäß §§ 292 Abs. 1 Nr. 3, 293 Abs. 1, 82 Abs. 2 AktG nicht berechtigt, dem Pächter Anweisungen in Bezug auf Maßnahmen der Geschäftsführung zu erteilen. Aufgrund dessen werden Betriebspacht- und Betriebsüberlassungsverträge teilweise auch als Organisationsverträge eingeordnet[268]. In der Sache ändert sich durch diese unterschiedliche Qualifizierung aber nichts, da die Voraussetzungen und Rechtsfolgen von Betriebspacht- und Betriebsüberlassungsverträgen aufgrund der gesetzlichen Kodifikation feststehen. Aufgrund der gesetzlichen Regelung sind sie unter den Voraussetzungen der §§ 292 Abs. 1 Nr. 3, 293 ff., 302 Abs. 2 AktG auf jeden Fall aktienrechtlich zulässig.

Festgehalten werden kann, dass für eine Verkürzung des Aufgabenbereichs des Vorstands in einem Betriebspacht- und Betriebsüberlassungsvertrag eine veröffentlichungspflichtige (§ 294 AktG) vertragliche Grundlage und die Zustimmung der Hauptversammlung mit Dreiviertelmehrheit (§§ 292 Abs. 1 Nr. 3, 293 Abs. 1 AktG) notwendig ist[269]. Organisationsrechtliche Prinzipien müssen dafür hingegen – anders als bei einem Beherrschungsvertrag gemäß § 291 Abs. 3 und §§ 291, 308 AktG – nach Auffassung des Gesetzgebers nicht außer Kraft gesetzt werden.

II. Betriebsführungsvertrag

Die Frage nach der Legitimationswirkung des § 292 Abs. 1 Nr. 3 AktG im Hinblick auf § 76 Abs. 1 AktG stellt sich hingegen bei dem Betriebsführungsvertrag. Er ist im Gesetz zwar nicht explizit geregelt, weist aber Ähnlichkeiten mit dem Betriebspacht- und dem Betriebsüberlassungsvertrag auf. Mangels gesetzlicher Kodifikation steht die aktienrechtliche Zulässigkeit des Betriebsführungsvertrags nicht per legem fest, sondern ist anhand der zwingenden Vorschriften des Aktiengesetzes zu überprüfen. Daher ist zu untersuchen, ob er als anderer Unternehmensvertrag analog § 292 Abs. 1 Nr. 3 AktG einzuordnen ist und welche Zulässigkeitsgrenzen § 76 Abs. 1 AktG den Parteien bei der Vertragsgestaltung setzt.

1. Begriff und Vertragsgegenstand

Ein Betriebsführungsvertrag ist ein Vertrag, in dem eine Gesellschaft (Eigentümergesellschaft) ein Drittunternehmen beauftragt, ihr Unternehmen für ihre (d. h.

---

267 Vgl. *Langenbucher*, in: Schmidt/Lutter, AktG, § 292 Rn. 29.

268 Vgl. *Veil*, in: Spindler/Stilz, AktG, § 292 Rn. 36; *ders.*, Unternehmensverträge, S. 287 ff.; *Hommelhoff*, Die Konzernleitungspflicht, S. 276 ff.

269 Vgl. *Hommelhoff*, Die Konzernleitungspflicht, S. 283.

der Eigentümergesellschaft) Rechnung zu führen[270]. Gründe für den Abschluss eines Betriebsführungsvertrags können mangelnde Kapazitäten der Eigentümergesellschaft sein oder eine entsprechende besondere Qualifikation, Spezialisierung oder Erfahrung des Betriebsführers. Die Ausgliederung auf den Betriebsführer kann ferner Teil unternehmensinterner Rationalisierungs-, Umstrukturierungs- oder Sparmaßnahmen sein. Inhaltlich werden in einem Betriebsführungsvertrag bestimmte Zuständigkeiten des Vorstands der Eigentümergesellschaft auf den Betriebsführer verlagert. Je nach Vertragsinhalt lässt sich begrifflich zwischen echten und unechten Betriebsführungsverträgen unterscheiden[271]. Bei einem echten Betriebsführungsvertrag erfolgt die Geschäftsführung unter dem Namen der Eigentümergesellschaft. Sie bleibt weiterhin Unternehmensträgerin[272]. Sie tritt nach außen in Erscheinung und trägt alle Geschäftsrisiken, obwohl sie an den Entscheidungen und an ihrer Ausführung nur noch nach Maßgabe des Vertrags beteiligt ist[273]. Demgegenüber handelt der Betriebsführer bei einem unechten Betriebsführungsvertrag im eigenen Namen[274]. In beiden Fällen führt der Vertragspartner die Betriebe im Unterschied zu dem Betriebspacht- und Betriebsüberlassungsvertrag als Treuhänder für Rechnung der Eigentümergesellschaft, dieser stehen also die Erträge zu[275]. Betriebsführungsverträge können konzernintern und konzernextern geschlossen werden. Für die Frage nach der Grenze für die Übertragung von Leitungsmacht des Vorstandes gemäß § 76 Abs. 1 AktG sind Betriebsführungsverträge zwischen zuvor unverbundenen Unternehmen von Interesse[276]. Die Leitungszuständigkeit des Vorstands gemäß § 76 Abs. 1 AktG wird im Vertragskonzern nämlich ohnehin überlagert[277].

---

270 *Koppensteiner*, in: KK-AktG, § 292 Rn. 79; *Altmeppen*, in: MünchKomm-AktG, § 292 Rn. 143; *Emmerich*, in: Emmerich/Habersack, Aktien- und GmbH-Konzernrecht, § 292 Rn. 55; *Veil*, in: Spindler/Stilz, AktG, § 292 Rn. 52; *Langenbucher*, in: Schmidt/Lutter, AktG, § 292 Rn. 35; *Hüffer*, AktG, § 292 Rn. 20; *Veelken*, Der Betriebsführungsvertrag im deutschen und amerikanischen Aktien- und Konzernrecht, S. 15 ff.

271 *Veelken*, Der Betriebsführungsvertrag im deutschen und amerikanischen Aktien- und Konzernrecht, S. 18; *Altmeppen*, in: MünchKomm-AktG, § 292 Rn. 143 f.; *K. Schmidt*, GesR, S. 502; *Huber*, ZHR 152 (1988), 1, 4.

272 BGH NJW 1982, 1817 („Holiday Inn"); *K. Schmidt*, GesR, S. 502.

273 *Martens*, Die existentielle Wirtschaftsabhängigkeit, 1979, S. 24.

274 *Emmerich*, in: Emmerich/Habersack, Aktien- und GmbH-Konzernrecht, § 292 Rn. 55; *Huber*, ZHR 152 (1988), 1, 4 f.; *Langenbucher*, in: Schmidt/Lutter, AktG, § 292 Rn. 36.

275 *Koppensteiner*, in: KK-AktG, § 292 Rn. 79; *Krieger*, in: MünchHdb-AG, § 72 Rn. 25.

276 *Spindler*, in: MünchKomm-AktG, § 76 Rn. 26.

277 Vgl. *Koppensteiner*, in: KK-AktG, § 291 Rn. 20; *Hüffer*, AktG, § 291 Rn. 10; anders im faktischen Konzern, in dem der Vorstand der abhängigen Gesellschaft weiterhin gemäß § 76 AktG zur Leitung der Gesellschaft berechtigt und verpflichtet ist; vgl. Dritter Teil, Erstes Kapitel, B.I.

2. *Zivilrechtliche Einordnung*

Wird für die Betriebsführung eine Gegenleistung erbracht, handelt es sich um einen Geschäftsbesorgungsvertrag mit dem Charakter eines Dienstvertrags (§§ 675 Abs. 1, 611 BGB), bei Unentgeltlichkeit um ein Auftragsverhältnis (§§ 662 ff. BGB)[278]. In beiden Fällen kann der Betriebsführer gemäß §§ 675, 670 BGB von der Eigentümergesellschaft Aufwendungsersatz verlangen und ist ihr zur Gewinnherausgabe verpflichtet (§§ 675, 667 BGB). Handelt er im eigenen Namen (unechter Betriebsführungsvertrag), haftet er für entstandene Betriebsschulden voll. Ihm stehen dann im Innenverhältnis gegenüber der Eigentümergesellschaft Ansprüche auf Freistellung von eingegangenen Verbindlichkeiten und Aufwendungsersatz zu (§§ 675 Abs. 1, 611, 667 BGB)[279]. Die Eigentümergesellschaft ist dem Betriebsführer keineswegs schutzlos ausgeliefert. Sie kann den Betriebführungsvertrag gemäß § 627 BGB fristlos[280] und bei Vorliegen eines wichtigen Grundes auch gemäß § 314 Abs. 1 BGB kündigen[281]. Zudem steht ihr nach §§ 675, 665 BGB ein gesetzliches Weisungsrecht gegenüber dem Betriebsführer zu, sofern in dem Vertrag keine abweichenden Regelungen getroffen werden[282].

3. *Aktienrechtliche Zulässigkeit*

Die aktienrechtliche Beurteilung des Betriebsführungsvertrags unterscheidet sich insofern von der des Betriebspacht- und des Betriebsüberlassungsvertrags, als der Betriebsführer einerseits den Betrieb auf Rechnung der Eigentümergesellschaft führt und andererseits – sofern keine abweichende Regelung getroffen wurde – gemäß §§ 675, 665 BGB an die Weisungen der Eigentümergesellschaft gebunden ist. Im Unterschied zu dem Betriebspacht- und dem Betriebsüberlassungsvertrag erhält die Eigentümergesellschaft bei einem Betriebsführungsvertrag kein Entgelt, sondern zahlt ihrerseits ein Entgelt an den Betriebsführer. Daher partizipiert sie am wirtschaftlichen Unternehmenserfolg. Vor einer Auszehrung ihres Unternehmens infolge eines Betriebsführungsvertrag, in dem ein überhöhtes Entgelt an den Betriebsführer bezahlt wird, ist die Eigentümergesellschaft durch die §§ 57, 62 und §§ 311 ff. AktG geschützt[283]. Aufgrund

---

278 *Krieger*, in: MünchHdb-AG, § 72 Rn. 49.

279 *K. Schmidt*, GesR, S. 502 und S. 949; *Emmerich*, in: Emmerich/Habersack, Aktien- und GmbH-Konzernrecht, § 292 Rn. 55.

280 *Emmerich*, in: Emmerich/Habersack, Aktien- und GmbH-Konzernrecht, § 292 Rn. 56.

281 BGH NJW 1982, 1817, 1818.

282 *K. Schmidt*, GesR, S. 502.

283 *Altmeppen*, in: MünchKomm-AktG, § 302 Rn. 52.

dessen bedarf es keiner analogen Anwendung von § 302 Abs. 2 AktG auf den Betriebsführungsvertrag[284].

Diskutiert wird beim Betriebsführungsvertrag vor allem, ob sein Vertragsinhalt mit der eigenverantwortlichen Leitungskompetenz des Vorstands der Eigentümergesellschaft gemäß § 76 Abs. 1 AktG zu vereinbaren ist. Unproblematisch zulässig sind Vertragsgestaltungen, in denen dem Betriebsführer ausschließlich Aufgaben der laufenden Geschäftsführung übertragen werden und der Vorstand der Eigentümergesellschaft weiterhin die grundlegenden Entscheidungen über die Unternehmenspolitik eigenverantwortlich trifft[285]. Die Gefahr eines unzulässigen Eingriffs in das Organisationsrecht der Aktiengesellschaft droht dann nicht, da der Vorstand Geschäftsführungsaufgaben, die nicht zur Leitung zählen, delegieren darf[286]. Der Vertragsinhalt eines Betriebsführungsvertrags besteht aber selten nur in der Übertragung allgemeiner Geschäftsführungsaufgaben, sondern berührt den Bereich, den § 76 Abs. 1 AktG exklusiv dem Vorstand zuweist[287].

Fraglich ist, wann ein solcher Betriebsführungsvertrag sich innerhalb der Grenzen dieser Norm bewegt und wann er sie überschreitet. Zu differenzieren ist zwischen Betriebsführungsverträgen typischen Inhalts, bei denen der Eigentümergesellschaft gegenüber dem Betriebsführer gemäß § 665 AktG ein Weisungsrecht zusteht und atypischen Betriebsführungsverträgen, in denen die Parteien das Weisungsrecht der Eigentümergesellschaft gegenüber dem Betriebsführer ausschließen oder an seiner Stelle andere vertragliche Rechte vereinbaren, die geringere Einflussmöglichkeiten auf den Betriebsführer begründen.

a) Konzernfreier „typischer“ Betriebsführungsvertrag

aa) Unternehmensvertragliche Einordnung

Hier stellt sich zunächst die Frage, ob § 292 AktG auf konzernfreie Betriebsführungsverträge Anwendung findet, in denen die Parteien das gesetzliche Weisungsrecht der Eigentümergesellschaft gegenüber dem Betriebsführer nicht modifizieren oder ausschließen.

---

284 *Altmeppen*, in: MünchKomm-AktG, § 302 Rn. 52; *Koppensteiner*, in: KK-AktG, § 302 Rn. 59; *Hüffer*, AktG, § 302 Rn. 22.

285 *Emmerich*, in: Emmerich/Habersack, Aktien- und GmbH-Konzernrecht, § 292 Rn. 57; *K. Schmidt*, GesR, S. 503 f. und S. 954); *Fleischer*, ZIP 2003, 1, 9 f.; *Huber*, ZHR 152 (1988), 1, 30 ff.; *ders.*, ZHR 152 (1988), 123, 156 ff.; *Joachim*, DZWiR 1992, 455, 457.

286 Vgl. oben, Zweiter Teil, Zweites Kapitel, A. IV.

287 Vgl. *Veil*, Unternehmensverträge, S. 288 m.w.Nachw.

aaa) Direkte Anwendung von § 292 Abs. 1 Nr. 3 AktG

Ein solcher Betriebsführungsvertrag könnte als Betriebspacht- oder Betriebsüberlassungsvertrag einzuordnen sein, so dass § 292 Abs. 1 Nr. 3 AktG auf ihn direkt anzuwenden wäre. Anders als bei einem Betriebsüberlassungsvertrag führt der Betriebsführer die Betriebe der Eigentümergesellschaft auf ihre Rechnung und im Unterschied zu einem Betriebspachtvertrag auch in ihrem Namen[288]. Während es sich bei Betriebspacht- und Betriebsüberlassungsverträgen um Gebrauchsüberlassungsverträge handelt, ist der Betriebsführungsvertrag ein Dienstvertrag, da die Eigentümergesellschaft dem Betriebsführer für seine Dienstleistung ein Entgelt zahlt[289]. Demgegenüber erhält sie im Rahmen des Betriebsüberlassungsvertrags für die Nutzung ihres Geschäfts ein Entgelt[290], bei dem Betriebspachtvertrag beschränkt sich ihre geschäftliche Tätigkeit auf den Einzug des vereinbarten Pachtzinses[291]. Insofern bestehen erhebliche tatbestandliche Unterschiede zwischen einem Betriebsführungs- und einem Betriebspacht- bzw. Betriebsüberlassungsvertrag. Eine direkte Anwendung von § 292 Abs. 1 Nr. 3 AktG kommt daher nicht in Frage.

bbb) § 292 Abs. 1 Nr. 3 AktG analog

§ 292 Abs. 1 Nr. 3 AktG könnte aber analog auf Betriebsführungsverträge anzuwenden sein, in denen die Eigentümergesellschaft dem Dritten mehr als nur die laufende Geschäftsführung überträgt, darüber aber mittels eines umfassenden Weisungsrechts die Kontrolle behält[292]. Diese Analogie wird im Schrifttum oft-

---

288 Letzteres ist allerdings nicht zwingend, vgl. BGH NJW 1982, 1817.

289 *Emmerich*, in: Emmerich/Habersack, Aktien- und GmbH-Konzernrecht, § 292 Rn. 58.

290 *Huber*, ZHR 152 (1988), 1, 33; *Altmeppen*, in: MünchKomm-AktG, § 292 Rn. 149; *Koppensteiner*, in: KK-AktG, § 292 Rn. 80.

291 OLG Hamburg NZG 2000, 421, 422; *Koppensteiner*, in: KK-AktG, § 292 Rn. 81; *Emmerich*, in: Emmerich/Habersack, Aktien- und GmbH-Konzernrecht, § 292 Rn. 39.

292 So die hM; vgl. *Mertens/Cahn*, in: KK-AktG, § 76 Rn. 57; *Emmerich*, in: Emmerich/Habersack, Aktien- und GmbH-Konzernrecht, §292 Rn. 57 f.; *Altmeppen*, in: MünchKomm-AktG, §292 Rn. 149 ff.; *Langenbucher*, in: Lutter/Schmidt, AktG, § 292 Rn. 35, 38; *Hüffer*, AktG, § 292 Rn. 17; *Huber*, ZHR 152 (1988), S. 1, 32 ff.; *Knepper*, BB 1982, 2061; *Krieger*, in: MünchHdb-AG, § 72 Rn. 45 f. (allerdings methodisch offen); für unmittelbare Anwendbarkeit des § 292 Abs. 1 Nr. 3 AktG *Oesterreich*, Die Betriebsüberlassung zwischen Vertragskonzern und faktischem Konzern, S. 53 f.; *Veelken*, Der Betriebsführungsvertrag im deutschen und amerikanischen Aktien- und Konzernrecht, S. 245 (soweit er den Betriebsführungsvertrag überhaupt für zulässig hält); ablehnend wohl *K. Schmidt*, GesR, S. 950 (Nähe zum Beherrschungsvertrag); *Frisch*, AG 1995, 362, 363: § 292 Abs. 1 Nr. 3 AktG unanwendbar.

mals[293] ohne nähere Prüfung oder Begründung befürwortet[294]. Zu klären ist, ob die Voraussetzungen für eine analoge Anwendung von § 292 Abs. 1 Nr. 3 AktG auf den Betriebsführungsvertrag tatsächlich vorliegen.

Das Gesetz regelt den Betriebsführungsvertrag in § 292 AktG nicht. Darin müsste eine planwidrige Unvollständigkeit des Gesetzes zu sehen sein. Sinn und Zweck der gesetzlichen Regelung über die „anderen Unternehmensverträge" müssten dafür sprechen, die Vorschrift auf Betriebsführungsverträge analog anzuwenden[295]. Der Eingriff in die Organisationsverfassung der Aktiengesellschaft durch die Verpachtung bzw. Überlassung des Betriebs macht bei Betriebspacht- und Betriebsüberlassungsverträgen eine Zustimmung der Hauptversammlung erforderlich[296]. Bei einem gesetzestypischen Betriebsführungsvertrag behält der Vorstand der Eigentümergesellschaft zwar die Möglichkeit, auf den Betriebsführer Einfluss auszuüben und ihn zu kontrollieren. Gleichwohl verkürzt der Vertrag aber die Möglichkeit des Vorstands der Eigentümergesellschaft, die Betriebe der Gesellschaft in eigener Verantwortung nach § 76 Abs. 1 AktG zu führen[297]. Die Eigentümergesellschaft wird zwar nicht zu einer „Rentnergesellschaft". Jedoch werden die Betriebe ihrer Gesellschaft nicht mehr von einem treuhänderisch verpflichteten Leitungsorgan geführt, das dem Gesellschafts- und Unternehmensinteresse verpflichtet ist und für Pflichtverletzungen organschaftlich haftet, sondern von einem Dritten, zu dem nur eine vertragliche Beziehung besteht[298]. Aufgrund dieser Übertragung von Vorstandskompetenzen haben die Aktionäre der Eigentümergesellschaft auch bei einem Betriebsführungsvertrag ein Interesse daran, über den Vertrag Beschluss zu fassen[299]. Insofern haben Betriebsführungsverträge einerseits und Betriebspacht- und Betriebsüberlassungsverträge andererseits ähnliche Auswirkungen auf die Leitungsmacht des Vor-

---

293 Anders jedoch *Veelken*, Der Betriebsführungsvertrag im deutschen und amerikanischen Aktien- und Konzernrecht, S. 241 ff.

294 Kritisch insoweit auch *Fenzl*, Betriebspacht- Betriebsüberlassungs- und Betriebsführungsverträge in der Konzernpraxis, S. 30.

295 *Veelken*, Der Betriebsführungsvertrag im deutschen und amerikanischen Aktien- und Konzernrecht, S. 244.

296 Vgl. *Koppensteiner*, in: KK-AktG, § 292 Rn. 81; *Altmeppen*, in: MünchKomm-AktG, § 292 Rn. 149; *Veelken*, Der Betriebsführungsvertrag im deutschen und amerikanischen Aktien- und Konzernrecht, S. 245; *Hommelhoff*, Die Konzernleitungspflicht, S. 285; *Huber*, ZHR 152 (1988), S. 1, 32 f.

297 So auch *Koppensteiner*, in: KK-AktG, § 292 Rn. 81; *Altmeppen*, in: MünchKomm-AktG, § 292 Rn. 149; *Hommelhoff*, Die Konzernleitungspflicht, S. 285.

298 Vgl. *Altmeppen*, in: MünchKomm-AktG, § 292 Rn. 149; *Krieger*, in: MünchHdb-AG, § 72 Rn. 48; *Huber*, ZHR 152 (1988), 1, 32.

299 *Hommelhoff*, Die Konzernleitungspflicht, S. 285 f.; *Altmeppen*, in: MünchKomm-AktG, § 292 Rn. 149 m.w.Nachw.

stands. Aufgrund dessen ist die gesetzliche Regelungslücke für den Betriebsführungsvertrag als planwidrig anzusehen.

Eine Gesellschaft verpachtet oder überlässt „den Betrieb ihres Unternehmens" allerdings nur dann einem anderen Unternehmen i.S.v. § 292 Abs. 1 Nr. 3 AktG, wenn der Vertrag alle Betriebe umfasst[300]. Sie muss ihre Tätigkeit allein auf den Einzug des Entgelts für die Betriebsüberlassung bzw. des Pachtzinses beschränken und ihre unternehmerische Tätigkeit ansonsten vollständig aufgeben[301]. Ansonsten ist § 292 Abs. 1 Nr. 3 AktG nicht einschlägig. Aufgrund der Analogie muss auch für Betriebsführungsverträge gelten, dass die Eigentümergesellschaft alle ihre Betriebe – und nicht nur einen Teil – durch den Vertragspartner führen lässt[302]. Unter diesen Voraussetzungen sind die Lebenssachverhalte hinreichend vergleichbar und die Voraussetzungen für eine analoge Anwendung der §§ 292 Abs. 1 Nr. 3, 293 ff. AktG auf den Betriebsführungsvertrag gegeben. Er wird somit erst wirksam, wenn ihm die Hauptversammlung gemäß § 293 Abs. 1 AktG mit mindestens Dreiviertelmehrheit zustimmt, er in Schriftform geschlossen (§ 293 Abs. 3 AktG) und in das Handelsregister eingetragen wird (§ 294 AktG).

bb) Anforderungen an einen Betriebsführungsvertrag gemäß § 76 Abs. 1 AktG

Zu erörtern ist, welche Grenzen § 76 Abs. 1 AktG der Führung des Betriebs der Eigentümergesellschaft durch den Betriebsführer setzt. Diese Frage stellt sich im Zusammenhang mit Betriebsführungsverträgen, hingegen nicht bei Betriebspacht- und Betriebsüberlassungsverträgen, weil Tatbestand und Rechtsfolgen letzterer im Gesetz festgelegt sind und ihre Zulässigkeit daher feststeht, solange die Parteien von dem gesetzlichen Typus nicht abweichen. Darüber hinaus ändern Betriebspacht- und Betriebsüberlassungsverträge den Unternehmensgegenstand der Eigentümergesellschaft von einer unternehmerischen Tätigkeit in die Erwirtschaftung eines Entgelts[303]. Dies hat auch Auswirkungen auf die Leitungspflichten des Vorstands, weil er gemäß § 82 Abs. 2 AktG an den Gegenstand der von ihm geleiteten Gesellschaft gebunden und es ihm im Innen-

---

300 *Emmerich*, in: Emmerich/Habersack, Aktien- und GmbH-Konzernrecht, § 292 Rn. 40a, 44; *Koppensteiner*, in: KK-AktG, § 292 Rn. 76 (zum Betriebspachtvertrag); *Fenzl*, Betriebspacht-, Betriebsüberlassungs- und Betriebsführungsverträge in der Konzernpraxis, S. 30.

301 Vgl. *Geßler*, in: FS Hefermehl, S. 263, 276 f.; *Fenzl*, Betriebspacht-, Betriebsüberlassungs- und Betriebsführungsverträge in der Konzernpraxis, S. 73; *Weißmüller*, BB 2000, 1949, 1951.

302 *Koppensteiner*, in: KK-AktG, § 292 Rn. 80; *Altmeppen*, in: Münchkomm-AktG, § 292 Rn. 149; *Krieger*, in: MünchHdb-AG, § 72 Rn. 48; *Raiser/Veil*, Recht der Kapitalgesellschaften, § 57 Rn. 19.

303 Vgl. oben, Zweiter Teil, Drittes Kapitel, B.II.3.

verhältnis untersagt ist, Geschäfte vorzunehmen, die nicht von dem Unternehmensgegenstand gedeckt sind[304]. Insofern ist der Vorstand bei einem Betriebspacht- und einem Betriebsüberlassungsvertrag sogar gehalten, sich auf die Erwirtschaftung des Entgelts zu beschränken und darüber hinausgehende unternehmerische Aktivitäten zu unterlassen. Demgegenüber verändert sich durch einen Betriebsführungsvertrag der Unternehmensgegenstand nicht, weshalb die Leitungspflichten des Vorstands unverändert bestehen bleiben. Welche Schranken § 76 Abs. 1 AktG der Ausgestaltung von Betriebsführungsverträgen setzt, steht damit allerdings noch nicht fest und ist nachstehend zu untersuchen, weil sich daraus Rückschlüsse darauf ziehen lassen, wann Verträge, die von den Parteien als Schuldverträge geschlossen werden, inhaltlich als Beherrschungsverträge einzuordnen sind.

aaa) Weites Verständnis

Einer Auffassung zufolge hat die analoge Anwendung des § 292 Abs. 1 Nr. 3 AktG auf den Betriebsführungsvertrag eine weitreichende Übertragbarkeit von Vorstandsaufgaben zur Folge, weil § 76 Abs. 1 AktG keine inhaltliche Schranke mehr darstelle[305]. Das Wesen eines Betriebsführungsvertrags bestehe gerade darin, die Leitungskompetenz und damit die Zuständigkeit für unternehmerische Entscheidungen vom Vorstand der Eigentümergesellschaft auf den Betriebsführer zu übertragen[306]. Auch bei einem Betriebspachtvertrag leite der Vorstand der verpachtenden Gesellschaft das Unternehmen nämlich nicht mehr selbst[307]. Einigen Stimmen zufolge reicht es sogar aus, wenn der Betriebsführer dem Vorstand der Eigentümergesellschaft jährlich den Wirtschaftsplan vorlegt, dem dieser zustimmen oder aber ihn ablehnen kann[308].

bbb) Restriktiver Standpunkt

Demgegenüber leitet eine restriktive Literaturansicht aus § 76 Abs. 1 AktG strenge Zulässigkeitsschranken für die Übertragung von Vorstandskompetenzen

---

304 Vgl. dazu *Tieves*, Der Unternehmensgegenstand der Kapitalgesellschaften, S. 268 f.

305 *Veil*, in: Spindler/Stilz, AktG, § 292 Rn. 53; *ders.*, Unternehmensverträge, S. 287 ff.; *Krieger*, in: MünchHdb-AG, § 72 Rn. 50; *Huber*, ZHR 152 (1988), 1, 33 ff.; wohl auch *Altmeppen*, in: Münchkomm-AktG, § 292 Rn. 151 f., nach dem der Betriebsführer die Betriebe jedoch nicht in eigenem Interesse führen darf.

306 *Veil*, Unternehmensverträge, S. 288.

307 *Altmeppen*, in: MünchKomm-AktG, § 292 Rn. 151.

308 *Geßler*, in: FS Hefermehl, S. 263, 275 ff.; *Koppensteiner*, in: KK-AktG, § 291 Rn. 37.

durch einen Betriebsführungsvertrag ab[309]. Ihr zufolge bleibt der Vorstand der Eigentümergesellschaft weiterhin zur „aktiven Unternehmensleitung“ verpflichtet[310]. Die Funktion des Vorstands dürfe nicht auf die Überwachung des Betriebsführers reduziert werden[311]. Zur „aktiven Unternehmensleitung“ gehöre es, sowohl die Unternehmenspolitik festzulegen als auch die laufenden Geschäfte zu führen[312]. Die Eigentümergesellschaft dürfe dem Betriebsführer lediglich Teilbereiche des Unternehmens unter der Gesamtleitung des Vorstands der Eigentümergesellschaft übertragen[313].

ccc) Vermittelnder Standpunkt

Überwiegend findet sich im Schrifttum aber ein vermittelnder Standpunkt. Ihm zufolge muss der Vorstand der Eigentümergesellschaft weiterhin die grundlegenden Entscheidungen über die Unternehmenspolitik selbst treffen[314]. Die Möglichkeiten der Eigentümergesellschaft, Aufgaben und Kompetenzen auf den Betriebsführer zu delegieren, seien durch § 76 Abs. 1 AktG beschränkt[315]. Diesen Schranken des § 76 Abs. 1 AktG werde in einem Betriebsführungsvertrag jedoch Rechnung getragen, wenn die Eigentümergesellschaft Informations-, Weisungs- und Kontrollrechte sowie ein Recht zur Kündigung des Betriebsführungsvertrages erhalte, mit denen ihr Vorstand die strategische Ausrichtung des Unternehmens weiterhin bestimmen und den Vertrag im Konfliktfall beenden könne[316].

---

309 *Veelken*, Der Betriebsführungsvertrag im deutschen und amerikanischen Aktien- und Konzernrecht, S. 210 ff., 217 ff.; *Hommelhoff*, Die Konzernleitungspflicht, S. 285 Fn. 63.

310 *Veelken*, Der Betriebsführungsvertrag im deutschen und amerikanischen Aktien- und Konzernrecht, S. 210 ff.; ähnlich *Hommelhoff*, Die Konzernleitungspflicht, S. 285 Fn. 63, nach dem der Vorstand „Zentrum der unternehmerischen Kreativität, Aktivität und Initiative“ bleiben muss.

311 *Veelken*, Der Betriebsführungsvertrag im deutschen und amerikanischen Aktien- und Konzernrecht, S. 117 ff.; 210 ff.; *Damm*, BB 1976, 294, 296.

312 *Veelken*, Der Betriebsführungsvertrag im deutschen und amerikanischen Aktien- und Konzernrecht, S. 211.

313 *Veelken*, Der Betriebsführungsvertrag im deutschen und amerikanischen Aktien- und Konzernrecht, S. 265.

314 Vgl. *Kort*, in: GK-AktG, § 76 Rn. 159; *Mertens/Cahn*, in: KK-AktG, § 76 Rn. 57; *Emmerich*, in: Emmerich/Habersack, Aktien- und GmbH-Konzernrecht, § 292 Rn. 57; *Spindler*, in: MünchKomm-AktG, § 76 Rn. 26; *Fenzl*, Betriebspacht, Betriebsüberlassungs- und Betriebsführungsverträge in der Konzernpraxis, S. 37 f.; *Fleischer*, ZIP 2003, 1, 9; *Joachim*, DZWiR 1992, 455, 457; *Zöllner*, ZfA 1983, 93, 101; *Tiraux/Knigge* DB 2004, 2199, 2206.

315 Vgl. *Kort*, in: GK-AktG, § 76 Rn. 159; *Mertens/Cahn*, in: KK-AktG, § 76 Rn. 57; *Emmerich*, in: Emmerich/Habersack, Aktien- und GmbH-Konzernrecht, § 292 Rn. 57; *Fleischer*, ZIP 2003, 1, 9.

316 *Kort*, in: GK-AktG, § 76 Rn. 159; *Mertens/Cahn*, in: KK-AktG, § 76 Rn. 57; *Spindler*, in: MünchKomm-AktG, § 76 Rn. 26; ähnlich *Fleischer*, in: Fleischer, Hdb. VorstandsR, § 1 Rn. 65.

ddd) Stellungnahme

Die extensive Auffassung ließe sich nur rechtfertigen, wenn die analoge Anwendung von § 292 Abs. 1 Nr. 3 AktG auf den Betriebsführungsvertrag eine Aufhebung der Leitungszuständigkeit des Vorstands der Eigentümergesellschaft gemäß § 76 Abs. 1 AktG zur Folge hätte. Dies ist aber nicht der Fall, da die Unternehmensverträge des § 292 AktG im Unterschied zu den Verträgen des § 291 AktG keine Organisationsverträge sind und daher weder die Leitungszuständigkeit des Vorstands gemäß § 76 Abs. 1 AktG überlagern noch die Kapitalbindung – abgesehen von der Regelung des § 292 Abs. 3 S. 1 AktG – aufheben können[317]. Dies ergibt sich eindeutig aus den Gesetzesmaterialien, nach denen die anderen Unternehmensverträge „schuldrechtliche Verträge mit Austausch von Leistung und Gegenleistung“ sind[318]. Die organisationsrechtlichen Auswirkungen bleiben hinter denen des Beherrschungs- und Gewinnabführungsvertrags zurück, da die Verträge des § 292 AktG die Aktionäre und Gläubiger der Eigentümergesellschaft regelmäßig vermögensmäßig nicht beeinträchtigen[319]. Daher sind auf sie auch weder die konzernrechtlichen Ausgleichs- und Abfindungsansprüche nach den §§ 304 ff. AktG noch die Verlustausgleichspflicht gemäß § 302 AktG anzuwenden[320]. Das Gesetz trägt dem Eingriff in die Zuständigkeit des Vorstands durch die §§ 293 bis 299 AktG hinreichend Rechnung. Ein weitergehender Ausgleich oder Schutz ist bei Betriebspacht- und Betriebsüberlassungsverträgen nicht vorgesehen und ergibt sich aufgrund der Analogie auch nicht für den Betriebsführungsvertrag. Somit stellt § 76 Abs. 1 AktG entgegen der extensiven Auffassung für den Betriebsführungsvertrag eine zwingend von den Vertragsparteien zu beachtende Schranke dar.

Die restriktive Betrachtungsweise, nach der bei Bestehen eines Betriebsführungsvertrags gemäß § 76 Abs. 1 AktG eine Pflicht des Vorstands zur „aktiven Unternehmensleitung“ besteht, ist als zu eng abzulehnen. Eine solche Pflicht besteht ebenso wenig bei den direkt in § 292 Abs. 1 Nr. 3 AktG geregelten Betriebspacht- oder Betriebsüberlassungsverträgen, da sie weder mit dem Inhalt noch dem Sinn und Zweck dieser Verträge zu vereinbaren wäre[321]. Wegen der analogen Anwendung von § 292 Abs. 1 Nr. 3 AktG kann sie auch nicht bei einem Betriebsführungsvertrag bestehen[322].

---

317 Vgl. bereits oben, Zweiter Teil, Drittes Kapitel, B.I.2.

318 Vgl. *Kropff*, Begr RegE AktG 1965 zu § 292, S. 378.

319 Vgl. *Koppensteiner*, in: KK-AktG, Vorb. § 291 Rn. 8.

320 *Langenbucher*, in: Schmidt/Lutter, AktG, § 292 Rn. 1.

321 Zutreffend *Huber*, ZHR 152 (1988), 1, 34; *Altmeppen*, in: MünchKomm-AktG, § 292 Rn. 151.

322 *Altmeppen*, in: MünchKomm-AktG, § 292 Rn. 151; *Huber*, ZHR 152 (1988), 1, 34.

Zu folgen ist der vermittelnden Auffassung, nach der dem Betriebsführer zwar die operative Führung des laufenden Betriebs übertragen werden kann, die grundlegenden Entscheidungen zur Unternehmenspolitik aber weiterhin vom Vorstand der Eigentümergesellschaft getroffen werden müssen. Diese Auffassung ist die logische und konsequente Folge der Einordnung des Betriebsführungsvertrags als schuldrechtlicher Vertrag. Die Übertragbarkeit von Aufgaben und Kompetenzen auf den Betriebsführer richtet sich nach den Erkenntnissen zum Leitungsbegriff und der Leitungsunterstellung. § 76 Abs. 1 AktG verpflichtet den Vorstand somit nicht, sämtliche Aufgaben eigenhändig als Gesamtorgan zu erfüllen, sondern nur einen Kernbereich an Leitungsaufgaben. Daher darf die Eigentümergesellschaft diesen Bereich nicht auf den Betriebsführer delegieren. Ist sichergestellt, dass der Vorstand der Eigentümergesellschaft nach wie vor die grundlegenden Entscheidungen zur Unternehmenspolitik eigenverantwortlich trifft, hält der Vertrag die Grenzen des § 76 Abs. 1 AktG ein und führt nicht zu einer Leitungsunterstellung.

Die gesetzestypischen Rechte der Eigentümergesellschaft gegenüber dem Betriebsführer sorgen dafür, dass der Vertrag diese Grenzen des § 76 Abs. 1 AktG einhält. Bei Entgeltlichkeit handelt es sich bei dem Betriebsführungsvertrag um einen Geschäftsbesorgungsvertrag mit Dienstvertragscharakter, bei Unentgeltlichkeit um ein Auftragsverhältnis[323]. In beiden Fällen stehen dem Vorstand der Eigentümergesellschaft – sofern die Vertragsparteien keine abweichende Regelung treffen – ein gesetzliches Weisungsrecht gemäß §§ 675, 665 BGB zu, ein Kündigungsrecht gemäß § 627 BGB sowie bei einer Pflichtverletzung des Betriebsführers ein Recht zur außerordentlichen Kündigung aus wichtigem Grund gemäß § 314 BGB[324]. Denkbar sind auch weitere vertragliche Rechte zugunsten der Eigentümergesellschaft, um den Betriebsführer zu steuern und die operative Umsetzung der Unternehmenspolitik zu kontrollieren[325]. Diese vertraglichen Rechte zugunsten der Eigentümergesellschaft stellen sicher, dass ihr Vorstand weiterhin die grundlegenden Entscheidungen der Unternehmenspolitik trifft und der Betriebsführer keine Kompetenzen aus dem Kernbereich der Leitung erlangt. Der vermittelnden Auffassung ist mithin sowohl hinsichtlich der Gestaltungsmöglichkeiten bei Betriebsführungsverträgen als auch hinsichtlich der dabei zu beachtenden Grenzen zuzustimmen.

Damit steht zum einen fest, dass der Betriebsführungsvertrag an § 76 Abs. 1 AktG zu messen ist und zum anderen, dass er in seiner typischen Gestaltung

323 Vgl. oben, Zweiter Teil, Drittes Kapitel, B. II. 3.

324 Vgl. oben, Zweiter Teil, Drittes Kapitel, B. II. 3.

325 Vgl. *Fenzl*, Betriebspacht-, Betriebsüberlassungs- und Betriebsführungsverträge in der Konzernpraxis, S. 127 ff.

diese Grenzen einhält, weil § 76 Abs. 1 AktG eine Pflichtenreduzierung auf einen Kernbereich an Leitungskompetenzen zulässt.

b) Atypischer Betriebsführungsvertrag

Die unternehmensvertragliche Beurteilung eines Betriebsführungsvertrags stellt sich komplizierter dar, wenn die Parteien in dem Vertrag Abweichungen von den Regelungen des Auftragsrechts vereinbaren, indem sie das Weisungsrecht der Eigentümergesellschaft gegenüber dem Betriebsführer gemäß § 665 BGB ausschließen, einschränken oder durch Zustimmungsvorbehalte zugunsten der Eigentümergesellschaft ersetzen. Zu untersuchen ist, ob ein solcher atypischer Betriebsführungsvertrag gemäß § 76 Abs. 1 AktG zulässig ist. Diese Erörterung ist insofern bedeutsam, als sie Erkenntnisse über den Transfer von Vorstandskompetenzen liefern soll, der im Rahmen von § 76 Abs. 1 AktG zulässig ist oder aber die Grenzen des nach dieser Vorschrift Zulässigen überschreitet und daher inhaltlich eine Leitungsunterstellung begründet.

Der Bundesgerichtshof hatte in der so genannten „Holiday Inn“-Entscheidung über einen atypischen Betriebsführungsvertrag zu entscheiden. Da sie die maßgebende Entscheidung ist, in der der Bundesgerichtshof zu der Abgrenzung der Verträge nach § 292 Abs. 1 Nr. 3 AktG von jenen des § 291 AktG Stellung genommen hat, soll auf ihre wesentlichen Aussagen eingegangen werden.

aa) „Holiday Inn“-Entscheidung des Bundesgerichtshofs

Gegenstand der Entscheidung[326] war ein „Managementvertrag“, in dem eine Kommanditgesellschaft (im Prozess zusammen mit ihrem persönlich haftenden Gesellschafter die Beklagten) für ihr Hotel das Unternehmenskonzept einer Hotelkette (im Prozess die Klägerin) übernahm, ihr die Geschäftsführung überließ und das Recht einräumte, den Hotelbetrieb im Namen, für Rechnung und auf Kosten der späteren Beklagten und nach den Vertragsbestimmungen sowie internationalen Standards der Kette („Holiday Inn“) zu führen[327]. Die Beklagte verpflichtete sich, sich aus dem Hotelbetrieb herauszuhalten und die Leitung des Hotels sowie seinen Betrieb durch die Hotelkette sicherzustellen[328].

326 BGH NJW 1982, 1817 f. = WM 1982, 394.

327 Vgl. Art. IV Abschn. 4b S. 1 des Vertrags: „Der Manager ist berechtigt, im Namen und für Rechnung des Eigentümers und auf seine Kosten alle Verträge abzuschließen und Vereinbarungen zu treffen, die nach Meinung des Managers für den Betrieb, die Versorgung und Instandhaltung des Anwesens erforderlich sind, und die daraus entstehenden finanziellen Verpflichtungen abzudecken“, vgl. WM 1982, 394, 395.

328 Die wesentlichen Vertragsbestimmungen sind wiedergegeben in WM 1982, 394 ff.

Nach Auffassung des Bundesgerichtshofs verletzte der Betriebsführungsvertrag die Organstellung des persönlich haftenden Gesellschafters nicht, obwohl er kein Weisungsrecht zu seinen Gunsten vorsah[329]. Der Bundesgerichtshof hielt die vertraglichen Mitwirkungs- und Kontrollrechte zu Gunsten des Komplementärs insoweit für geeignet und ausreichend[330]. Er begründete dies damit, dass der Vertrag der Betriebsführung durch die Klägerin deutliche Grenzen setze, indem er ausdrücklich einen Maßstab und Richtlinien enthalte, nach denen die Geschäftsführung durch die Klägerin zu erfolgen habe[331]. Inhalt und Umfang der zulässigen Geschäftsführungsmaßnahmen waren danach an dem Interesse der Beklagten auszurichten, darüber hinausgehende Maßnahmen nur mit Zustimmung der Beklagten zulässig[332]. Ferner enthielt der Vertrag Informations-, Einsichts- und Kontrollbefugnisse sowie Eingriffs- und Gestaltungsrechte zu Gunsten der Beklagten, mit denen sie die Einhaltung der vertraglich festgelegten Geschäftsführungsaufgaben sicherstellen und durchsetzen oder aber den Betriebsführungsvertrag kündigen konnte[333]. Diese Regelungen verhinderten nach Ansicht des Bundesgerichtshofs den unzulässigen Verlust der eigenverantwortlichen Leitungsmacht des Komplementärs[334].

bb) Schlussfolgerungen

Da es sich bei der die Betriebsführung übertragenden Gesellschaft um eine Kommanditgesellschaft handelte, prüfte der Bundesgerichtshof einen Verstoß gegen das Prinzip der Selbstorganschaft, weil die organschaftliche Geschäftsführungsbefugnis durch den Vertrag faktisch der Klägerin übertragen worden sei, während sie rechtlich der Beklagten zustand[335]. Der Bundesgerichtshof entschied darüber, welche Einfluss-, Mitwirkungs- und Kontrollrechte verhindern, dass der Betriebsführer in unzulässigem Ausmaß unternehmerische Leitungskompetenzen erhält und der Vertrag die Stellung des Beklagten als geschäftsführungs- und vertretungsberechtigtes Organ verletzt[336]. Diese Prüfungsmaßstäbe lassen sich aus folgenden Gründen auf einen Betriebsführungsvertrag mit einer Aktiengesellschaft übertragen: Das Prinzip der Selbstorganschaft, an dem der Bundes-

329 BGH NJW 1982, 1817.
330 Vgl. BGH NJW 1982, 1817 f.
331 BGH NJW 1982, 1817 f.
332 BGH NJW 1982, 1817 f.
333 BGH NJW 1982, 1817, 1818.
334 BGH NJW 1982, 1817, 1818.
335 BGH NJW 1982, 1817.
336 Vgl. BGH NJW 1982, 1817.

gerichtshof den Betriebsführungsvertrag gemessen hat[337], verbietet bei der Kommanditgesellschaft zum einen, alle Komplementäre von der Vertretung auszuschließen, und zum anderen, einem Kommanditisten oder – und das ist für die Übertragbarkeit der Aussagen des Bundesgerichtshof auf das Aktienrecht entscheidend – einem Nichtgesellschafter durch Gesellschaftsvertrag oder Gesellschafterbeschluss organschaftliche Vertretungsmacht im Sinne der §§ 125, 126 HGB, einzuräumen[338]. Das Prinzip der Selbstorganschaft wie auch der Grundsatz der eigenverantwortlichen Leitung gemäß § 76 Abs. 1 AktG verbieten somit die Übertragung organschaftlicher Kompetenzen auf Dritte. Dass es bei dem Prinzip der Selbstorganschaft um die organschaftliche Vertretungsmacht und bei § 76 Abs. 1 AktG um die Leitung als Organkompetenz geht, macht für die Frage der Zulässigkeit der Delegation an Dritte keinen Unterschied. Daher lassen sich die Kriterien aus dem Konzernrecht der Personengesellschaften auf Betriebsführungsverträge mit einer Aktiengesellschaft als Eigentümergesellschaft übertragen[339].

Auf der Grundlage der vom Bundesgerichtshof entwickelten Kriterien hängt die aktienrechtliche Zulässigkeit eines Betriebsführungsvertrags davon ab, welche Aufgaben und Kompetenzen der Betriebsführer im Einzelfall erhält. Bei Leitungsangelegenheiten ist die Reichweite und Qualität der Weisungs-, Kontroll- und Einflussrechte der Eigentümergesellschaft gegenüber dem Betriebsführer maßgebend[340]. Durch die Vertragsgestaltung muss der Vorstand der Eigentümergesellschaft weiterhin die grundlegenden Entscheidungen zur Unternehmenspolitik eigenverantwortlich i.S.v. § 76 Abs. 1 AktG treffen[341]. Sicherstellen lässt sich das mit Informations-, Weisungs- und Kontrollrechten bei sämtlichen Entscheidungen und Maßnahmen sowie einem Recht zur Kündigung des Betriebsführungsvertrags.

Entscheidend ist stets, ob die Einflussrechte der Eigentümergesellschaft es ihrem Vorstand ermöglichen, weiterhin die grundlegenden Entscheidungen zur

---

337 Vgl. BGH NJW 1982, 1817.

338 Vgl. *Huber*, ZHR 152 (1988), 1, 13 f.; zustimmend *K. Schmidt*, GesR, S. 411.

339 Im Ergebnis auch *Mertens/Cahn*, in: KK-AktG § 76 Rn. 57; *Fleischer*, in: Fleischer, Hdb. VorstandsR, § 1 Rn. 64 f.; *Henze*, BB 2000, 209, 210; *Fenzl*, Betriebspacht-, Betriebsüberlassungs- und Betriebsführungsverträge in der Konzernpraxis, Rn. 318 (S. 90); *Paefgen*, Unternehmerische Entscheidungen und Rechtsbindung der Organe in der AG, S. 12 Fn. 11; *Fenzl*, Betriebspacht-, Betriebsüberlassungs- und Betriebsführungsverträge in der Konzernpraxis, S. 93 f.; *Konopatzki*, Funktionsauslagerung bei Kreditinstituten, S. 41.

340 Vgl. *Emmerich*, in: Emmerich/Habersack, Aktien- und GmbH-Konzernrecht, § 292 Rn. 57, 60; *Altmeppen*, in: MünchKomm-AktG, § 292 Rn. 152 f.; *K. Schmidt*, GesR, S. 502 und S. 950; *Veil*, Unternehmensverträge, S. 294 ff.; 296; *Huber*, ZHR 152, (1988), 1, 34; *Martens*, Die existentielle Wirtschaftsabhängigkeit, S. 27.

341 *Kort*, in: GK-AktG, § 76 Rn. 159.

Unternehmenspolitik zu treffen und die Interessen der Eigentümergesellschaft durchzusetzen. Ein Weisungsrecht stellt das sicherste Mittel dazu dar. Daher kann ein Betriebsführungsvertrag, nach dem die Eigentümergesellschaft gegenüber dem Betriebsführer kein Weisungsrecht besitzt, nur als Beherrschungsvertrag wirksam geschlossen werden[342]. Wie der Bundesgerichtshof in der „Holiday Inn"-Entscheidung zu Recht ausgeführt hat, können aber auch andere Einfluss-, Mitwirkungs- und Kontrollrechte zugunsten der Eigentümergesellschaft einen Leitungstransfer verhindern[343]. Gibt der Vorstand dem Betriebsführer die zu verfolgende Unternehmenspolitik vorab vor und erstattet dieser dem Vorstand regelmäßig Bericht, hat der Betriebsführer keinen Spielraum, Handlungen vorzunehmen oder Entscheidungen zu treffen, mit denen der Vorstand der Eigentümergesellschaft nicht einverstanden ist[344]. Darin besteht eine der wesentlichen Aussagen dieser Entscheidung.

Dass grundsätzlich auch Zustimmungsvorbehalte die eigenverantwortliche Leitung der Eigentümergesellschaft durch ihren Vorstand sicherstellen können, ergibt sich auch aus ihrer Eignung als Leitungsmittel i.S.d. §§ 291 Abs. 1 S. 1, 308 Abs. 1 AktG[345]. Jedoch müssen sich Zustimmungsrechte des Vorstands der Eigentümergesellschaft in einem Betriebsführungsvertrag auf alle vom Betriebsführer zu treffenden Entscheidungen erstrecken, die den Bereich der Leitung tangieren. Partielle Zustimmungsvorbehalte können einen Übergang von Leitungsmacht auf den Betriebsführer indessen nicht verhindern[346]. Dass für eine Leitungsunterstellung i.S.v. § 291 Abs. 1 S. 1 AktG Zustimmungsvorbehalte in wesentlichen Teilen des Kernbereichs der Leitung ausreichen, zur Sicherung der Leitungskompetenz des Vorstands bei einem Betriebsführungsvertrag aber Zustimmungsvorbehalte bei allen Entscheidungen erforderlich sind, die zur Leitung zählen, ist kein Widerspruch. Der Beherrschungsvertrag hebt im Gegensatz zum Betriebsführungsvertrag die Leitungszuständigkeit des Vorstands gemäß § 76 Abs. 1 AktG auf. Im Unterschied zum Beherrschungsvertrag begrenzt § 76 Abs. 1 AktG bei einem Betriebsführungsvertrag die Delegationsmöglichkeiten der Eigentümergesellschaft. Eigenverantwortlichkeit i.S.d. § 76 Abs. 1 AktG kann somit nicht angenommen werden, wenn der Vorstand der Eigentümergesellschaft lediglich bestimmte Entscheidungen durch Zustimmungsvorbehalte beeinflussen kann. Dies kann zwar mitunter für eine Leitungsunterstellung gemäß § 291

---

342 Vgl. *Altmeppen*, in: MünchKomm-AktG, § 292 Rn. 153; *K. Schmidt*, GesR, S.502 und S. 950; *Langenbucher*, in: Schmidt/Lutter, AktG, § 292 Rn. 38.

343 Vgl. BGH NJW 1982, 1817 f.

344 Ähnlich *Fenzl*, Betriebspacht-, Betriebsüberlassungs- und Betriebsführungsverträge in der Konzernpraxis, S. 93 f.

345 Vgl. zum Meinungsstand oben, Zweiter Teil, Drittes Kapitel, A. II. 2. c) bb) aaa).

346 *Mertens/Cahn*, in: KK-AktG, § 76 Rn. 57; *Veil*, in: Spindler/Stilz, AktG, § 292 Rn. 57.

Abs. 1 S. 1 AktG ausreichen[347], aber nicht für die eigenverantwortliche Leitung i.S.d. § 76 Abs. 1 AktG.

Anhand des Betriebsführungsvertrags in typischer und atypischer Gestaltung zeigt sich, dass das Aktiengesetz unter bestimmten Voraussetzungen auch ohne einen Beherrschungsvertrag Leitungsstrukturen zulässt, die zu einer Verkürzung der Kompetenzen des Vorstands führen.

III. Weitere Verträge als Unternehmensverträge analog § 292 Abs. 1 Nr. 3 AktG

Da der Betriebsführungsvertrag analog § 292 Abs. 1 Nr. 3 AktG zu behandeln ist, weil er Vorstandskompetenzen auf den Betriebsführer transferiert, was aus Gründen des Außenseiterschutzes und der Publizität nicht ohne Beteiligung der Hauptversammlung und Eintragung ins Handelsregister geschehen kann, schließt sich die Frage an, ob sich daraus eine allgemeine Regel für Verträge ableiten lässt, die in die Leitungszuständigkeit des Vorstands eingreifen[348].

Möglicherweise könnte danach jeder Vertrag, in dem eine Partei Einflussrechte auf Entscheidungen des Vorstands einer Aktiengesellschaft erhält, durch Umqualifizierung in einen anderen Unternehmensvertrag analog § 292 Abs. 1 Nr. 3 AktG bei Einhaltung der entsprechenden Anforderungen wirksam sein[349]. In diesem Zusammenhang ist an umfassende Einflussrechte im Zusammenhang mit atypischen stillen Beteiligungen[350], atypischen Kreditverträgen[351] sowie Franchiseverträgen[352] zu denken.

Eine Auffassung im Schrifttum hält es für möglich, durch eine analoge Anwendung der §§ 292 Abs. 1 Nr. 3, 293 Abs. 1, 294 AktG etwa einem Kreditgeber in einem Kreditvertrag durch Zustimmungsvorbehalte und Vetorechte sehr weitreichenden Einfluss auf vorab festgelegte Leitungsentscheidungen einzuräumen, um ihn bei finanziellen Engpässen der Gesellschaft oder in Sanierungssituationen zu motivieren, der Gesellschaft finanzielle Mittel zur Ver-

---

347 Vgl. oben, Zweiter Teil, Drittes Kapitel, A. II. 2. b).

348 So *Martens*, Die existentielle Wirtschaftsabhähgigkeit, S. 33-36,140 für Fälle „existentieller wirtschaftlicher Abhängigkeit" aufgrund unternehmenspolitischen Einflusses oder von Kontrollrechten; ähnlich für atypische Kreditverträge *Veil*, in: Spindler/Stilz, AktG, § 292 Rn. 59 f.; *ders.*, Unternehmensverträge, S. 284 ff.

349 So wohl *Veil*, Unternehmensverträge, S. 227 ff.; ähnlich *Martens*, Die existentielle Wirtschaftsabhängigkeit, S. 23 ff.; 31 ff.; Fundamentalkritik von *Koppensteiner*, in: FS Canaris, S. 209 ff.; ablehnend auch *Langenbucher*, in: Schmidt/Lutter, AktG, § 292 Rn. 42 m.w.Nachw.

350 Vgl. *Veil*, Unternehmensverträge, S. 273, 286.

351 Vgl. *Veil*, Unternehmensverträge, S. 284 ff.

352 Vgl. *Veil*, Unternehmensverträge, S. 297 ff., 301 ff.

fügung zu stellen[353]. Die Zustimmung der Hauptversammlung legitimiere dann einen Leitungstransfer auf den Vertragspartner[354]. Der Vorteil gegenüber einem Beherrschungsvertrag liege darin, das Eingreifen der beherrschungsvertraglichen Schutzmechanismen zu verhindern[355].

Dieser Ansicht ist jedoch nicht zu folgen. Ihre Prämissen wurden nämlich bereits bei der Frage nach der Legitimationswirkung des § 292 Abs. 1 Nr. 3 AktG im Hinblick auf § 76 Abs. 1 AktG abgelehnt[356]. Die Verträge des § 292 Abs. 1 Nr. 3 AktG sind schuldrechtlicher und nicht organisationsrechtlicher Natur[357]. § 292 Abs. 1 Nr. 3 AktG hebt daher weder die Beschränkungen für einen Leitungstransfer von Vorstandskompetenzen nach § 76 Abs. 1 AktG auf noch lockert er sie. Vertragliche Zustimmungsvorbehalte bei geschäftspolitischen Entscheidungen müssen sich daher zwingend innerhalb der Grenzen von § 76 Abs. 1 AktG bewegen und bedürfen der beherrschungsvertraglichen Legitimation, sobald sie zu einer Leitungsunterstellung i.S.v. § 291 Abs. 1 S. 1 AktG führen. Wollte man Einschränkungen der Vorstandskompetenzen über das nach § 76 Abs. 1 AktG zulässige Maß hinaus analog § 292 Abs. 1 Nr. 3 AktG zulassen, ohne die beherrschungsvertraglichen Schutzmechanismen zugunsten der unterstellten Gesellschaft, ihrer außenstehenden Aktionäre und Gläubiger anzuwenden, würde Umgehungsstrategien zu ihrem Nachteil Tür und Tor geöffnet. Dies ist jedoch mit dem zwingenden Charakter der §§ 302 ff. AktG[358] nicht zu vereinbaren.

Eine analoge Anwendung von § 292 Abs. 1 Nr. 3 AktG auf Betriebsführungsverträge ist nur gerechtfertigt, weil die Voraussetzungen der Analogie erfüllt sind[359]. Die analoge Anwendung einer Rechtsvorschrift setzt neben einer Gesetzeslücke voraus, dass der gesetzlich geregelte und der ungeregelte Sachverhalt einander in den für die rechtliche Bewertung maßgebenden Gesichtspunkten ähnlich sind und daher gleich behandelt werden müssen[360]. Infolge einer Verpachtung und einer Überlassung des Betriebs wird die Eigentümergesellschaft zu einer „Rentnergesellschaft“, deren unternehmerische Tätigkeit sich auf die Verwendung des Pacht- bzw. Überlassungsentgelts beschränkt. Demgegenüber

---

353 *Veil*, Unternehmensverträge, S. 284 ff.; ein praktisches Bedürfnis hierfür erkennt auch *Koppensteiner*, in: FS Canaris, S. 209, 217.

354 *Veil*, Unternehmensverträge, S. 286.

355 *Veil*, Unternehmensverträge, S. 286 f.

356 Vgl. oben, Zweiter Teil, Drittes Kapitel, B. II. 3. a) bb) ddd).

357 Vgl. bereits oben, Zweiter Teil, Drittes Kapitel, B.

358 Vgl. *Altmeppen*, in: MünchKomm-AktG, § 302 Rn. 3; *Koppensteiner*, in: FS Canaris, S. 209, 213 f.; *ders.*, in: KK-AktG, § 302 Rn. 15; *Hüffer*, AktG, § 302 Rn. 1.

359 Vgl. oben, Zweiter Teil, Drittes Kapitel, B. II. 3. a) aa) bbb).

360 *Larenz*, Methodenlehre, S. 365 f.

sind vertragliche Zustimmungsvorbehalte bei bestimmten geschäftspolitischen Entscheidungen Instrumente, mit denen bei entsprechender Intensität und Qualität Leitungsmacht übertragen werden kann[361]. Einen Transfer von Leitungsmacht rechtfertigen Betriebspacht- und Betriebsüberlassungsverträge indessen nach vorzugswürdiger Ansicht – wie gezeigt[362] – nicht. Bei ihnen soll lediglich der Betrieb des Unternehmens dem Dritten übertragen werden, indessen nicht die Leitung des Unternehmens. Für die Übertragung von Leitungskompetenzen sieht das Gesetz allein den Beherrschungsvertrag gemäß § 291 Abs. 1 S. 1 AktG vor. Somit sind die Sachverhalte einander bereits im Ansatz nicht vergleichbar und es fehlt an einer zwingenden Voraussetzung für eine Analogie[363].

Hinzu kommt, dass eine analoge Anwendung des § 292 Abs. 1 Nr. 3 AktG von vornherein nur in denjenigen Fälle in Betracht käme, in denen Zustimmungsvorbehalte nicht die Schwelle zu einer beherrschungsvertraglichen Leitungsunterstellung überschreiten – denn dann bedürfte es eines Beherrschungsvertrags –, gleichwohl aber jenseits der Grenzen des § 76 Abs. 1 AktG liegen. Nach hier vertretener Ansicht gibt es diese Konstellationen aber nicht, da ein Einflussmittel sich entweder innerhalb der Grenzen des § 76 Abs. 1 AktG bewegt und damit keine Leitungsunterstellung begründet, oder aber die Grenzen des § 76 Abs. 1 AktG überschreitet, was inhaltlich zu einer Leitungsunterstellung führt[364]. Abstufungen bei der Übertragung von Leitungskompetenzen sind insofern weder erforderlich noch zulässig. Wollen die Vertragsparteien Leitungsmacht über das gemäß § 76 Abs. 1 AktG zulässige Maß hinaus übertragen, müssen sie zwingend einen Beherrschungsvertrag unter Beachtung seiner Voraussetzungen und Inkaufnahme seiner Rechtsfolgen schließen.

Somit ist § 292 Abs. 1 Nr. 3 AktG nicht auf Verträge analog anzuwenden, die für den anderen Vertragsteil Zustimmungsvorbehalte bei Leitungsentscheidungen vorsehen.

IV. Zwischenergebnis

Für die Einordnung eines Vertrags als Beherrschungsvertrag ist sein Inhalt und nicht seine Bezeichnung maßgebend. Eine Leitungsunterstellung i.S.d. § 291 Abs. 1 S. 1 AktG setzt keine Übertragung sämtlicher Leitungskompetenzen des Vorstands auf das andere Unternehmen voraus. Es ist erforderlich, aber auch

361 Vgl. oben, Zweiter Teil, Drittes Kapitel, A. II. 2. c) bb) bbb).

362 Vgl. oben, Zweiter Teil, Drittes Kapitel, B. II. 3. a) bb) ddd).

363 Im Ergebnis auch *Koppensteiner*, in: KK-AktG, § 292 Rn. 86 (zu der Frage einer analogen Anwendung von § 292 Abs. 1 Nr. 3 AktG auf atypische Kreditverträge).

364 Vgl. oben, Zweiter Teil, Drittes Kapitel, A. II. 2. b) cc).

ausreichend, dem Vertragspartner die rechtlich verbindliche Möglichkeit einzuräumen, eine auf das Gesamtinteresse der Unternehmen gerichtete Zielkonzeption zu entwickeln und diese bei der unterstellten Gesellschaft durchzusetzen. Dafür bedarf es nicht zwingend eines umfassenden Weisungsrechts gemäß § 308 Abs. 1 AktG. Grundsätzlich können auch Zustimmungsvorbehalte ausreichen. Da ein Initiativrecht nicht erforderlich ist, kann eine Leitungsunterstellung auch darauf gründen, eine dem eigenen Interesse zuwider laufende Unternehmenspolitik verhindern zu können. Sämtliche Verträge, etwa Kreditverträge, Beteiligungsverträge oder atypische stille Gesellschaftsverträge, die durch weitreichende Zustimmungsvorbehalte zugunsten der anderen Vertragspartei die Autonomie der Gesellschaft beschränken, sind daher darauf zu überprüfen, welches Einflusspotential der Vertragspartner im Einzelnen erhält, auch wenn die Vereinbarung nur einzelne Aspekte der Leitungskompetenz des Vorstands oder bestimmte Leitungsmaßnahmen betrifft. Da der Kernbereich unveräußerlicher Leitungsaufgaben des Gesamtvorstands stets von der Eigenart des einzelnen Unternehmens abhängt, also von der Branche, in der es tätig ist, seiner Größe, Struktur, den geschäftlichen Beziehungen sowie sonstigen Charakteristika, ist diese Beurteilung eine einzelfallabhängige Wertungsentscheidung.

Betriebsführungsverträge sind mangels organisationsrechtlichen Charakters von § 292 AktG nur in den Grenzen des § 76 Abs. 1 AktG zulässig. Sie sind mit § 76 Abs. 1 AktG vereinbar, wenn der Eigentümergesellschaft Informations- und Weisungsrechte sowie für den Konfliktfall ein Recht zur jederzeitigen Kündigung zustehen, mit denen der Vorstand die richtungsweisenden Entscheidungen über die Unternehmenspolitik autonom treffen, durchsetzen sowie die Übertragung der Betriebsführung jederzeit wieder rückgängig machen kann. Sind diese Voraussetzungen nicht erfüllt, führt der Vertrag zu einem Leitungstransfer auf den Betriebsführer, der nur in einem wirksamen Beherrschungsvertrag zulässig ist.

Jenseits des § 291 AktG besteht keine Möglichkeit, die Leitungsmacht des Vorstands über die Grenzen des § 76 Abs. 1 AktG hinaus durch vertragliche Einwirkungsrechte einzuschränken. § 292 Abs. 1 Nr. 3 AktG kommt bei Einwirkungsrechten im Zusammenhang mit Kredit-, Liefer- oder sonstigen Austauschverträgen, die zu einer Einschränkung der Leitungsmacht des Vorstands führen, keine Bedeutung zu. Vertragliche Einwirkungsrechte in Zusammenhang mit schuldrechtlichen Austauschverträgen lassen sich nicht durch Umqualifizierung in einen anderen Unternehmensvertrag gemäß § 292 Abs. 1 Nr. 3 AktG legitimieren. Einerseits handelt es sich bei den anderen Unternehmensverträgen gemäß § 292 Abs. 1 Nr. 3 AktG um schuldrechtliche Austauschverträge und nicht um Organisationsverträge. Andererseits ist § 292 Abs. 1 Nr. 3 AktG nur innerhalb der Grenzen der Analogiefähigkeit auf andere Verträge als Betriebspacht- und Betriebsüberlassungsverträge anwendbar. Die Voraussetzungen einer Analogie liegen bei dem Betriebsführungsvertrag vor, jedoch nicht bei Verträgen, deren einzige Gemeinsamkeit mit dem Betriebspacht- und Betriebsüberlassungsvertrag darin besteht, die Leitungsmacht des Vorstands zu berühren.

C. Bewertung externer Bindungen des Vorstands

Nach der Untersuchung von Inhalt und Bedeutung des Grundsatzes der eigenverantwortlichen Leitung gemäß § 76 Abs. 1 AktG sowie der Leitungsunterstellung i.S.d. § 291 Abs. 1 AktG sind im Folgenden unterschiedliche praktische Anwendungsfälle für zulässige Einschränkungen des Vorstandsermessens von solchen Einflussnahmen abzugrenzen, die gegen § 76 Abs. 1 AktG verstoßen und – sofern sie zu einer Leitungsunterstellung führen – für ihre Wirksamkeit die Anforderungen der §§ 293 ff. AktG erfüllen müssen. Dabei handelt es sich um eine Wertungsentscheidung, für die die Art und Weise sowie der Grad der Einschränkung des Leitungsermessens des Vorstands maßgeblich ist[365]. Zum einen wurde anhand der Reduzierung der ausschließlich vom Gesamtvorstand wahrzunehmenden Aufgaben auf einen Kernbereich im Zusammenhang mit der Delegation von Vorstandsaufgaben deutlich, dass das Aktiengesetz durchaus Verkürzungen der Zuständigkeiten des Vorstands zulässt[366]. Zum anderen können nach hier vertretener Auffassung auch solche Verträge eine Leitungsunterstellung i.S.v. § 291 Abs. 1 S. 1 AktG begründen, in denen die andere Partei kein gegenständlich unbeschränktes, sondern ein auf Teilbereiche der Leitung beschränktes Weisungsrecht erhält, sowie Vertragsgestaltungen, in denen die Parteien weitreichende Zustimmungsvorbehalte bei bestimmten abstrakt umschriebenen geschäftspolitischen Entscheidungen des Vorstands vereinbaren. Das erweitert den Kreis potentiell leitungsunterstellender Verträge, obgleich andere Leitungsmittel als ein Weisungsrecht und Teilbeherrschungsverträge – wie gezeigt – nur in engen Grenzen anzuerkennen sind. Bei vertraglich begründeten Einflussrechten, die sich auf einfache Geschäftsführungsentscheidungen beziehen, kommt § 291 Abs. 1 AktG indessen keine Bedeutung zu, da Weisungsrechte oder diesen vergleichbare Einflussinstrumente bei einfachen Geschäftsführungsangelegenheiten keine Leitungsunterstellung i.S.v. § 291 Abs. 1 AktG begründen können.

365 Vgl. oben, Zweiter Teil, Zweites Kapitel, B.

366 Vgl. oben, Zweiter Teil, Zweites Kapitel, A. IV. 2. b); im Ergebnis auch *Mertens/Cahn*, in: KK-AktG, § 76 Rn. 45 ff.; zustimmend *Seibt*, in: Schmidt/Lutter, AktG, § 76 Rn. 10.

I. Mittelbare Bindungen des Vorstandsermessens

Schließt der Vorstand für die Gesellschaft schuldrechtliche Austauschverträge, wirkt sich das auf seinen Ermessensspielraum bei künftigen Entscheidungen aus. Sein geschäftspolitischer Gestaltungsspielraum verengt sich für die Dauer des Vertrags, weil er die Vertragspflichten zu erfüllen hat und Ressourcen des Unternehmens gebunden werden. Der Vorstand kann die Geschäftspolitik der Gesellschaft nicht mehr kurzfristig ändern und flexibel an neue Marktbedingungen anpassen, weil er mittelbar – nämlich durch den Vertrag – gebunden ist. Zu denken ist bei diesen Bindungen an Finanzierungsverträge, langfristige Lieferverträge, Franchise- oder Just-in-time-Verträge sowie an die Beteiligung einer Aktiengesellschaft an einem Konsortium oder einem Großprojekt[367].

Mittelbare Bindungen des Vorstandsermessens durch langfristige Verträge sind grundsätzlich zulässig[368]. Dafür sprechen vor allem praktische Notwendigkeiten. Langfristige Verträge führen für die Parteien zu Versorgungssicherheit und kalkulierbare Mindestabnahmen. Hielte man sie für unzulässig, hätte es für die Aktiengesellschaft fatale Folgen, weil ihr viele Betätigungsmöglichkeiten und -felder verschlossen blieben und sie im Rechtsverkehr gegenüber anderen Gesellschaftsformen stark benachteiligt wäre[369].

Das maßgebende Kriterium dafür, ob der Vorstand einen langfristigen schuldrechtlichen Austauschvertrag abschließen darf, muss, wie auch sonst bei seinem Handeln für die Gesellschaft, das Unternehmensinteresse sein[370]. Solange der Austauschvertrag den darunter zusammengefassten Interessen dient, ist die aus dem Vertrag resultierende faktische Bindung des Vorstands nicht als unzulässige Einschränkung seiner ihm gesetzlich zugewiesenen Kompetenzen anzusehen[371].

Die Bindung des Vorstands und die Einschränkung seines Ermessens erfolgen in diesen Fällen auf indirektem Wege, nämlich „erst nachträglich bei Gelegenheit der Durchführung der Vertragspflichten“[372]. Sie betrifft in der Regel nur

---

367 So auch *Mertens/Cahn*, in: KK-AktG, § 76 Rn. 53; *Kort*, in: GK-AktG, § 76 Rn. 158; *Fleischer*, in: Spindler/Stilz, AktG, § 76 Rn. 75; *ders.*, in: FS Schwark, S. 137, 151; *Bachmann/Veil*, ZIP 1999, 349, 351.

368 *Mertens/Cahn*, in: KK-AktG, § 76 Rn. 47; *Kort*, in: GK-AktG, § 76 Rn. 158; *Spindler*, in: MünchKomm-AktG, § 76 Rn. 25; *Fleischer*, in: Spindler/Stilz, AktG, § 76 Rn. 75.

369 *Mertens/Cahn*, in: KK-AktG, § 76 Rn. 50.

370 Vgl. *Mertens/Cahn*, in: KK-AktG, § 76 Rn. 48, 53; *Seibt*, in: Schmidt/Lutter, AktG, § 76 Rn. 10; *Kort*, in: GK-AktG, § 76 Rn. 158; *Spindler*, in: MünchKomm-AktG, § 76 Rn. 25; ähnlich *Fleischer*, in: Spindler/Stilz, AktG, § 76 Rn. 75 f.

371 Vgl. *Kort*, in: GK-AktG, § 76 Rn. 158; *Spindler*, in: MünchKomm-AktG, § 76 Rn. 25; *Fleischer*, in: Spindler/Stilz, AktG, § 76 Rn. 75 ff.

372 So *Oechsler*, ZGR 1997, 464, 475.

einen abgrenzbaren Teil der Geschäftsführungskompetenz des Vorstands, jedoch nicht die Kompetenz an sich[373]. Der Vertragspartner kann infolgedessen auch nicht etwa Entscheidungen des Vorstands des anderen Unternehmens richtungsweisend beeinflussen. Der Vorstand übt mit dem Vertragsschluss vielmehr lediglich sein Vorstandsermessen in Form einer strategischen Führungsentscheidung aus[374]. Hinzu kommt, dass der Unternehmensgegenstand von Aktiengesellschaften, die Austauschverträge mit den dargestellten Auswirkungen auf das Leitungsermessen des Vorstands schließen, regelmäßig auf eine Art und Weise formuliert ist, die solche Bindungen und Einschränkungen zur Erreichung des Gesellschaftszwecks erlaubt[375].

Mittelbare schuldrechtliche Bindungen des Vorstands durch langfristige Verträge, die dem Unternehmensinteresse entsprechen, bewegen sich daher grundsätzlich innerhalb des aktienrechtlich Zulässigen[376]. Dies gilt für alle Fälle, in denen die Vertragsparteien schuldrechtlicher Austauschverträge keine Vereinbarungen treffen, durch die sie das Einflusspotential einer Partei über die mittelbare Bindung des Vorstands hinaus durch besondere Einflussrechte steigern[377].

Anders verhält es sich freilich, wenn die Parteien zusätzliche Kontroll- und Herrschaftsrechte im Zusammenhang mit einer Austauschbeziehung vereinbaren, etwa einem Liefer-, Franchise- oder Darlehensvertrag, mit denen der Vertragspartner Führungsentscheidungen des Vorstands direkt beeinflussen und steuern kann. Solche Vereinbarungen begründen aber direkte Einwirkungsbefugnisse und sind gesondert zu behandeln[378].

II. Unmittelbare vertragliche Vorwegbindungen

Als nächstes ist auf direkte vertragliche Vorwegbindungen des Vorstands einzugehen.

Konkrete Vereinbarungen über die künftige Geschäftspolitik des Unternehmens und rechtsverbindliche Zusagen über das künftige Leitungsverhalten des

---

373 Vgl. *Bachmann/Veil*, ZIP 1999, 349, 351.

374 Ähnlich *Fleischer*, in: Spindler/Stilz, AktG, § 76 Rn. 76.

375 *Bachmann/Veil*, ZIP 1999, 349, 351.

376 Im Ergebnis auch *Mertens/Cahn*, in: KK-AktG, § 76 Rn. 53; *Fleischer*, in: Spindler/Stilz, AktG, § 76 Rn. 75; *Kort*, in: GK-AktG, § 76 Rn. 158; *Spindler*, in: MünchKomm-AktG, § 76 Rn. 25.

377 Vgl. *Dierdorf*, Herrschaft und Abhängigkeit einer Aktiengesellschaft auf schuldvertraglicher und tatsächlicher Grundlage, S. 138 ff., 147 f.; *Oechsler*, ZGR 1997, 464, 475 f.; *Veil*, Unternehmensverträge, S. 299 ff.; *Bayreuther*, Wirtschaftlich-existenziell abhängige Unternehmen im Konzern-, Kartell- und Arbeitsrecht, S. 338 ff.

378 Dazu sogleich unter IV.

Vorstands führen regelmäßig zu einem Verstoß gegen § 76 Abs. 1 AktG[379]. Der Vorstand hat nämlich gemäß § 76 Abs. 1 AktG nicht nur das Recht, sondern auch die Pflicht zur Leitung. Diese verlangt von ihm, Entscheidungen aus dem Kernbereich der Leitung als Gesamtorgan eigenverantwortlich und frei von Fremdeinflüssen zu treffen[380]. Ohne den Abschluss eines Unternehmensvertrags ist es daher unzulässig, vertragliche Zusagen darüber abzugeben, ob und in welcher Weise der Vorstand seine Leitungsbefugnis künftig ausübt[381]. Verpflichtete er sich vorab, künftige Entscheidungen in einer bestimmten Weise zu treffen, begäbe die Gesellschaft sich für die Zukunft ihrer durch den Vorstand wahrzunehmenden Handlungsmöglichkeiten[382]. Die Gesellschaft verlöre ihre nach dem Gesetz durch den Vorstand wahrzunehmenden Wahlmöglichkeiten. Der Vorstand darf auch deswegen kein bestimmtes künftiges Leitungsverhalten verbindlich im Vorhinein zusichern, weil er darüber in seiner künftigen – möglicherweise neuen – Zusammensetzung unter Berücksichtigung der dann aktuell gegebenen Lage des Unternehmens zu entscheiden hat[383]. Verschiebungen der Leitungszuständigkeit vom Vorstand auf einen außenstehenden Vertragspartner verstoßen daher gegen die aktienrechtliche Kompetenzordnung und können nicht durch Schuldvertrag erfolgen[384]. Dieses Verbot gilt nicht nur für geschäftspolitische Entscheidungen, sondern auch für andere dem Bereich der Leitung zugehörige Vorstandsentscheidungen[385].

Unmittelbare vertragliche Bindungen der Aktiengesellschaft, die in den Kernbereich der dem Vorstand zugewiesenen Leitung eingreifen, sind somit mit § 76 Abs. 1 AktG nicht zu vereinbaren. Sie können lediglich in einem Beherrschungsvertrag wirksam vereinbart werden. Das bedeutet jedoch nicht, dass die Zustimmung der Hauptversammlung einen Vertrag, der die Leitungsmacht des Vorstands über die Grenzen des § 76 Abs. 1 AktG hinweg einschränkt, legitimiert. Es ist vielmehr zu prüfen, ob er als Unternehmensvertrag zu qualifizieren ist und dessen Wirksamkeitsvoraussetzungen erfüllt[386].

---

379 So auch *Mertens/Cahn*, in: KK-AktG, § 76 Rn. 42; *Kort*, in: GK-AktG, § 76 Rn. 158; *Fleischer*, in: Spindler/Stilz, AktG, § 76 Rn. 68 f.; *ders.*, ZIP 2003, 1, 10 f.; *Oltmanns*, in: Heidel, AktG, § 76 Rn. 7.

380 Vgl. oben, Zweiter Teil, Zweites Kapitel, A.IV.

381 *Mertens/Cahn*, in: KK-AktG, § 76 Rn. 42; *Kort*, in: GK-AktG, § 76 Rn. 158; *Oltmanns*, in: Heidel, AktG, § 76 Rn. 7.

382 *Kort*, in: GK-AktG, § 76 Rn. 158.

383 Vgl. *Lutter*, in: FS Fleck, S. 169, 184.

384 Vgl. *Veelken*, Der Betriebsführungsvertrag im deutschen und amerikanischen Aktien- und Konzernrecht, S. 113.

385 Vgl. *Mertens/Cahn*, in: KK-AktG, § 76 Rn. 45.

386 *Mertens/Cahn*, in: KK-AktG, § 76 Rn. 56.

III. Auflagen bei künftigen Entscheidungen

Von solchen unmittelbaren vertraglichen Vorwegbindungen sind Auflagen für die künftige Unternehmenspolitik zu unterscheiden, die oftmals als *Covenants* in Finanzierungsverträgen vereinbart werden[387]. Ihr Zweck besteht zum einen darin, das unternehmerische Ermessen des Kreditnehmers einzuschränken und ihm – etwa in Sanierungssituationen – bei der Bewältigung wirtschaftlicher Schwierigkeiten zu helfen, zum anderen dem Kreditgeber Kontrollmöglichkeiten zu verschaffen[388]. Als Auflage können die Parteien etwa eine zweckgebundene Verwendung der zur Verfügung gestellten Finanzmittel vereinbaren, Umstrukturierungsmaßnahmen oder die Einhaltung bestimmter Finanzkennziffern durch den Kreditnehmer betreffend seine Eigenkapitalquote, Verschuldung, die Bestellung von Sicherheiten gegenüber Dritten, seinen Ertrag oder die Liquidität (*Financial Covenants*)[389]. Solche Vereinbarungen sind oftmals mit Informationsrechten und -pflichten sowie Kontrollrechten verbunden, mit denen der Kreditgeber überprüfen kann, ob der Kreditnehmer die Auflagen einhält[390].

Sowohl über die vertragliche Fixierung dieser Auflagen, als auch über ihren genauen Inhalt verhandeln die Parteien[391]. Der Vorstand ist an den Verhandlungen beteiligt und entscheidet bei Vertragsschluss eigenverantwortlich, ob er sich auf die Bindungen und Restriktionen sowie die vertraglich vorgegebenen Zielvorgaben einlassen und sie befolgen möchte oder nicht[392]. Zwar legt sich der Vorstand dadurch auch in seiner künftigen Unternehmenspolitik unmittelbar fest und muss Führungsentscheidungen an dem Vertragsinhalt ausrichten. Eine direkte vertragliche Einflussmöglichkeit für den Kreditgeber, mit der dieser einseitig seine Interessen gegenüber dem Kreditnehmer durchsetzen kann, ist damit jedoch nicht verbunden. Hält der Vorstand die Verpflichtungen ein, setzt er vielmehr lediglich

387 Dazu ausführlich *Servatius*, Gläubigereinfluss durch Covenants, S. 32 ff.; *Baums*, in: Aktienrecht im Wandel, Bd. II, S. 955, 978; *Plepelits*, CFl 2010, 119; *Kästle*, Rechtsfragen der Verwendung von Covenants in Kreditverträgen, S. 27; *Weitnauer*, ZIP 2005, 1443, 1444.

388 Vgl. die Nachweise in der vorigen Fn.

389 Vgl. *Veil*, Unternehmensverträge, S. 284 ff.; *Dierdorf*, Herrschaft und Abhängigkeit einer Aktiengesellschaft auf schuldvertraglicher und tatsächlicher Grundlage, S. 151 ff.; ausführlich *Servatius*, Gläubigereinfluss durch Covenants, S. 43; *Kästle*, Rechtsfragen der Verwendung von Covenants in Kreditverträgen, S. 62 ff.; *Eidenmüller*, Unternehmenssanierung zwischen Markt und Gesetz, S. 136 ff.; *Runge*, Covenants in Kreditverträgen, S. 30 ff.

390 *Dierdorf*, Herrschaft und Abhängigkeit einer Aktiengesellschaft auf schuldvertraglicher und tatsächlicher Grundlage, S. 151; *Runge*, Covenants in Kreditverträgen, S. 29, 49.

391 *Dierdorf*, Herrschaft und Abhängigkeit einer Aktiengesellschaft auf schuldvertraglicher und tatsächlicher Grundlage, S. 151.

392 *Dierdorf*, Herrschaft und Abhängigkeit einer Aktiengesellschaft auf schuldvertraglicher und tatsächlicher Grundlage, S. 151; *Veil*, Unternehmensverträge, S. 285.

die von ihm vertraglich getroffene unternehmerische Entscheidung um. Somit folgt aus Auflagen für die Gewährung eines Kredits, in denen der Kreditnehmer sich zur Einhaltung bestimmter betriebswirtschaftlicher Kennziffern verpflichtet, lediglich eine mittelbare Bindung des Vorstands durch den Inhalt der Vereinbarung[393]. Sie resultiert aus der Ausübung des Leitungsermessens des Vorstands und berührt die sonstigen unternehmerischen Führungsentscheidungen nicht, mit denen er die Geschicke der Gesellschaft steuert. Deshalb verstoßen solche Bindungen in der Regel nicht gegen § 76 Abs. 1 AktG.

Im Gegensatz zu einer unmittelbaren vertraglichen Vorwegbindung in Bezug auf konkrete Führungsentscheidungen bewegen sich Auflagen zur künftigen Unternehmenspolitik in Form von *Financial Covenants* damit grundsätzlich innerhalb der Grenzen des § 76 Abs. 1 AktG. Davon zu unterscheiden sind allerdings solche *Covenants,* die Zustimmungsvorbehalte zugunsten des Kreditgebers bei bestimmten zukünftigen Entscheidungen regeln. Sie führen – im Unterschied zu den dargestellten *Financial Covenants* – nicht lediglich zu einer mittelbaren Bindung des Vorstands, sondern ermöglichen dem Vertragspartner eine unmittelbare Einflussnahme bei den vertraglich definierten künftigen Entscheidungen oder Maßnahmen. Direkte Einflussnahmen auf den Vorstand durch vertraglich begründete Zustimmungsvorbehalte werden nachstehend gesondert untersucht.

IV. Direkte vertragliche Einflussmöglichkeiten in Leitungsangelegenheiten

Bei unmittelbaren vertraglichen Einflussmöglichkeiten auf Leitungsentscheidungen des Vorstands ist zuerst an Weisungsrechte als stärkstes Einflussmittel zu denken. Ein Weisungsrecht ist gemäß § 308 AktG das gesetzlich vorgesehene Herrschaftsinstrument für eine Leitungsunterstellung gemäß § 291 Abs. 1 S. 1 AktG. Es lässt sich nur unter den Voraussetzungen eines Beherrschungsvertrags wirksam vereinbaren[394]. Bedingt sich eine Vertragspartei im Rahmen eines Austauschverhältnisses oder einer Leistungsbeziehung ein umfassendes Weisungsrecht oder ein auf die wesentlichen Führungsentscheidungen des Vorstands beschränktes Weisungsrecht aus, verstößt dies nach hier vertretener Auffassung stets gegen § 76 Abs. 1 AktG, da es zu einer Leitungsunterstellung i.S.d. § 291 Abs. 1 S. 1 AktG führt.

---

393 *Dierdorf*, Herrschaft und Abhängigkeit einer Aktiengesellschaft auf schuldvertraglicher und tatsächlicher Grundlage, S. 151; *Veil*, Unternehmensverträge, S. 285; im Ergebnis ähnlich *Fleischer*, in: Spindler/Stilz, AktG, § 76 Rn. 79.

394 Vgl. oben, Zweiter Teil, Drittes Kapitel, A. II. 1. a).

Die Abgrenzungsproblematik zwischen einem gemäß § 76 Abs. 1 AktG zulässigen Fremdeinfluss und einer Leitungsunterstellung wird nach den Erkenntnissen zu § 291 Abs. 1 S. 1 AktG insbesondere bei Zustimmungsvorbehalten virulent, mit denen der Vertragspartner an bestimmten künftigen Vorstandsentscheidungen oder Maßnahmen partizipiert. Ihre Bewertung hängt von dem Einflusspotential ab, das sie im konkreten Fall vermitteln. Zu prüfen ist, in welchen Grenzen Zustimmungsvorbehalte bei geschäftspolitischen Entscheidungen des Vorstands mit § 76 Abs. 1 AktG vereinbar sind, ohne eine Leitungsunterstellung zu begründen.

1. Wertungen des § 111 Abs. 4 S. 2 AktG

Anhaltspunkte und vielleicht sogar Beurteilungskriterien für die Grenzen von Zustimmungsvorbehalten zugunsten eines Vertragspartners bei unternehmerischen Entscheidungen des Vorstands lassen sich möglicherweise einem Vergleich mit § 111 Abs. 4 S. 2 AktG entnehmen. § 111 Abs. 4 S. 2 AktG regelt eine Pflicht zur Festlegung von Zustimmungsvorbehalten zugunsten des Aufsichtsrats bei der Geschäftsführung. Nach dieser Vorschrift haben die Satzung oder der Aufsichtsrat zu bestimmen, dass der Vorstand bestimmte Arten von Geschäften nur mit Zustimmung des Aufsichtsrats vornehmen darf. Da für diese Zustimmungsvorbehalte die Grenze des § 111 Abs. 4 S. 1 AktG gilt, nach der dem Aufsichtsrat Maßnahmen der Geschäftsführung nicht übertragen werden dürfen, ist zu prüfen, ob die Zulässigkeitskriterien für diese Zustimmungsvorbehalte auch für Vereinbarungen mit außenstehenden Dritten oder Aktionären herangezogen werden können.

a) Grundlagen und Vorüberlegungen

Der Regelungsgehalt des § 111 Abs. 4 S. 2 AktG ist zunächst in den Kontext der Organisationsverfassung der Aktiengesellschaft einzuordnen.

aa) Rechte und Pflichten des Aufsichtsrats gemäß § 111 AktG

Gemäß § 111 Abs. 1 AktG überwacht der Aufsichtsrat den Vorstand bei der Geschäftsführung. Inhalt der Überwachungsaufgabe ist die Kontrolle und Beratung des Vorstands[395]. Der wesentliche Zweck des § 111 Abs. 1 AktG besteht darin, diese Aufgabe des Aufsichtsrats hervorzuheben und den Unterschied zu derje-

395 Vgl. BGHZ 114, 127, 129 f.; BGHZ 126, 340, 344.

nigen des Vorstands deutlich zu machen[396]. Die sonstigen Rechte und Pflichten des Aufsichtsrats resultieren überwiegend aus der Überwachungsaufgabe[397]. Dies gilt etwa für seine Kompetenz zur Bestellung und Abberufung des Vorstands (§ 84 AktG) sowie zum Abschluss und zur Kündigung seines Anstellungsvertrags, die Befugnis zum Erlass einer Geschäftsordnung für den Vorstand (§ 77 Abs. 2 S. 1 AktG) oder die Prüfung des Jahresabschlusses, Lageberichts, Konzernabschlusses, Konzernlageberichts und des Vorschlags für die Verwendung des Bilanzgewinns (§ 171 AktG).

Bei der Überwachungsaufgabe stützt sich der Aufsichtsrat auf die Berichte des Vorstands und prüft sie eingehend. Das entbindet ihn nicht davon, sich ein eigenes Bild von der Lage der Gesellschaft, der gegenwärtigen und geplanten Geschäftspolitik des Vorstands sowie den Zukunftschancen der Gesellschaft zu machen[398]. Gemäß § 111 Abs. 4 S. 1 AktG dürfen dem Aufsichtsrat keine Geschäftsführungsmaßnahmen übertragen werden. Damit bestimmt das Gesetz die Grenzen, die der Überwachungskompetenz des Aufsichtsrats in Bezug auf die Rechte und Pflichten des Vorstands gesetzt sind.

bb) Generelle Zulässigkeit fakultativer Gremien bei der AG

Da die Überwachung der Geschäftsführung gemäß § 111 Abs. 1 S. 1 AktG die originäre Aufgabe des Aufsichtsrats ist, stellt sich die Frage, ob § 111 Abs. 4 S. 2 AktG es ausschließt, auch Dritten oder Aktionären zum Zwecke der Kontrolle Zustimmungsvorbehalte bei Entscheidungen des Vorstands einzuräumen.

Inhalt und Grenzen der Überwachungstätigkeit des Aufsichtsrats sind insbesondere im Zusammenhang mit der Einrichtung fakultativer Gremien bei der Aktiengesellschaft entscheidende Aspekte. Solche Gremien kann der Vorstand auf schuldrechtlicher Grundlage neben dem Aufsichtsrat einrichten[399]. In der Regel handelt es sich bei fakultativen Gremien um Beiräte, die eine Beratungs-, Kontroll- oder sonstige Funktion erfüllen[400]. Der Gesetzgeber hat im Aktiengesetz zwar keine Regelung zur Zulässigkeit fakultativer Gremien getroffen. Der Beirat wird aber in § 285 Nr. 9 HGB erwähnt. Danach sind im Anhang zu dem Jahresabschluss der Kapitalgesellschaften die Vergütungen für Beiräte sowie Vorschüsse und Kredite an Beiratsmitglieder und die Gesamtbezüge früherer

---

396 *Habersack*, in: MünchKomm-AktG, § 111 Rn. 1; *Hopt/Roth*, in: GK-AktG, § 111 Rn. 24; *Hüffer*, AktG, § 111 Rn. 1.

397 *Hopt/Roth*, in: GK-AktG, § 111 Rn. 24.

398 *Raiser/Veil*, Recht der Kapitalgesellschaften, § 15 Rn. 2.

399 Vgl. *Habersack*, in: MünchKomm-AktG, § 95 Rn. 6.

400 Vgl. *Hopt/Roth*, in: GK-AktG, § 95 Rn. 40; *Habersack*, in: MünchKomm-AktG, § 95 Rn. 6.

Beiratsmitglieder als Pflichtangaben mitzuteilen[401]. Die Bestimmung setzt damit die grundsätzliche Zulässigkeit von Beiräten voraus[402]. Somit kann die Satzung der Aktiengesellschaft ihre Einrichtung vorsehen[403]. Derartigen Satzungsbestimmungen kommt allerdings lediglich die Funktion einer Art „Anweisung" an den Vorstand zu, einen Beirat zu installieren[404]. Sie sind jedoch keine notwendige Voraussetzung für seine Einrichtung[405]. Die einzelnen Beiratsmitglieder stehen der Gesellschaft als Dritte in einer rein schuldrechtlichen Beziehung gegenüber, in der Regel in einem Auftrags- oder Geschäftsbesorgungsverhältnis im Sinne der §§ 662, 675 BGB[406]. Auch wenn ihnen Kontroll- oder Überwachungsaufgaben übertragen werden, werden sie nicht Teil des gesetzlichen Organs Aufsichtsrat. Daher liegt ihre Einrichtung auch nicht in dessen Organisationsautonomie[407]. Aus der Möglichkeit, bei der Aktiengesellschaft fakultative Gremien mit Beratungs- oder Kontrollfunktion auf schuldrechtlicher Grundlage einzurichten, ist zu schließen, dass auch schuldrechtliche Vereinbarungen mit Aktionären oder Dritten, die Kontrollbefugnisse in Bezug auf die Geschäftsführung enthalten, nicht von vornherein wegen Überschneidung mit den gesetzlichen Aufgaben des Aufsichtsrats unzulässig sind.

cc) Grenzen der Zulässigkeit von Beiräten

Wie für alle vom gesetzlichen Grundtypus der Aktiengesellschaft abweichenden Regelungen gelten auch für Beiräte die Grenzen des nach § 23 Abs. 5 AktG zwingenden Organisationsrechts der Aktiengesellschaft[408]. Danach ist es unzulässig, neben Vorstand, Aufsichtsrat und Hauptversammlung weitere Gremien mit Organqualität einzurichten. Ein Beirat kann deshalb weder Organstatus erlangen noch organschaftliche Aufgaben und Funktionen erfüllen[409]. Unzulässig wäre daher ein Beirat, dessen Aufgaben und Kompetenzen denen des Aufsichtsrats entsprächen, da eine Aktiengesellschaft nur einen einzigen Aufsichtsrat im Sinne

---

401 *Hopt/Roth*, in: GK-AktG, § 95 Rn. 41; *Hoffmann-Becking*, in: MünchHdb-AG, § 29 Rn. 19.

402 *Hoffmann-Becking*, in: MünchHdb-AG, § 29 Rn. 19; *Hopt/Roth*, in: GK-AktG, § 95 Rn. 41; *Mertens/Cahn*, in: KK-AktG, Vor § 76 Rn. 18.

403 *Mertens/Cahn*, in: KK-AktG, Vor § 76 Rn. 18; *Hoffmann-Becking*, in: MünchHdb-AG, § 29 Rn. 19 a.

404 *Hoffmann-Becking*, in: MünchHdb-AG, § 29 Rn. 19a; *Mertens/Cahn*, in: KK-AktG, Vor § 76 Rn. 18; *Hopt/Roth*, in: GK-AktG, § 95 Rn. 47.

405 *Hoffmann-Becking*, in: MünchHdb-AG, § 29 Rn. 20.

406 *Hopt/Roth*, in: GK-AktG, § 95 Rn. 46; *Mertens/Cahn*, in: KK-AktG, Vor § 76 Rn. 18.

407 *Hopt/Roth*, in: GK-AktG, § 95 Rn. 46.

408 Vgl. *Kort*, in: GK-AktG, Vor § 76 Rn. 17; *Hopt/Roth*, in: GK-AktG, § 95 Rn. 42; *Hoffmann-Becking*, in: MünchHdb-AG, § 29 Rn. 19a.

409 *Hopt/Roth*, in: GK-AktG, § 95 Rn. 42; *Mertens/Cahn*, in: KK-AktG, Vor § 76 Rn. 18; *Hoffmann-Becking*, in: MünchHdb-AG, § 29 Rn. 19a.

der §§ 95 ff. AktG haben darf[410]. Deshalb kann eine Aktiengesellschaft auch weder einen Sonderaufsichtsrat installieren noch die Aufgaben auf mehrere Aufsichtsräte verteilen[411]. Aufgrund von § 23 Abs. 5 AktG darf ein Beirat den Aufsichtsrat nicht darin behindern, seine gesetzlichen Rechte wahrzunehmen und seine Pflichten zu erfüllen[412]. Dies wäre mit der Kompetenzordnung der Aktiengesellschaft nicht zu vereinbaren. Gesetzlich kommt diese Schranke in § 111 Abs. 5 AktG zum Ausdruck, wonach die Aufsichtsratsmitglieder ihre Aufgaben höchstpersönlich wahrnehmen müssen.

Vor diesem Hintergrund ist es aktienrechtlich sowohl unbedenklich, den Mitgliedern eines Zusatzgremiums Rechte gegenüber der Gesellschaft einzuräumen, etwa ein Recht auf Auskunft, als auch ihnen eine Unterstützungs- oder Beratungsfunktion zuzuweisen[413].

Weniger eindeutig ist die Situation indessen, wenn ein Beirat und der Aufsichtsrat Rechte und Pflichten aus dem Zuständigkeitsbereich des Aufsichtsrats kumulativ wahrnehmen sollen. Dies ist etwa der Fall, wenn ein Beirat – wie in den §§ 111 Abs. 2, Abs. 4 S. 2 AktG für den Aufsichtsrat vorgesehen – Rechte auf Einsichtnahme und Prüfung sowie Zustimmungsvorbehalte bei bestimmten Maßnahmen oder Entscheidungen erhält. Eine solche kumulative Wahrnehmung von Rechten und Pflichten durch Aufsichtsrat und Beirat könnte gegen die Organisationsverfassung der Aktiengesellschaft verstoßen[414].

Teilweise wird darin ein Verstoß gegen das Verbot der Bildung mehrerer Aufsichtsräte und das Gebot der höchstpersönlichen Aufgabenwahrnehmung des Aufsichtsrats gesehen[415]. Andere befürchten, die Interessen der Aufsichtsratsmitglieder an der Wahrnehmung ihrer Aufgaben würden untergraben, wenn die eigene Überwachungstätigkeit aufgrund des zweiten Gremiums in den Hintergrund gerät[416].

Diesen Einwänden ist – jedenfalls in dieser Pauschalität – zu widersprechen. Problematisch ist nicht die Einrichtung des Beirats an sich, sondern die Behinderung des Gesellschaftsorgans bei der Erfüllung seiner gesetzlichen Aufga-

410 Vgl. *Hopt/Roth*, in: GK-AktG, § 95 Rn. 37; *Habersack*, in: MünchKomm-AktG, § 95 Rn. 5; *Mertens*, in: KK-AktG, § 95 Rn. 7.

411 *Hopt/Roth*, in: GK-AktG, § 95 Rn. 37.

412 *Hopt/Roth*, in: GK-AktG, § 95 Rn. 45; *Habersack*, in: MünchKomm-AktG, § 95 Rn. 6.

413 *Kort*, in: GK-AktG, Vor § 76 Rn. 17.

414 So *Hopt/Roth*, in: GK-AktG, § 95 Rn. 45; *Voormann*, Der Beirat im Gesellschaftsrecht, S. 63; aA LG Köln AG 1976, 329, 330; *Joussen*, Gesellschafterabsprachen neben Satzung und Gesellschaftsvertrag, S. 116.

415 So *Voormann*, Der Beirat im Gesellschaftsrecht, S. 63.

416 *Hopt/Roth*, in: GK-AktG, § 95 Rn. 45.

ben[417]. Ob eine kumulative Aufgabenwahrnehmung zu einer unzulässigen Verkürzung der Kompetenzen des Aufsichtsrats führt, ist daher im Einzelfall zu entscheiden[418]. Solange der Aufsichtsrat in der Lage ist, seine gesetzlichen Rechte und Pflichten wahrzunehmen, sind keine Gründe ersichtlich, eine kumulative Aufgabenwahrnehmung nicht zuzulassen.

Daraus ist zu folgern, dass die Zulässigkeit vertraglicher Zustimmungsvorbehalte zugunsten eines Dritten oder eines Aktionärs im Hinblick auf die Rechte des Aufsichtsrats gleichfalls davon abhängt, ob dem Vertragspartner die Rolle eines zweiten Aufsichtsrats zukommt, der den Aufsichtsrat daran hindert, seine gesetzlichen Rechte und Pflichten wahrzunehmen. Dies kann etwa der Fall sein, wenn dem Aufsichtsrat Informationen nicht oder nicht rechtzeitig zur Verfügung stehen[419] oder der Vertragspartner Befugnisse zum Nachteil des Aufsichtsrats erhält[420]. Anhand dieses Maßstabs ist eine kumulative Aufgabenwahrnehmung durch den Aufsichtsrat und das zusätzliche Gremium im Einzelfall zu prüfen. Damit sind auch Kontrollbefugnisse zugunsten eines Dritten oder eines Aktionärs, die jenen des Aufsichtsrats ähneln, jedenfalls nicht von vornherein unzulässig.

b) Rechtliche Einordnung der Zustimmungsvorbehalte gemäß § 111 Abs. 4 S. 2 AktG

Zu klären ist, ob möglicherweise die rechtliche Einordnung der Zustimmungsvorbehalte gemäß § 111 Abs. 4 S. 2 AktG in das gesetzliche Kompetenzgefüge zwischen Vorstand und Aufsichtsrat dagegen spricht, die im Rahmen dieser Vorschrift geltenden Beurteilungskriterien und Wertung auf schuldrechtlich vereinbarte Zustimmungsvorbehalte zugunsten von Dritten oder Aktionären zu übertragen.

Versagt der Aufsichtsrat zu einem seiner Art nach zustimmungspflichtigen Geschäft seine Zustimmung, wirkt dies wie ein Veto: Wird die Zustimmung nicht erteilt, ist es dem Vorstand untersagt, das Geschäft vorzunehmen[421]. Die Vertretungsbefugnis des Vorstands bleibt von § 111 Abs. 4 S. 2 AktG jedoch

---

417 Zutreffend *Joussen*, Gesellschafterabsprachen neben Satzung und Gesellschaftsvertrag, S. 116; ähnlich LG Köln AG 1976, 329, 330.

418 Vgl. *Joussen*, Gesellschafterabsprachen neben Satzung und Gesellschaftsvertrag, S. 116.

419 LG Köln AG 1976, 329, 330.

420 *Gittermann*, in: Semler/v. Schenck, Arbeitshandbuch für Aufsichtsratsmitglieder, § 6 Rn. 30.

421 *Hüffer*, AktG, § 111 Rn. 18; *Habersack*, in: MünchKomm-AktG, § 111 Rn. 100; zur Haftung des Vorstands bei Verletzung eines Zustimmungsvorbehalts *Altmeppen*, in: FS K. Schmidt, S. 23, 31 ff.

unberührt[422]. Daher ist ein trotz fehlender Zustimmung des Aufsichtsrats vom Vorstand vorgenommenes und nicht durch einen Beschluss der Hauptversammlung gemäß § 111 Abs. 4 S. 3 AktG legitimiertes Geschäft im Außenverhältnis durchaus wirksam. Gemäß § 82 Abs. 2 AktG ist der Vorstand aber ausdrücklich verpflichtet, die Beschränkungen einzuhalten, die der Aufsichtsrat seiner Geschäftsführungsbefugnis gesetzt hat. Nimmt er ein zustimmungspflichtiges Geschäft ohne Zustimmung des Aufsichtsrats vor oder ignoriert er die Versagung der Zustimmung, begeht er im Innenverhältnis eine Pflichtverletzung und ist gemäß § 93 Abs. 2 AktG zum Ersatz des daraus entstandenen Schadens verpflichtet[423]. Insofern erlangt der Aufsichtsrat durch die Zustimmungsvorbehalte gemäß § 111 Abs. 4 S. 2 AktG in nicht unerheblichem Maße Einfluss auf die Geschäftsführung des Vorstands[424].

Aufgrund dieser Wirkung ist zu prüfen, ob die Zustimmungsvorbehalte des Aufsichtsrats noch seiner Überwachungsaufgabe gemäß § 111 Abs. 1 AktG zuzuordnen sind oder ob er dadurch abweichend von den §§ 76 Abs. 1, 111 Abs. 4 S. 1 AktG eine punktuelle Kompetenz zur Geschäftsführung neben dem Vorstand erlangt. Wäre letzteres der Fall, könnten die Wertungen des § 111 Abs. 4 S. 2 AktG für die Beurteilung vertraglicher Zustimmungsvorbehalte zugunsten von Aktionären oder Dritten nicht herangezogen werden. Dem Aufsichtsrat dürften dann nach der Kompetenzverteilung des Aktiengesetzes Geschäftsführungskompetenzen übertragen werden, während dies im Verhältnis zu einem Aktionär oder einem Dritten gemäß § 23 Abs. 5 i.V.m. § 76 Abs. 1 AktG unzulässig ist. § 111 AktG würden dann Prämissen zugrunde liegen, die im Verhältnis zu Aktionären oder Dritten nicht gelten.

aa) Meinungsstand

Im Schrifttum finden sich unterschiedliche Auffassungen zu der Frage, wie die Zustimmungsvorbehalte gemäß § 111 Abs. 4 S. 2 AktG einzuordnen sind.

Eine Ansicht sieht in den Zustimmungsvorbehalten gemäß § 111 Abs. 4 S. 2 AktG eine unternehmerische Mitentscheidungskompetenz des Aufsichtsrats, aufgrund derer er an den Entscheidungsprozessen des Vorstands mitwirken und eigene Entscheidungen treffen oder die Entscheidungsfindung des Vorstands

422 *Habersack*, in: MünchKomm-AktG, § 111 Rn. 129; *Hopt/Roth*, in: GK-AktG, § 111 Rn. 702.

423 *Habersack*, in: MünchKomm-AktG, § 111 Rn. 129.

424 Vgl. *Spindler*, in: Spindler/Stilz, AktG, § 111 Rn. 66; *Schönberger*, Der Zustimmungsvorbehalt des Aufsichtsrats bei Geschäftsführungsmaßnahmen des Vorstands (§ 111 Abs. 4 Satz 2-4 AktG), S. 61.

zumindest richtungsweisend beeinflussen kann[425]. Begründet wird dies damit, der Aufsichtsrat habe die zustimmungsbedürftige Maßnahme nicht nur auf ihre Rechtmäßigkeit zu überprüfen, sondern auch unter wirtschaftlichen Aspekten und unter Zweckmäßigkeitsgesichtspunkten[426]. § 111 Abs. 4 S. 2 AktG durchbreche mit dem Wort „jedoch" die generelle Trennung der Funktionen von Vorstand und Aufsichtsrat, weshalb der Aufsichtsrat im Rahmen des § 111 Abs. 4 S. 2 AktG an der Geschäftsführung mitwirke und eine Mitverantwortung für das zustimmungspflichtige Geschäft trage[427].

Andere ordnen die Zustimmungsvorbehalte nach § 111 Abs. 4 S. 2 AktG als Überwachungsinstrument des Aufsichtsrats ein[428]. Der Aufsichtsrat erhalte durch sie keine unternehmerische Mitwirkungskompetenz in Bezug auf die Geschäftsführung, sondern lediglich eine in die Zukunft gerichtete präventive Überwachungskompetenz[429]. Der Aufsichtsrat nehme im Rahmen des § 111 Abs. 4 S. 2 AktG an der unternehmerischen Tätigkeit des Vorstands durch eine präventive Kontrolle teil[430]. In die Planung einer Maßnahme dürfe der Aufsichtsrat indessen nicht mit einbezogen werden, sondern erst dann, wenn diese abgeschlossen sei und eine Entscheidung anstehe[431]. Dann erhalte der Aufsichtsrat über die Zustimmungsvorbehalte Gelegenheit, sein Recht und seine Pflicht zur Beratung des Vorstands wahrzunehmen und eine Stellungnahme zu seiner unternehmerischen Bewertung abzugeben[432].

bb) Stellungnahme

Vorzugswürdig ist die letztgenannte Auffassung, nach der die Zustimmungsvorbehalte gemäß § 111 Abs. 4 S. 2 AktG keine unternehmerische Mitwirkungskompetenz des Aufsichtsrats begründen, sondern ein präventives Kontrollinstrument im Rahmen seiner Überwachungsaufgabe darstellen.

---

425 Vgl. *Hoffmann-Becking*, in: MünchHdb-AG, § 29 Rn. 39; *Hommelhoff*, ZGR 1978, 119, 141; *Götz*, ZGR 1990, 633, 640 f.; *Steinbeck*, Überwachungspflicht und Einwirkungsmöglichkeiten des Aufsichtsrats in der Aktiengesellschaft, S. 145; wohl auch *Hopt/Roth*, in: GK-AktG, § 111 Rn. 66 („begrenzte(n) gemeinsame(n) Geschäftsführung von Vorstand und Aufsichtsrat").

426 *Götz*, ZGR 1990, 633, 640.

427 *Hoffmann-Becking*, in: MünchHdb-AG, § 29 Rn. 39; *Hommelhoff*, ZGR 1978, 119, 141.

428 OLG Hamburg, AG 1996, 84 f.; *Mertens*, in: KK-Akt, § 111 Rn. 66; *Semler*, Leitung und Überwachung, Rn. 218, Rn. 229 f.; ähnlich *Habersack*, in: FS Hüffer, S. 259, 259 f.; *ders.*, in: MünchKomm-AktG, § 111 Rn. 100.

429 Vgl. die Nachweise in der vorigen Fn.

430 BGHZ 135, 244, 254 f. („ARAG").

431 *Mertens*, in: KK-AktG, § 111 Rn. 61.

432 *Habersack*, in: Münchkomm-AktG, § 111 Rn. 100.

Eine unternehmerische Mitentscheidungskompetenz des Aufsichtsrats im Sinne der erstgenannten Ansicht widerspricht dem Organisationsrecht des Aktiengesetzes. Gemäß § 111 Abs. 1 AktG ist die Überwachung der Geschäftsführung Aufgabe des Aufsichtsrats. Diese Aufgabenzuweisung präzisiert § 111 Abs. 4 S. 1 AktG. Sie stellt die Basis für die Einordnung der Zustimmungsvorbehalte gemäß § 111 Abs. 4 S. 2 AktG dar. Vorstand und Aufsichtsrat sollen zwar zum Zwecke der Unternehmenskontrolle zusammenarbeiten, was durch einen ständigen Dialog miteinander und eine laufende Beratung des Vorstands durch den Aufsichtsrat umzusetzen ist[433]. Zur effektiven Wahrnehmung der Überwachungsaufgabe gemäß § 111 Abs. 1 AktG muss der Aufsichtsrat unternehmerische Entscheidungen des Vorstands nachvollziehen können, damit er entscheiden kann, ob er ihnen zustimmt oder nicht. Die Überwachungsaufgabe des Aufsichtsrats gemäß § 111 Abs. 1 AktG besteht insofern in einer vergangenheitsbezogenen und einer präventiven, in die Zukunft wirkenden Kontrolle, die Rechtmäßigkeits-, Zweckmäßigkeits- und Wirtschaftlichkeitserwägungen zu enthalten hat[434]. Originäre Geschäftsführungskompetenzen darf der Aufsichtsrat durch die Zustimmungsvorbehalte gemäß § 111 Abs. 4 S. 2 AktG jedoch nicht erhalten. Dies droht, wenn Unklarheiten über den Umfang der unter Zustimmungsvorbehalt gestellten Rechtsgeschäfte und Maßnahmen bestehen, weil keine Beschränkungen auf „bestimmte Arten von Geschäften“ vorgenommen wurden[435]. Sorgfalt ist bei der Statuierung der Zustimmungsvorbehalte insbesondere deshalb geboten, weil Zustimmungsvorbehalte, die nicht nur einzelne Entscheidungen oder Maßnahmen betreffen, sondern einen Teilbereich der Leitung, nach hier vertretener Auffassung zu einer Leitungsunterstellung i.S.d. § 291 Abs. 1 S. 1 AktG führen können[436]. Der Aufsichtsrat soll die Entscheidungen des Vorstands durch die Zustimmungsvorbehalte aber lediglich als letzte Instanz überprüfen und auf diese Weise Schäden für die Gesellschaft vorbeugen[437]. Somit führen die Mitwirkungsrechte des Aufsichtsrats zwar zu einer unternehmerischen Beteiligung und Mitverantwortung[438],

---

433 Vgl. BGHZ 114, 127, 130.

434 Vgl. *Hopt/Roth*, in: GK-AktG, § 111 Rn. 54; *Hüffer*, AktG, § 111 Rn. 5 f.; *Lutter/Krieger*, Rechte und Pflichten des Aufsichtsrats, Rn. 71 ff.; *Drygala*, in: Schmidt/Lutter, AktG, § 111 Rn. 14 f.

435 Vgl. *Semler*, Leitung und Überwachung der Aktiengesellschaft, Rn. 227 ff.; *Altmeppen*, in: FS K. Schmidt, S. 23, 29.

436 Vgl. oben, Zweiter Teil, Drittes Kapitel, A. II. c) bb).

437 *Steinbeck*, Überwachungspflicht und Einwirkungsmöglichkeiten des Aufsichtsrats in der Aktiengesellschaft, S. 149.

438 *Mertens*, in: KK-AktG, § 111 Rn. 26; ähnlich *Götz*, NZG 2002, 599, 602.

begründen aber keine unternehmerische Mitentscheidungskompetenz und erst recht keine gemeinsame Geschäftsführung von Vorstand und Aufsichtsrat[439].

cc) Zwischenergebnis

Die gesetzliche Regelung über Zustimmungsvorbehalte zugunsten des Aufsichtsrats in § 111 AktG spricht für sich genommen nicht dagegen, einem Vertragspartner schuldrechtlich Zustimmungsvorbehalte in bestimmten Geschäftsführungsangelegenheiten einzuräumen[440]. Schuldrechtliche Zustimmungsvorbehalte zugunsten Dritter oder von Aktionären dürfen den Aufsichtsrat allerdings nicht bei der Wahrnehmung seiner Überwachungsaufgabe behindern. Solange dies gewährleistet ist, was im Einzelfall zu prüfen ist, steht die Regelung des § 111 Abs. 4 S. 2 AktG Zustimmungsvorbehalten zugunsten eines Vertragspartners bei bestimmten Maßnahmen oder Entscheidungen des Vorstands nicht entgegen.

Zustimmungsvorbehalte gemäß § 111 Abs. 4 S. 2 AktG begründen keine unternehmerische Mitentscheidungsbefugnis des Aufsichtsrats. Ein Kooperationsverhältnis zwischen Vorstand und Aufsichtsrat besteht lediglich in den Grenzen der §§ 76 Abs. 1 AktG, 111 Abs. 4 S. 1 AktG. Die Zustimmungsvorbehalte zugunsten des Aufsichtsrats müssen sich somit innerhalb der Grenzen bewegen, die § 76 Abs. 1 AktG einer Einflussnahme auf Entscheidungen des Vorstands setzt.

Die rechtliche Einordnung der Zustimmungsvorbehalte gemäß § 111 Abs. 4 S. 2 AktG in das gesetzliche Kompetenzgefüge steht folglich per se einer Übertragung der Zulässigkeitsgrenzen auf schuldrechtliche Zustimmungsvorbehalte zugunsten Dritter oder von Aktionären nicht entgegen. Als nächstes sind daher die Zulässigkeitskriterien herauszuarbeiten. Anschließend ist zu klären, ob sie auf schuldrechtliche Zustimmungsvorbehalte übertragbar sind oder möglicherweise wertungsmäßige Gründe einer Übertragung entgegenstehen.

c) Grenzen für Zustimmungsvorbehalte zugunsten des Aufsichtsrats

Der Gesetzgeber hat auf inhaltliche Vorgaben zu den Zustimmungsvorbehalten nach § 111 Abs. 4 S. 2 AktG im Sinne eines Katalogs verzichtet, da sie stark von der Größe, Branche und Eigenart der einzelnen Gesellschaft abhängen[441]. Sie stehen in einem Spannungsverhältnis zu der Leitungsautonomie des Vorstands gemäß § 76 Abs. 1 AktG und dem korrespondierenden § 111 Abs. 4 S. 1 AktG[442].

---

439 So auch *Semler*, Leitung und Überwachung der Aktiengesellschaft, Rn. 228.

440 Ebenso *Bachmann/Veil*, ZIP 1999, 348, 350.

441 Vgl. BegrRegE TransPuG zu Nr. 9 (§ 111 Abs. 4 S. 2 AktG), S. 39; *DAV*, NZG 2002, 115, 117.

442 *Habersack*, in: MünchKomm-AktG, § 111 Rn. 106.

Damit die Zustimmungsvorbehalte die Leitungsautonomie des Vorstands gemäß § 76 Abs. 1 AktG nicht unzulässig einschränken, sind sie nur unter bestimmten Voraussetzungen zulässig.

aa) Arten zustimmungspflichtiger Geschäfte

Gemäß § 111 Abs. 4 S. 2 AktG bezieht sich die Pflicht zur Festlegung von Zustimmungsvorbehalten zugunsten des Aufsichtsrats auf „bestimmte Arten von Geschäften". Aufgrund der gesetzlichen Trennung von Leitung und Überwachung dürfen die Zustimmungsvorbehalte nicht zu einer Annäherung der Funktionen von Vorstand und Aufsichtsrat führen[443]. Für den Vorstand muss anhand der Regelungen zu den Zustimmungsvorbehalten ersichtlich sein, in welchen Fällen es der Zustimmung des Aufsichtsrats bedarf[444]. Erforderlich sind Eingrenzungen der zustimmungspflichtigen Geschäfte sowohl in qualitativer als auch in quantitativer Hinsicht.

Unter den Begriff des „Geschäfts" fallen einerseits Rechtsgeschäfte, andererseits aber auch unternehmensinterne Maßnahmen wie etwa Investitions-, Organisations- oder Planungsentscheidungen[445]. Durch die Verwendung des Begriffs „Geschäft" ist eine Teilhabe des Aufsichtsrats an der Willensbildung des Vorstands ausgeschlossen, da Geschäfte in diesem Sinn lediglich Sachverhalte sind, die in der Willensbildung bereits abgeschlossen sind[446]. Dem Aufsichtsrat steht daher weder ein Initiativrecht zu, noch kann er selbst die Geschäfte vornehmen oder den Vorstand dazu veranlassen[447]. Die betreffenden Geschäfte müssen nach Umfang, Gegenstand und den mit ihnen für die Gesellschaft verbundenen Risiken besonders bedeutsam sein[448]. Das trifft etwa für Unternehmens- und Beteiligungsakquisitionen oder -veräußerungen zu, für die Aufnahme neuer Produktionszweige, die Gründung oder Beendigung von Gemeinschaftsunternehmen, für Anleiheemissionen, Bürgschaften ab einer bestimmten Größenordnung und für vergleichbare grundlegende Entscheidungen[449]. Daran wird deutlich, dass die Pflicht zur Festlegung von Zustimmungsvorbehalten zugunsten des Aufsichtsrats gemäß § 111 Abs. 4 S. 2 AktG sich lediglich auf Leitungsentschei-

443 Vgl. *Hopt/Roth*, in: GK-AktG, § 111 Rn. 639.

444 *Drygala*, in: Schmidt/Lutter, AktG, § 111 Rn. 55 m.w.Nachw.

445 *Mertens*, in: KK-AktG, § 111 Rn. 61.

446 *Mertens*, in: KK-AktG, § 111 Rn. 61.

447 *Hoffmann-Becking*, in: MünchHdb-AG, § 29 Rn. 39.

448 *Hopt/Roth*, in: GK-AktG; § 111 Rn. 641; *Mertens*, in: KK-AktG, § 111 Rn. 65; *Hoffmann-Becking*, in: MünchHdb-AG, § 29 Rn. 44; *Lieder*, DB 2004, 2251, 2253.

449 Vgl. *Lutter/Krieger*, Rechte und Pflichten des Aufsichtsrats, Rn. 109; *Hoffmann/Peu*, Der Aufsichtsrat, S. 89; *Hopt/Roth*, in: GK-AktG, § 111 Rn. 629.

dungen und -maßnahmen des Vorstands bezieht[450]. Die laufende Geschäftsführung und Maßnahmen des gewöhnlichen Tagesgeschäfts liegen demgegenüber in der alleinigen Verantwortung des Vorstands[451]. Diesbezüglich besteht die Überwachungspflicht des Aufsichtsrats darin, zu prüfen, ob der Vorstand bei den unternehmensinternen Entscheidungsprozessen für hinreichende Koordinations- und Kontrollmechanismen gesorgt hat und die Entscheidungsträger auf den nachgeordneten Ebenen angemessen überwacht[452]. Die Beschränkung der Überwachungspflicht des Aufsichtsrats auf Leitungsentscheidungen und -maßnahmen des Vorstands dient vor allem der Entlastung des Aufsichtsrats[453]. Das Kontrollrecht des Aufsichtsrats in Bezug auf den gesamten Bereich der Geschäftsführung, also auch auf einfache Geschäftsführungshandlungen des Vorstands, wird von der Beschränkung seiner Überwachungspflicht auf den Teilbereich der Leitung freilich nicht beeinträchtigt[454].

bb) Bedeutung der Lage des Unternehmens

Die vom Aufsichtsrat geforderte Überwachungstätigkeit hängt von der Situation des Unternehmens ab. Ändert sich die Risikolage der Gesellschaft, verschlechtern sich ihre wirtschaftlichen Ergebnisse oder gerät die Gesellschaft in die Krise, ist in sachlicher und zeitlicher Hinsicht ein Höchstmaß an Kontrolle durch den Aufsichtsrat notwendig[455]. Aufgrund dessen können auch die Zustimmungsvorbehalte gemäß § 111 Abs. 4 S. 2 AktG nicht in statischer Form formuliert werden[456]. Ein Katalog zustimmungspflichtiger Handlungen muss vielmehr laufend verändert und aktualisiert werden, damit dem Aufsichtsrat eine sachgerechte Wahrnehmung seiner Überwachungsaufgabe möglich ist[457]. Zusätzlich kann der Aufsichtsrat ad hoc bestimmen, dass ein Geschäft seiner Zustimmung bedarf[458]. Unter Umständen kann er sogar gezwungen sein, dringend erforderliche Geschäftsführungsmaß-

---

450 So *Hüffer*, AktG, § 111 Rn. 3; *Lutter/Krieger*, Rechte und Pflichten des Aufsichtsrats, Rn. 63; zustimmend *Hopt/Roth*, in: GK-AktG, § 111 Rn. 160 f., 641.

451 Vgl. *Drygala*, in: Schmidt/Lutter, AktG, § 111 Rn. 13; *Habersack,* in: MünchKomm-AktG, § 111 Rn. 106; *Hoffmann-Becking*, in: MünchHdb-AG, § 29 Rn. 44; im Ergebnis auch *Hopt/Roth,* in: GK-AktG, § 111 Rn. 641.

452 Vgl. *Drygala*, in: Schmidt/Lutter, AktG, § 111 Rn. 13 unter Bezugnahme auf *Lutter/Krieger*, Rechte und Pflichten des Aufsichtsrats, Rn. 67 f.

453 *Hopt/Roth*, in: GK-AktG, § 111 Rn. 159.

454 *Hopt/Roth*, in: GK-AktG, § 111 Rn. 161.

455 Vgl. *Lutter/Krieger*, Rechte und Pflichten des Aufsichtsrats, Rn. 87; *Hüffer*, AktG, § 111 Rn. 7.

456 *Hüffer*, AktG, § 111 Rn. 17; *Drygala*, in: Schmidt/Lutter, AktG, § 111 Rn. 53.

457 *Drygala*, in: Schmidt/Lutter, AktG, § 111 Rn. 43.

458 BGHZ 124, 111, 127; *Lutter/Krieger*, Rechte und Pflichten des Aufsichtsrats, Rn. 108; *Kort*, in: GK-AktG, § 111 Rn. 594; *Habersack*, in: MünchKomm-AktG, § 111 Rn. 115 m.w.Nachw.

nahmen selbst zu veranlassen[459], etwa indem er ein Aufsichtsratsmitglied gemäß § 105 Abs. 2 AktG zeitweise in den Vorstand delegiert[460]. Sind Vorstand und Aufsichtsrat unterschiedlicher Meinung über die unternehmerischen Ziele der Gesellschaft, hat der Aufsichtsrat auf den Vorstand einzuwirken, eine konsensfähige Unternehmenspolitik zu erarbeiten[461]. Das Geschäftsführungsverbot für den Aufsichtsrat schließt Einwirkungen auf die künftige Unternehmensführung im Wege der Zustimmungsvorbehalte damit nicht aus, sondern lässt sie als wesentliche Elemente einer präventiven Kontrolle zu[462].

Aufgrund dieser lageabhängigen Anforderungen an die Überwachung des Vorstands durch den Aufsichtsrat ist auch die Trennung der Überwachungstätigkeit des Aufsichtsrats von der Geschäftsführungszuständigkeit des Vorstands situationsabhängig vorzunehmen. Da die Zustimmungsvorbehalte gemäß § 111 Abs. 4 S. 2 AktG ein Instrument zur Erfüllung der Überwachungspflicht des Aufsichtsrats darstellen, gelten für die Zustimmungsvorbehalte in Bezug auf Dichte und Reichweite Beschränkungen, die sicherstellen sollen, dass die Zustimmungsvorbehalte tatsächlich nur der Überwachung des Vorstands dienen und nicht mangels Beschränkung auf „bestimmte Arten von Geschäften" einen Umfang erreichen, der die Organkompetenz des Vorstand verletzt, was mit den §§ 111 Abs. 4 S. 1, 76 Abs. 1 AktG unvereinbar wäre.

d) Übertragbarkeit auf vertragliche Zustimmungsvorbehalte zugunsten von Dritten oder Aktionären

Nach alledem fragt es sich, ob diese im Rahmen von § 111 Abs. 4 S. 2 AktG geltenden Wertungen und Beurteilungskriterien auf schuldvertraglich festgelegte Zustimmungsvorbehalte in geschäftspolitischen Angelegenheiten zugunsten von Dritten oder Aktionären übertragbar sind. Zugunsten Letzterer wären solche Zustimmungsvorbehalte dann zulässig, wenn sie in ihrer Ausgestaltung theoretisch auch für den Aufsichtsrat in der Satzung oder durch diesen festgelegt werden könnten[463].

Bedenken gegen die Übertragung der Kriterien und Wertungen bestehen jedoch insofern, als das Verhältnis zwischen Vorstand und Aufsichtsrat sich in

---

459 *Lutter/Krieger*, Rechte und Pflichten des Aufsichtsrats, Rn. 89 f.; *Hüffer*, AktG, § 111 Rn. 7; *v. Schenck*, in: Semler/v. Schenck, Arbeitshandbuch für Aufsichtsratsmitglieder, § 7 Rn. 129; *Semler*, Leitung und Überwachung der Aktiengesellschaft, Rn. 234.

460 *Lutter/Krieger*, Rechte und Pflichten des Aufsichtsrats, Rn. 89.

461 *Lutter/Krieger*, Rechte und Pflichten des Aufsichtsrats, Rn. 93.

462 Vgl. *Mertens*, in: KK-AktG, § 111 Rn. 68.

463 Die Übertragbarkeit der Zulässigkeitskriterien befürworten etwa *Goslar*, DB 2008, 800, 802 und *Kienzle*, Verdeckte Beherrschungsverträge im Aktienrecht, S. 59 f.

wesentlichen Punkten von einer schuldrechtlichen Beziehung zu einem außerhalb der Gesellschaft stehenden Dritten oder einem Aktionär unterscheidet. Die Zustimmungsvorbehalte zugunsten des Aufsichtsrats sind ein Instrument, mit dem dieser seine gesetzliche Kontroll- und Überwachungspflicht gegenüber der Geschäftsleitung gemäß § 111 Abs. 1 AktG wahrnimmt. § 111 Abs. 4 S. 2 AktG verlangt explizit, dass solche Zustimmungsvorbehalte in der Satzung geregelt oder durch den Aufsichtsrat festgelegt werden. Da der Aufsichtsrat ein Gesellschaftsorgan ist, unterliegt er bei seinen organschaftlichen Rechten und Pflichten und damit auch bei Ausübung der Zustimmungsvorbehalte strengen Bindungen: Er ist gemäß §§ 116 S. 1, 93 AktG dem Wohl der Gesellschaft verpflichtet, also dem Unternehmensinteresse[464], und haftet bei Pflichtverletzungen auf Schadensersatz (§§ 116 S. 1, 93 Abs. 2 AktG). Sein Verschulden wird dabei gemäß §§ 116 S. 1, 93 Abs. 2 S. 2 AktG gesetzlich vermutet. Ferner treffen den Aufsichtsrat mit seiner Bestellung organschaftliche Treuepflichten[465]. Diese Bindungen des Aufsichtsrats halten ihn dazu an, Zustimmungsvorbehalte zweckgerecht zum Wohl der Gesellschaft einzusetzen und auszuüben.

Bei Zustimmungsrechten auf schuldrechtlicher Grundlage verhält es sich grundlegend anders. Vertragspartner sind bei der Ausübung der Zustimmungsvorbehalte nicht dem Unternehmensinteresse verpflichtet und können ihr Handeln an ihren Eigeninteressen ausrichten, ohne haftungsrechtliche Konsequenzen zu befürchten. Zwar unterliegt auch ein Vertragspartner der Aktiengesellschaft bei der Ausübung schuldrechtlicher Zustimmungsvorbehalte gemäß § 241 Abs. 2 BGB einer auf Treu und Glauben (§ 242 BGB) beruhenden Pflicht zur Rücksichtnahme auf die Rechtsgüter und Interessen des Vertragspartners[466]. Die Bindungen des Aufsichtsrats sind jedoch strenger, weil er seine organschaftlichen Rechte und Pflichten frei von Fremdeinflüssen und unmittelbar eigennützigen Erwägungen wahrzunehmen[467] sowie Interessenkonflikte zugunsten des Unternehmensinteresses zu lösen hat[468]. Dritte könnten überdies Maßnahmen oder Geschäften auch dann widersprechen, wenn der Aufsichtsrat ihnen bereits zugestimmt hätte. Auf-

---

464 Instruktiv zur Bindung des Aufsichtsrats an das Unternehmensinteresse *Reichert/Ott*, in: FS Goette, S. 387, 400 ff.

465 Vgl. nur *Hopt/Roth*, in: GK-AktG, § 116 Rn. 173; *Habersack*, in: MünchKomm-AktG, § 116 Rn. 43; *Spindler*, in: Spindler/Stilz, AktG, § 116 Rn. 56; *Hüffer*, AktG, § 116 Rn. 4, jeweils m.w.Nachw.

466 Vgl. nur *Grünberg*, in: Palandt, BGB, § 241 Rn. 6.

467 *Spindler*, in: Spindler/Stilz, AktG, § 116 Rn. 38, Bezug nehmend auf BegrRegE-UMAG, BT-Drucks. 15/5092, S. 11; das schließt freilich nicht aus, dass sich aus dem Handeln zum Wohl der Gesellschaft für den Aufsichtsrat bei aktienkurs- und erfolgsabhängigen Vergütungsmodellen Vorteile ergeben, vgl. *Spindler*, a.a.O.

468 *Hoffmann-Becking*, in: MünchHdb-AG, § 33 Rn. 63; *Hüffer*, AktG, § 116 Rn. 5.

grund dieser Unterschiede besteht bei vertraglichen Zustimmungsvorbehalten für die Gesellschaft eine weitaus größere Gefahr von Nachteilen und Schädigungen. Aus diesem Grund können für die Zustimmungsvorbehalte zugunsten des Aufsichtsrats gemäß § 111 Abs. 4 S. 2 AktG und schuldrechtliche Zustimmungsvorbehalten nicht dieselben Maßstäbe gelten.

Zudem stehen der Gesellschaft bei einer verweigerten Zustimmung des Aufsichtsrats andere Reaktionsmöglichkeiten zur Verfügung als bei vertraglichen Zustimmungsvorbehalten zugunsten von Aktionären oder Dritten. Gemäß § 111 Abs. 4 S. 3 AktG kann der Vorstand im Fall der Verweigerung der Zustimmung durch den Aufsichtsrat die Hauptversammlung anrufen. Ein zustimmender Beschluss der Hauptversammlung mit mindestens Dreiviertelmehrheit überwindet sodann die verweigerte Zustimmung des Aufsichtsrats. Eine solche Möglichkeit besteht gegenüber einem Vertragspartner nicht. Die Gesellschaft würde sich vertragswidrig verhalten und schadensersatzpflichtig werden, wenn sie ein zustimmungspflichtiges Rechtsgeschäft oder eine zustimmungspflichtige Maßnahme ohne vorherige Einholung der Zustimmung oder entgegen einer verweigerten Zustimmung vornähme.

Somit ist festzuhalten, dass zwischen den Zustimmungsvorbehalten zugunsten des Aufsichtsrats gemäß § 111 Abs. 4 S. 2 AktG und vertraglichen Zustimmungsvorbehalten zugunsten Dritter oder von Aktionären sowohl im Hinblick auf die rechtlichen Beziehungen zwischen den Beteiligten als auch auf die Rechtsfolgen, die sich anschließen, wenn die Zustimmungsvorbehalte oder aber das Votum des Zustimmungsberechtigten ignoriert werden, gewichtige Unterschiede bestehen. In erster Linie weil der Aufsichtsrat ein dem Unternehmensinteresse verpflichtetes gesetzliches Organ der Aktiengesellschaft ist, das gesetzlich zur Kontrolle des Vorstands berechtigt und verpflichtet ist, kommt eine Übertragung der Wertungen und Zulässigkeitskriterien des § 111 Abs. 4 S. 2 AktG auf vertragliche Zustimmungsvorbehalte nicht in Frage.

2. Abgrenzung nach dem Äquivalenzprinzip

a) Vorüberlegungen

Die bisherige Untersuchung[469] hat ergeben, dass § 76 Abs. 1 AktG einer Einflussnahme von Aktionären oder Dritten auf Leitungsentscheidungen des Vorstands nicht von vornherein entgegenstehen kann. Wann eine Einflussnahme auf den Vorstand die Grenzen des gemäß § 76 Abs. 1 AktG Zulässigen über-

469 Vgl. oben, Zweiter Teil, Zweites Kapitel, B. und Zweiter Teil, Drittes Kapitel, B. II. 3. a) bb) ddd).

schreitet und zu einer Leitungsunterstellung i.S.v. § 291 Abs. 1 S. 1 AktG führt, erfordert vielmehr eine Wertungsentscheidung, in die alle Umstände des Einzelfalls einzubeziehen sind[470]. Daher verbietet § 76 Abs. 1 AktG nicht schlechterdings, etwa einem Vertragspartner in einer wirtschaftlichen Krise der Gesellschaft im Gegenzug für einen Kredit oder eine Beteiligung Einflussmöglichkeiten in Leitungsangelegenheiten einzuräumen, solange der Vertrag insgesamt dem Unternehmensinteresse dient[471]. Bei der Wertungsentscheidung, ob solche Einflussmöglichkeiten innerhalb der Grenzen des nach § 76 Abs. 1 AktG Zulässigen liegen, ist zu berücksichtigen, dass zwischen der Lage der Gesellschaft und den Konditionen, zu denen sie am Markt Verträge schließen kann, ein enger Zusammenhang besteht. Bei Kreditverträgen etwa spiegelt sich die Lage der Gesellschaft in ihrer Bonität wider, die maßgeblich ist für Zinsen und Risikoaufschläge, die sie am Markt bezahlen muss. Die Lage der Gesellschaft muss somit Berücksichtigung finden, wenn es um die Zulässigkeit vertraglicher Einwirkungsrechte im Zusammenhang mit einem Austauschvertrag geht[472]. Letztlich geht es somit bei der Frage nach der Grenze für vertragliche Einwirkungsrechte gemäß § 76 Abs. 1 AktG auch um eine Abwägung von Leistung und Gegenleistung[473]. Ohne eine Gegenüberstellung und Abwägung der jeweiligen vertraglichen Leistungen lässt sich die Zulässigkeit vertraglicher Zustimmungsvorbehalte zugunsten Dritter oder von Aktionären gemäß § 76 Abs. 1 AktG damit nicht beurteilen.

b) Die Bedeutung des Äquivalenzprinzips

In Anbetracht dieser Gesichtpunkte, die bei der Abgrenzung eines gemäß § 76 Abs. 1 AktG zulässigen Schuldvertrags von einem Beherrschungsvertrag eine Rolle spielen, hilft das Äquivalenzprinzip (Prinzip der Austauschgerechtigkeit) weiter[474]. Nach dem Äquivalenzprinzip unterscheidet sich ein schuldrechtlicher Austauschvertrag von einem Beherrschungsvertrag dadurch, dass die Vor- und Nachteile eines schuldrechtlichen Austauschvertrags für die Parteien im Unterschied zu den Auswirkungen eines Beherrschungsvertrags – zumindest theoretisch – erfasst, monetär bewertet und in Folge dessen auf ihre wirtschaft-

---

470 Im Ergebnis auch *Mertens/Cahn*, in: KK-AktG, § 76 Rn. 48; *Seibt*, in: Schmidt/Lutter, AktG, § 76 Rn. 10.

471 Ähnlich *Koppensteiner*, in: FS Canaris, S. 209, 217.

472 So auch *Mertens/Cahn*, in: KK-AktG, § 76 Rn. 48.

473 So auch *Mertens/Cahn*, in: KK-AktG, § 76 Rn. 48.

474 Vgl. *Martens*, Die existentielle Wirtschaftsabhängigkeit, S. 19; *Kienzle*, Verdeckte Beherrschungsverträge im Aktienrecht, S. 52 f.

liche Äquivalenz hin überprüft werden können[475]. Die wirtschaftlichen Auswirkungen des Vertrags und die aus ihm resultierenden Risiken sind deshalb kalkulierbar und können durch eine angemessene vertragliche Gegenleistung abgegolten werden[476].

Auf Beherrschungsverträge ist das Äquivalenzprinzip indessen nicht anwendbar[477]. Diese zeichnen sich durch die überlegene Stellung des herrschenden Unternehmens gegenüber der abhängigen Gesellschaft aus[478]. Für die abhängige Gesellschaft, ihre Aktionäre und Gläubiger ist zum Zeitpunkt des Abschlusses eines Beherrschungsvertrags nicht absehbar, in welcher Weise das herrschende Unternehmen die ihm gemäß §§ 291 Abs. 1 S. 1, 308 AktG übertragene Leitungsmacht ausüben wird und welche Folgen sich daraus und aus der Aufhebung der Kapitalerhaltungsvorschriften gemäß § 291 Abs. 3 AktG für die abhängige Gesellschaft ergeben werden. Die Risiken des Beherrschungsvertrags für die abhängige Gesellschaft können folglich nicht monetär beziffert und durch eine angemessene Gegenleistung abgegolten werden. Aufgrund der Unanwendbarkeit des Äquivalenzprinzips enthalten die §§ 300 ff. AktG besondere Vorschriften zum Schutz der abhängigen Gesellschaft und ihrer Außenseiter, die Ausgleichsmechanismen für die Unmöglichkeit der Erfassung und vermögensmäßigen Bewertung des Inhalts und der Folgen des Beherrschungsvertrags regeln[479]. Vor allem die pauschale Verlustausgleichspflicht gemäß § 302 AktG gleicht aus, dass die Chancen und Risiken bei einem Beherrschungsvertrag ungleich zu Gunsten des herrschenden Unternehmens verteilt sind[480]. Auf diese Weise werden der fehlenden Kalkulierbarkeit der Folgen des Beherrschungsvertrags und der unmöglichen vermögensmäßigen Bewertung der vertraglichen Leistungen Rechnung getragen. Eine vermögensmäßige Gegenleistung für eine Leitungsunterstellung gemäß § 291 Abs. 1 S. 1 AktG würde auch keinen Sinn ergeben, da das herrschende Unternehmen auf sie ohnehin Zugriff hätte.

Für die Anwendbarkeit des Äquivalenzprinzips ist nicht entscheidend, ob Leistung und Gegenleistung unter Berücksichtigung der Folgen und Risiken des

---

475 *Martens*, Die existentielle Wirtschaftsabhängigkeit, S. 19 f.; zustimmend *Kienzle*, Verdeckte Beherrschungsverträge im Aktienrecht, S. 52 f.; ähnlich *Koppensteiner*, in: KK-AktG, § 291 Rn. 30 zur Abgrenzung der Verträge des § 292 von denen des § 291 AktG; zur Äquivalenz von Leistung und Gegenleistung im gegenseitigen Schuldvertrag vgl. *Larenz*, Schuldrecht AT, Band I, S. 202 ff.

476 *Martens*, Die existentielle Wirtschaftsabhängigkeit, S. 19.

477 *Martens*, Die existentielle Wirtschaftsabhängigkeit, S. 19 f.

478 Vgl. oben, Zweiter Teil, Drittes Kapitel, A. I.

479 *Martens*, Die existentielle Wirtschaftsabhängigkeit, S. 20; *Koppensteiner*, in: KK-AktG, § 291 Rn. 30.

480 Vgl. *Koppensteiner*, in: KK-AktG, § 302 Rn. 6.

Vertrags tatsächlich in einem adäquaten Verhältnis zueinander stehen[481]. Dies zu beurteilen ist allein Angelegenheit der Vertragsparteien und für die Qualifikation des Vertrags als schuldrechtlicher Austauschvertrag oder aber Beherrschungsvertrag belanglos.

Ein schuldrechtlicher Austauschvertrag unterscheidet sich daher von einem Beherrschungsvertrag durch die Anwendbarkeit des Äquivalenzprinzips.

Erhält die Gesellschaft für einen Autonomieverzicht keine angemessene Gegenleistung, weil Folgen und Risiken des Vertrags für die Gesellschaft unabsehbar und nicht bezifferbar sind, kann der Vertrag folglich nur als Beherrschungsvertrag wirksam geschlossen werden, weil nur dieser für angemessene Schutzmechanismen sorgt. Das Äquivalenzprinzip kann daher für die Abgrenzung herangezogen werden, ob ein Autonomieverzicht zulässiger Inhalt eines schuldrechtlichen Austauschvertrags sein kann oder aber aufgrund der Auswirkungen auf die Struktur der Gesellschaft ein Beherrschungsvertrag erforderlich ist.

c) Schlussfolgerungen

Unkontrollierter Fremdeinfluss ist mit der Zuweisung der eigenverantwortlichen Leitung der Gesellschaft an den Vorstand gemäß § 76 Abs. 1 AktG nicht zu vereinbaren. Er erfordert das Eingreifen beherrschungsvertraglicher Schutzmechanismen und kann daher nur in einem Beherrschungsvertrag wirksam vereinbart werden. Damit ein vertraglicher Autonomieverzicht im Rahmen eines Austauschvertrags zulässig ist und der Vertrag keine beherrschungsvertragliche Bedeutung erlangt, muss vertraglich genau festgelegt sein, auf welche Entscheidungen oder Maßnahmen sich der Fremdeinfluss bezieht, damit seine Folgen absehbar sind und – zumindest theoretisch als Bestandteil der vertraglichen Leistung – monetär beziffert werden können[482]. Die Zustimmungsvorbehalte müssen dafür einzelfall- oder projektbezogen sein. Die betreffenden Entscheidungen oder Maßnahmen, auf die sie sich beziehen, müssen in ihren wesentlichen Zügen feststehen und in dem Vertrag hinreichend konkretisiert werden. Unter diesen Voraussetzungen sind die wirtschaftlichen Nachteile, die der Gesellschaft bei einer Verweigerung der Zustimmung des Vertragspartners drohen, erkennbar, so dass der Vorstand sie in die Bewertung der Vertragskonditionen und die Verhandlungsführung einbeziehen kann[483]. Er kann dann den Autonomieverlust den Vorteilen gegenüberstellen, die sich für die Gesellschaft ergeben, wenn ein Vertragspartner

---

481 *Martens*, Die existentielle Wirtschaftsabhängigkeit, S. 20; *Kienzle*, Verdeckte Beherrschungsverträge im Aktienrecht, S. 52 f.; *Larenz*, Schuldrecht AT, Band I, S. 203.

482 Vgl. *Martens*, Die existentielle Wirtschaftsabhängigkeit, S. 20 f.

483 Ähnlich *Martens*, Die existentielle Wirtschaftsabhängigkeit, S. 21.

nur gegen ein Mitspracherecht in Form von Zustimmungsvorbehalten bei bestimmten Entscheidungen oder Maßnahmen zu einem Darlehen, einer Beteiligung oder günstigeren Vertragsbedingungen bereit ist.

Beziehen sich Zustimmungsvorbehalte indessen auf eine unbestimmte und unbestimmbare Zahl künftiger Entscheidungen oder Maßnahmen, lassen sich die geschäftspolitischen Folgen und finanziellen Auswirkungen für die Gesellschaft nicht absehen. Für solche Zustimmungsvorbehalte lässt sich bei Vertragsschluss keine angemessene Gegenleistung festlegen, da sie zu einem Eingriff in die Organisationsstruktur der Aktiengesellschaft führen, der nach dem Gesetz nur bei Vorliegen eines wirksamen Beherrschungsvertrags zulässig ist[484].

Diese Kriterien klingen zunächst abstrakt und schwer handhabbar. Im Ergebnis laufen sie aber auf eine Prüfung hinaus, die jeder Vorstand stets vor Abschluss eines Vertrags für die Gesellschaft durchzuführen hat und die ihm auch in diesem Fall keine großen Schwierigkeiten bereiten dürfte[485]. Es ist lediglich zu prüfen, welche Folgen der Vertrag für die Gesellschaft haben kann und ob diese Folgen zumindest theoretisch finanziell messbar sind[486]. Drohen der Gesellschaft unabsehbare Risiken, weil die Auswirkungen des Vertrags von den Entscheidungen des Vertragspartners abhängen, muss der Vertrag als Beherrschungsvertrag geschlossen werden. Dies bedeutet nicht, dass jeder risikoreiche Vertrag seinem Inhalt nach ein Beherrschungsvertrag wäre. Denn beispielsweise auch bei risikoreichen Beteiligungs- oder Kreditverträgen lassen sich Ausfallrisiken bewerten. Diese Bewertung ist dann maßgeblich für etwaige Abschläge bzw. für Prämien, die für die Risiken zu zahlen sind. Bei der Abgrenzung zu einem Beherrschungsvertrag geht es allein darum, diejenigen Zustimmungsvorbehalte dem Konzernrecht zuzuweisen, die sich schlechterdings nicht durch eine Gegenleistung ausgleichen lassen, weil sie dem Vertragspartner eine Herrschaftsposition verschaffen, aus der er die Geschicke der Gesellschaft in unkalkulierbarer Weise beeinflussen kann.

Vertragliche Zustimmungsvorbehalte zugunsten eines Aktionärs oder Dritten sind in einem schuldrechtlichen Vertrag somit nur zulässig, wenn sie sich auf einzelne abgrenzbare, hinreichend bezeichnete geschäftspolitische Entscheidungen oder Maßnahmen beziehen, bei denen sich absehen lässt, welche tatsächlichen und wirtschaftlichen Folgen ein Veto des Vertragspartners für die Gesellschaft hat. Ist der Kreis der zustimmungspflichtigen Entscheidungen oder Maßnahmen nicht hinreichend konkretisiert, sondern sehr weit und generalklauselartig gefasst (z.B. „alle bedeutsamen Entscheidungen des Vorstands"), kann der Vertrags-

---

484 Vgl. *Martens*, Die existenzielle Wirtschaftsabhängigkeit, S. 18.

485 So auch *Martens*, Die existentielle Wirtschaftsabhängigkeit, S. 20 f.

486 *Martens*, Die existentielle Wirtschaftsabhängigkeit, S. 21.

partner eine unüberschaubare Zahl künftiger Entscheidungen nach seinen Vorstellungen beeinflussen oder gänzlich unterbinden. Die Konsequenzen eines derart weitreichenden Fremdeinflusses sind nicht absehbar und damit auch nicht kompensationsfähig.

V. Direkte vertragliche Einflussrechte in allgemeinen Geschäftsführungsangelegenheiten

Da nicht nur der hervorgehobene Teilbereich der Leitung, sondern der gesamte Bereich der Geschäftsführung, nach der Organisationsverfassung der Aktiengesellschaft ausschließlich dem Vorstand zugewiesen ist[487], sind schuldrechtliche Verträge, deren Inhalt gegen die zwingende Kompetenzordnung der Aktiengesellschaft verstößt, gemäß § 134 BGB nichtig[488]. Es konnte jedoch gezeigt werden, dass die kompetenzbegründenden Vorschriften des Aktiengesetzes kein starres Organisationsprinzip statuieren[489]. Daher ist auch bei der Beurteilung schuldrechtlicher Einflussrechte in allgemeinen Geschäftsführungsangelegenheiten eine einzelfallabhängige Wertungsentscheidung zu treffen.

Bei der Wertungsentscheidung, welches Ausmaß an Fremdeinfluss in allgemeinen Geschäftsführungsangelegenheiten mit der Kompetenzordnung der unverbundenen Aktiengesellschaft vereinbar ist, hilft – wie schon bei Einflussnahmen in Leitungsangelegenheiten – das Äquivalenzprinzip weiter. Durch die Gegenüberstellung von vertraglicher Leistung und Gegenleistung und die Prüfung, ob die Folgen und Risiken des Autonomieverzichts für die Gesellschaft absehbar und damit – zumindest theoretisch – kompensationsfähig sind, lassen sich diejenigen Einflussrechte identifizieren, die die Handlungsautonomie des Vorstands unverhältnismäßig einschränken. Ist hingegen ein abgrenzbarer Bereich der Geschäftsführung betroffen, ist der Fremdeinfluss auf den Vorstand und das damit verbundene Risiko kontrollierbar. Der Autonomieverlust kann dann durch eine entsprechende vertragliche Gegenleistung an die Gesellschaft kompensiert werden. Unter diesen Voraussetzungen stellt vertraglich begründeter Fremdeinfluss in einfachen Geschäftsführungsangelegenheiten keine unvertretbare Verkürzung der Kompetenz des Vorstands dar, da seine Geschäftsführungszuständigkeit an sich nicht beeinträchtigt ist.

Somit ist auch für die Beurteilung schuldrechtlich begründeter Einflussmöglichkeiten in einfachen Geschäftsführungsangelegenheiten entscheidend, ob die tatsächlichen und wirtschaftlichen Folgen und Risiken für die Gesellschaft absehbar und damit zumindest theoretisch kompensationsfähig sind.

---

487 Vgl. oben, Zweiter Teil, Zweites Kapitel, A. II.

488 Vgl. nur *Mertens/Cahn*, in: KK-AktG, § 76 Rn. 46.

489 Vgl. oben, Zweiter Teil, Zweites Kapitel, B.

D. Zwischenergebnis

Mittelbare Einschränkungen des Ermessens des Vorstands als Begleiterscheinungen langfristiger schuldrechtlicher Austauschverträge sind mit dem Grundsatz der eigenverantwortlichen Leitung gemäß § 76 Abs. 1 AktG grundsätzlich zu vereinbaren, solange der Vertrag dem Unternehmensinteresse dient. Diese vertraglichen Bindungen stellen eine zulässige Ausübung der Leitungsmacht des Vorstands dar. Sie tangieren seine Entscheidungsautonomie außerhalb des Vertragsverhältnisses nicht.

Demgegenüber verstoßen konkrete vertragliche Vereinbarungen sowie rechtsverbindliche Zusagen der Gesellschaft über die künftige Geschäftspolitik der Gesellschaft gegen § 76 Abs. 1 AktG, wenn sie Entscheidungen aus dem Kernbereich der ausschließlich vom Gesamtvorstand zu treffenden Leitungsentscheidungen betreffen.

Auflagen in Bezug auf die künftige Unternehmenspolitik der Gesellschaft in *Financial Covenants*, in denen ein Kreditnehmer sich zur Einhaltung bestimmter Finanzkennzahlen verpflichtet, führen in der Regel nicht zu einem Verstoß gegen § 76 Abs. 1 AktG, da die Parteien sie untereinander aushandeln und der Vorstand bei Vertragsschluss eine eigenverantwortliche unternehmerische Entscheidung trifft. Sie bewirken typischerweise eine mittelbare Bindung des Leitungsermessens des Vorstands für die Zukunft. Dadurch werden keine unternehmerischen Entscheidungen des Vorstands vorweggenommen oder direkt beeinflusst. Ein Konflikt mit § 76 Abs. 1 AktG besteht in diesen Fällen nicht.

Zustimmungsvorbehalte zugunsten eines Aktionärs oder eines außerhalb der Gesellschaft stehenden Dritten in Leitungsangelegenheiten begründen unmittelbare Einwirkungsmöglichkeiten auf künftige Entscheidungen. Bei ihnen ist im Einzelfall zu prüfen, ob die Zustimmungsvorbehalte zu einer Leitungsunterstellung i.S.d. § 291 Abs. 1 S. 1 AktG führen, die nur in einem Beherrschungsvertrag erfolgen darf oder ob sie die Grenzen des § 76 Abs. 1 AktG einhalten und deshalb in einem schuldrechtlichen Austauschvertrag vereinbart werden dürfen.

Die Zulässigkeitskriterien für Zustimmungsvorbehalte zugunsten des Aufsichtsrats gemäß § 111 Abs. 4 S. 2 AktG lassen sich auf vertragliche Zustimmungsvorbehalte zugunsten von Aktionären oder Dritten nicht übertragen, denn der Aufsichtsrat ist als Organ der Aktiengesellschaft im Unterschied zu einem Vertragspartner dem Unternehmensinteresse verpflichtet und hat gerade bei den Leitungsentscheidungen von erheblicher Tragweite für das Unternehmen eine gesteigerte organschaftliche Kontroll- und Überwachungspflicht gegenüber dem Vorstand.

Zustimmungsvorbehalte zugunsten Dritter oder von Aktionären bei Leitungsentscheidungen oder -maßnahmen lassen sich anhand des Äquivalenzprinzips daraufhin untersuchen, ob sie Inhalt eines Austauschvertrags sein oder nur in einem Beherrschungsvertrag vereinbart werden dürfen. Sie können Inhalt eines schuldrechtlichen Austauschvertrags sein, wenn die Vorteile und Nachteile der Vereinbarung einschließlich der Vertragsrisiken für die Aktiengesellschaft kalkulierbar und zumindest theoretisch finanziell bezifferbar sind, so dass sie durch eine angemessene Gegenleistung abgegolten werden können. Das ist in der Regel möglich, wenn sich die Zustimmungsvorbehalte auf individualisierbare, abgrenzbare geschäftspolitische Entscheidungen oder Maßnahmen aus dem Bereich der Leitung beziehen. Unkalkulierbar und nicht finanziell bewertbar sind indessen breitflächige Zustimmungsvorbehalte, durch die sich die Gesellschaft der Planungsautonomie des Vertragspartners unterwirft. Daher dürfen schuldvertragliche Zustimmungsvorbehalte nicht pauschal alle oder alle wesentlichen Leitungsentscheidungen des Vorstands betreffen oder wesentliche Teilbereiche der Leitung, die es dem Begünstigten ermöglichen, die Unternehmenspolitik nach seinem Belieben zu steuern. Dann handelt es sich dem Inhalt nach um einen Beherrschungsvertrag.

Da eine Leitungsunterstellung i.S.v. § 291 Abs. 1 Abs. 1 AktG sich nach hier vertretener Auffassung nicht auf den gesamten Bereich der Leitung erstrecken muss und im Einzelfall auch durch Zustimmungsvorbehalte erfolgen kann, sind vertragliche Zustimmungsvorbehalte zugunsten von Aktionären oder Dritten bei Leitungsentscheidungen oder -maßnahmen des Vorstands stets unter Zuhilfenahme des Äquivalenzprinzips darauf zu überprüfen, ob inhaltlich ein verdeckter Beherrschungsvertrag vorliegt.

Die Beurteilung des in einem schuldrechtlichen Vertrag zulässigen Autonomieverzichts in allgemeinen Geschäftsführungsangelegenheiten des Vorstands richtet sich nach dem Organisationsrecht der Aktiengesellschaft. Das Äquivalenzprinzip hilft auch bei der Beurteilung weiter, ob vertragliche Einflussrechte bei Vorstandsangelegenheiten, die nicht zur Leitung im Sinne von § 76 Abs. 1 AktG zählen sondern zur allgemeinen Geschäftsführung, zulässig sind. Nach dem Äquivalenzprinzip sind schuldvertraglich begründete Einflussrechte in allgemeinen Geschäftsführungsangelegenheiten des Vorstands zulässig, solange die Folgen und Risiken des Fremdeinflusses für die Gesellschaft absehbar sind und sich zumindest theoretisch monetär beziffern und ausgleichen lassen. Dies ist der Fall, wenn nur einzelne Geschäftsführungsmaßnahmen betroffen sind und nicht die Geschäftsführung an sich.

Dritter Teil: Rechtsfolgen zu weitreichender vertraglicher Einschränkungen der Leitungsmacht des Vorstands

Führen vertraglich begründete Einflussrechte zu einer Leitungsunterstellung i.S.v. § 291 Abs. 1 S. 1 AktG, weil sie nach ihrer organisatorischen und wirtschaftlichen Zielsetzung darauf gerichtet sind, dem anderen Vertragsteil weitreichende Leitungsbefugnisse zu übertragen, muss der Vertrag die Anforderungen eines Beherrschungsvertrags einhalten, damit die Gesellschaft und ihre Außenseiter hinreichend geschützt sind. Angesichts der einschneidenden Folgen einer Leitungsunterstellung für die Aktionäre und Gläubiger der Gesellschaft stellt sich die Frage, welche Rechtsfolgen an einen Vertrag zu knüpfen sind, der zu einer Leitungsunterstellung führt, ohne dass die Parteien ihn als wirksamen Beherrschungsvertrag geschlossen haben (verdeckter Beherrschungsvertrag).

Erstes Kapitel: Anwendbarkeit konzernrechtlicher Vorschriften

A. Direkte Anwendbarkeit der §§ 302 ff. AktG

Eine direkte Anwendung der beherrschungsvertraglichen Schutzvorschriften gemäß §§ 302 ff. AktG setzt einen wirksamen oder als wirksam zu behandelnden Beherrschungsvertrag voraus. Fraglich ist, wie verdeckte Beherrschungsverträge im Hinblick auf die Anforderungen der §§ 293 ff. AktG zu beurteilen sind und welche Rechtsfolgen sich anschließen, wenn sie diese Anforderungen nicht einhalten.

I. Vertragsparteien des Beherrschungsvertrages

Ein Beherrschungsvertrag gemäß § 291 AktG kann nur zwischen Unternehmen geschlossen werden[490]. Maßgebend ist der Unternehmensbegriff des § 15 AktG[491]. Er wird in den §§ 15 ff. AktG rechtsformneutral verwendet. Die sich gemäß § 291 Abs. 1 S. 1 AktG der Leitung eines anderen Unternehmens unterstellende Gesellschaft muss eine Aktiengesellschaft oder eine Kommanditgesellschaft auf Aktien sein[492]. Nach überwiegender Ansicht kann Obergesellschaft grundsätzlich jeder Rechtsträger sein[493]. Dies gilt auch für natürliche Personen, wenn sich ihre unternehmerischen Interessen nicht ausschließlich auf die aus der Beteiligung an der Aktiengesellschaft resultierenden Rechte beschränken, sondern sie auch außerhalb dieser Gesellschaft unternehmerische Interessen verfolgen. Dann kann es zu einem Konflikt mit dem Unternehmensinteresse der anderen Gesellschaft kommen[494]. Ein „Privataktionär" erlangt Unternehmensqualität i.S.d. § 15 AktG spätestens mit Abschluss eines Beherrschungsvertrags[495].

In Hinblick auf verdeckte Beherrschungsverträge stellt sich die Frage, ob herrschendes Unternehmen i.S.v. § 291 Abs. 1 S. 1 AktG i.V.m. § 15 AktG jeder beliebige Vertragspartner unabhängig von einer unmittelbaren oder mittelbaren Beteiligung an der Gesellschaft sein kann. Dieser Fall mag selten vorkommen, da eine Aktiengesellschaft, die mit einem anderen Unternehmen einen Beherrschungsvertrag schließt, typischerweise bereits vor Vertragsschluss im Mehrheitsbesitz (§ 16 AktG) dieses Unternehmens steht, da ansonsten die für den Hauptversammlungsbeschluss erforderliche Dreiviertelmehrheit gemäß § 293 AktG in der Regel kaum zu erreichen ist[496]. Zwingend erforderlich ist eine mitgliedschaftliche Beziehung zwischen den Vertragspartnern des Beherrschungsvertrags jedoch nicht[497]. Entscheidend ist nämlich die Verfolgung eigener

---

490 Vgl. nur *Altmeppen*, in: MünchKomm-AktG, § 291 Rn. 3.

491 *Altmeppen*, in: MünchKomm-AktG, § 291 Rn. 3; *Veil*, in: Spindler/Stilz, AktG, § 291 Rn. 6; *Hüffer*, AktG, § 291 Rn. 8; ausführlich zum Unternehmensbegriff im Konzernrecht *Mülbert*, ZHR 163 (1999), 1 ff.

492 *Koppensteiner*, in: KK-AktG, § 291 Rn. 7.

493 Vgl. etwa *Altmeppen*, in: MünchKomm-AktG, § 291 Rn. 21.

494 *Altmeppen*, in: MünchKomm-AktG, § 291 Rn. 21.

495 *Emmerich*, in: Emmerich/Habersack, Aktien- und GmbH-Konzernrecht, § 291 Rn. 9a; im Ergebnis auch *K. Schmidt*, in: FS Koppensteiner, S. 191, 206 ff.; *Veil*, Unternehmensverträge S. 169 ff.

496 Vgl. *Altmeppen*, in: MünchKomm-AktG, § 302 Rn. 8 und Einl. §§ 291 Rn. 50; *Hüffer*, AktG, § 291 Rn. 5, 36.

497 OLG Nürnberg AG 1996, 228, 229; *Schall*, in: Spindler/Stilz, AktG, § 17 Rn. 22 Fn. 93; *Hüffer*, AktG, § 291 Rn. 36; *Emmerich*, in: Emmerich/Habersack, Konzernrecht, § 11 Rn. 18; *Bachmann/Veil*, ZIP 1999, 348, 353.

unternehmerischer Interessen, die mit dem Unternehmensinteresse der Gesellschaft kollidieren können[498]. Bei den Vertragsgestaltungen, die Gefahr laufen, als verdeckte Beherrschungsverträge eingeordnet zu werden, geht es gerade darum, für den Fall dieses Konflikts einen hinreichenden Schutz der unterstellten Gesellschaft und ihrer Außenseiter sicherzustellen. Insofern liegt eine Verfolgung eigener unternehmerischer Interessen typischerweise vor, wenn die Frage des Schutzes der unterstellten Gesellschaft und ihrer Außenseiter bei jenen Vertragsgestaltungen virulent wird.

II. Wirksamkeitsanforderungen an einen Beherrschungsvertrag

1. Formelle Anforderungen

Gemäß § 293 Abs. 1 S. 1 und 2 AktG bedarf ein Beherrschungsvertrag der Zustimmung der Hauptversammlung der Gesellschaft, die ihre Leitung ganz oder teilweise dem anderen Unternehmen unterstellt, mit mindestens Dreiviertelmehrheit (§ 293 Abs. 1 S. 1 und 2 AktG). Sofern auch der andere Vertragsteil eine Aktiengesellschaft oder Kommanditgesellschaft auf Aktien ist, muss gemäß § 293 Abs. 2 AktG auch ihre Hauptversammlung dem Vertrag zustimmen. Ferner bedarf ein Beherrschungsvertrag der Schriftform (§ 293 Abs. 3 AktG) und der Eintragung in das Handelsregister (§ 294 Abs. 1 AktG). Haben die Parteien den Vertrag als Schuldvertrag geschlossen, der diese formellen Voraussetzungen nicht erfüllt, liegt ein „fehlerhafter“ Beherrschungsvertrag vor[499].

2. Inhaltliche Anforderungen

Inhaltliche Vorgaben für einen Beherrschungsvertrag machen die §§ 304, 305 AktG. Gemäß § 304 Abs. 1 S. 2 AktG muss er eine Ausgleichsregelung zugunsten der außenstehenden Aktionäre enthalten, da der Vertrag die Rechtsgrundlage für Ansprüche auf Ausgleichszahlungen gegen das herrschende Unternehmen darstellt[500]. § 305 Abs. 1 AktG begründet für das herrschende Unternehmen die Pflicht, auf Verlangen eines außenstehenden Aktionärs dessen Aktien gegen eine in dem Vertrag näher bestimmte angemessene Abfindung zu erwerben. Ein Beherrschungsvertrag stellt die außenstehenden Aktionäre somit vor die Wahl, entweder gegen eine Abfindung aus der Gesellschaft auszuscheiden oder aber als Aktionäre in der Gesellschaft zu verbleiben und einen bestimmten Anteil am

498 Vgl. die Nachweise in der vorigen Fn.

499 Vgl. *Hüffer*, AktG, § 291 Rn. 20 f.; *Emmerich*, in: Emmerich/Habersack, Konzernrecht, § 11 Rn. 24.

500 *Veil*, in: Spindler/Stilz, AktG, § 304 Rn. 7; *Koppensteiner*, in: KK-AktG, § 304 Rn. 7.

jährlichen Gewinn als Ausgleich zu erhalten[501]. Für die Verpflichtung des anderen Vertragsteils zum Erwerb der Aktien der außenstehenden Aktionäre sieht ein Beherrschungsvertrag gemäß § 305 Abs. 4 S. 1 AktG regelmäßig eine Frist vor[502]. Beachten die Parteien diese inhaltlichen Voraussetzungen nicht, ist der Vertrag ebenfalls als fehlerhafter Beherrschungsvertrag einzuordnen.

3. Einteilung der Vertragsmängel und Rechtsfolgen

Die formalen und inhaltlichen Vertragsmängel, die bei Beherrschungsverträgen auftreten können, fallen in verschiedene Fehlerkategorien. Sie unterscheiden sich in ihren Rechtsfolgen und ihrer prozessualen Geltendmachung. Zu differenzieren ist zwischen so genannten reinen Beschlussmängeln, reinen Vertragsmängeln und Mängeln, die sowohl dem Vertrag als auch dem Zustimmungsbeschluss anhaften[503].

a) Reine Beschlussmängel

Ein reiner Beschlussmangel liegt vor, wenn es an den gemäß § 293 Abs. 1 S. 1 und Abs. 2 S. 1 AktG erforderlichen zustimmenden Hauptversammlungsbeschlüssen zu dem Vertrag fehlt oder der Zustimmungsbeschluss an Verfahrensfehlern leidet[504]. Ein fehlerhafter Hauptversammlungsbeschluss ist entweder nichtig oder anfechtbar nach den §§ 241 ff. AktG[505]. Hat sich die Hauptversammlung mit dem Vertrag überhaupt nicht befasst, ist der Beherrschungsvertrag schwebend unwirksam[506]. Der Vorstand handelte dann als falsus procurator, weil seine Vertretungsmacht gemäß § 82 Abs. 1 S. 1 AktG durch das Erfordernis der Zustimmung der Hauptversammlung beschränkt ist[507]. Der Schwebezustand kann gemäß § 184 Abs. 1 BGB durch eine nachträgliche Genehmigung der

---

501 *Krieger*, in: MünchHdb-AG, § 70 Rn. 109; *Emmerich*, in: Emmerich/Habersack, Aktien- und GmbH-Konzernrecht, § 305 Rn. 1, 5.

502 *Emmerich*, in: Emmerich/Habersack, Aktien- und GmbH-Konzernrecht, § 305 Rn. 6.

503 Einteilung nach *Vogelmann*, Die Rechtsfolgen fehlerhafter Strukturänderungen im Aktienrecht, S. 64 ff.

504 Etwa wegen Nichteinhaltung der §§ 121-123, §§ 124-127, §§ 293a, 293g Abs. 3 AktG; vgl. *Vogelmann*, Die Rechtsfolgen fehlerhafter Strukturänderungen im Aktienrecht, S. 64 ff.

505 *Koppensteiner*, in: KK-AktG, § 293 Rn. 54; *Altmeppen*, in: MünchKomm-AktG, § 293 Rn. 74, 80; *Veil*, in: Spindler/Stilz, AktG, § 293 Rn. 29; *Kort*, Bestandsschutz fehlerhafter Strukturänderungen im Kapitalgesellschaftsrecht, S. 132, 143 ff.

506 KG AG 2000, 183, 185; *Koppensteiner*, in: KK-AktG, § 293 Rn. 11; *Altmeppen*, in: MünchKomm-AktG, § 293 Rn. 5; *Langenbucher*, in: Schmidt/Lutter, AktG, § 293 Rn. 10.

507 *Altmeppen*, in: MünchKomm-AktG, § 293 Rn. 5.

Hauptversammlung beendet werden[508]. Bleibt die Genehmigung aus, ist der Vertrag endgültig unwirksam[509].

b) Reine Vertragsmängel

Von Bedeutung sind im Zusammenhang mit verdeckten Beherrschungsverträgen auch die so genannten reinen Vertragsmängel. Ein reiner Vertragsmangel liegt vor, wenn der Vertrag das Schriftformerfordernis gemäß § 293 Abs. 3 AktG nicht erfüllt oder nicht gemäß § 294 Abs. 1 AktG in das Handelsregister eingetragen wurde. Eine Beschlussmängelklage ist in diesen Fällen nicht einschlägig, da die §§ 241 ff. AktG auf den Unternehmensvertrag als solchen keine Anwendung finden[510]. Die Rechtsfolgen reiner Vertragsmängel sind nach allgemeinen bürgerlich-rechtlichen Vorschriften zu beurteilen, also nach den §§ 134, 138 BGB sowie den §§ 119 ff., 123 BGB [511]. Wird der Vertrag nicht gemäß § 293 Abs. 3 AktG schriftlich geschlossen, ist eine hinreichende Publizität des Beherrschungsvertrags nicht sichergestellt[512]. Rechtsfolge der Nichteinhaltung der Schriftform ist gemäß § 125 S. 1 BGB die Nichtigkeit des Vertrags[513]. Auch das Eintragungserfordernis des Beherrschungsvertrags in das Handelsregister gemäß § 294 Abs. 2 AktG dient der Publizität, da auf diesem Wege die Gläubiger, die Öffentlichkeit und insbesondere zukünftige Aktionäre von ihm Kenntnis erlangen[514]. Daher ist die Eintragung konstitutiv für die Wirksamkeit des Vertrags[515].

c) Fehleridentität

In eine dritte Fehlerkategorie fallen inhaltliche Mängel, die sowohl dem Vertrag als auch dem Zustimmungsbeschluss anhaften (Fehleridentität)[516]. Unterneh-

---

508 *Emmerich*, in: Emmerich/Habersack, Aktien- und GmbH-Konzernrecht, § 293 Rn. 25; *Hüffer*, AktG, § 293 Rn. 4; *Langenbucher*, in: Schmidt/Lutter, AktG, § 293 Rn. 23.

509 KG AG 2000, 183, 185.

510 *Kort*, Bestandsschutz fehlerhafter Strukturänderungen im Kapitalgesellschaftsrecht, S. 141.

511 *Kort*, Bestandsschutz fehlerhafter Strukturänderungen im Kapitalgesellschaftsrecht, S. 141; *Vogelmann*, Die Rechtsfolgen fehlerhafter Strukturänderungen im Aktienrecht, S. 67.

512 Vgl. *Kropff*, BegrRegE AktG 1965 zu § 293 AktG, S. 381.

513 *Koppensteiner*, in: KK-AktG, § 293 Rn. 12; *Veil*, in: Spindler/Stilz, AktG, § 293 Rn. 9; *Vogelmann*, Die Rechtsfolgen fehlerhafter Strukturänderungen im Aktienrecht, S. 67.

514 Vgl. BGHZ 122, 211, 219.

515 *Koppensteiner*, in: KK-AktG, § 294 Rn. 2, 29; *Altmeppen*, in: MünchKomm-AktG, § 294 Rn. 1; *Veil*, in: Spindler/Stilz, AktG, § 294 Rn. 25; *Hüffer*, AktG, § 294 Rn. 17; *Kort*, Bestandsschutz fehlerhafter Strukturänderungen im Kapitalgesellschaftsrecht, S. 149.

516 *Kort*, Bestandsschutz fehlerhafter Strukturänderungen im Kapitalgesellschaftsrecht, S. 146 ff.; *Vogelmann*, Die Rechtsfolgen fehlerhafter Strukturänderungen im Aktienrecht, S. 65; *B. Mertens*, BB 1995, 1427, 1418.

mensvertrag und Zustimmungsbeschluss müssen nämlich inhaltlich übereinstimmen. Daher laufen bei Unternehmensverträgen die Fehler und Fehlerfolgen des Vertrags mit den Fehlern und Fehlerfolgen der Zustimmungsbeschlüsse gleich[517]. Der Zustimmungsbeschluss zu einem fehlerhaften Vertrag ist somit seinerseits stets fehlerhaft[518]. Dieser Gleichlauf kommt in den §§ 292 Abs. 3 S. 2, 304 Abs. 3 S. 2, 305 Abs. 5 S. 1 AktG zum Ausdruck[519].

Grundsätzlich führen inhaltliche Mängel bei Fehleridentität – sofern nicht die Sonderregelungen der §§ 304 Abs. 3, 305 Abs. 5 AktG greifen – entweder gemäß §§ 241 Nr. 3, 4 AktG zur Nichtigkeit oder gemäß § 243 AktG zur Anfechtbarkeit des Hauptversammlungsbeschlusses[520]. Auf Vertragsebene gelten die §§ 134, 138 BGB[521]. In Betracht kommt auch eine Teilnichtigkeit gemäß § 139 BGB, wenn der Mangel nicht den ganzen Vertrag betrifft, sondern lediglich einzelne Vertragsteile[522].

Sonderregelungen zu den §§ 241, 243 AktG finden sich in Bezug auf den Zustimmungsbeschluss in § 304 Abs. 3 AktG und § 305 Abs. 5 AktG[523]: Rechtsfolge einer fehlenden Ausgleichsregelung ist gemäß § 304 Abs. 3 S. 1 AktG die Gesamtnichtigkeit des Vertrags[524]. Der Zustimmungsbeschluss ist dann gemäß § 241 Nr. 3 AktG nichtig. Gemäß § 304 Abs. 3 S. 2 AktG kann die Anfechtung des Zustimmungsbeschlusses nicht auf § 243 Abs. 2 AktG oder die fehlende Angemessenheit der Ausgleichsregelung gestützt werden. Auf Antrag außenstehender Aktionäre ist nämlich ein angemessener Ausgleich durch das gemäß § 2 SpruchG zuständige Gericht festzusetzen (§ 304 Abs. 3 S. 3 AktG).

Auch bei einer nicht angemessenen Abfindungsregelung kommt eine Anfechtung des Zustimmungsbeschlusses gemäß § 305 Abs. 5 S. 1 AktG nicht in Frage. Sie ist gemäß § 305 Abs. 5 S. 2 AktG im Spruchverfahren zu bestimmen.

---

517 *Kort*, Bestandsschutz fehlerhafter Strukturänderungen im Kapitalgesellschaftsrecht, S. 146.

518 *Kort*, Bestandsschutz fehlerhafter Strukturänderungen im Kapitalgesellschaftsrecht, S. 146; *Vogelmann*, Die Rechtsfolgen fehlerhafter Strukturänderungen im Aktienrecht, S. 65.

519 Vgl. *Vogelmann*, Die Rechtsfolgen fehlerhafter Strukturänderungen im Aktienrecht, S. 65; *B. Mertens*, BB 1995, 1427, 1418.

520 *Vogelmann*, Die Rechtsfolgen fehlerhafter Strukturänderungen im Aktienrecht, S. 67.

521 *Emmerich*, in: Emmerich/Habersack, Aktien- und GmbH-Konzernrecht, § 291 Rn. 28, 31; *Kort*, Bestandsschutz fehlerhafter Strukturänderungen im Kapitalgesellschaftsrecht, S. 141; *Vogelmann*, Die Rechtsfolgen fehlerhafter Strukturänderungen im Aktienrecht, S. 67; aA LG Ingolstadt AG 1991, 24, 25, das die §§ 241 ff. AktG aufgrund des satzungsüberlagernden Charakters des Unternehmensvertrags als leges speziales gegenüber den §§ 134, 138 BGB ansieht; dagegen aber überzeugend *Vogelmann*, a.a.O., S. 70 f.

522 Vgl. nur *Koppensteiner*, in: KK-AktG, § 293 Rn. 54 m.w.Nachw.; eingehend *Vogelmann*, Die Rechtsfolgen fehlerhafter Strukturänderungen im Aktienrecht, S. 98 ff.

523 *Veil*, in: Spindler/Stilz, AktG, § 293 Rn. 29.

524 Vgl. *Emmerich*, in: Emmerich/Habersack, Aktien- und GmbH-Konzernrecht, § 304 Rn. 77.

Daher kann der Vertrag nicht nichtig sein, weil ansonsten die Anordnung eines Spruchverfahrens keinen Sinn ergeben würde[525]. Im Unterschied zu einer fehlenden Ausgleichsregelung führt eine fehlende Abfindungsregelung nicht zur Unwirksamkeit oder Nichtigkeit des Vertrags, da hierfür eine dem § 304 Abs. 3 S. 1 AktG entsprechende Regelung fehlt[526].

d) Schlussfolgerungen

Bei verdeckten Beherrschungsverträgen ergeben sich im Hinblick auf die Anforderungen der §§ 293 ff. AktG typischerweise folgende Mängel und Rechtsfolgen: Ein Hauptversammlungsbeschluss unterbleibt in der Regel, so dass es auf die Rechtsfolgen für diesen (Nichtigkeit, Anfechtbarkeit) nicht ankommt. Die (endgültig) fehlende Zustimmung der Hauptversammlung sowie die unterbliebene Eintragung des Vertrags in das Handelsregister führen zur Unwirksamkeit des Vertrags. Bei Nichteinhaltung der Schriftform sowie fehlender Ausgleichsregelung zugunsten der außenstehenden Aktionäre ist der Vertrag nichtig. Aufgrund jedes dieser Mängel ist ein schuldrechtlicher Vertrag, der in materieller Hinsicht zu einer Leitungsunterstellung nach § 291 Abs. 1 S. 1 AktG führt, ein fehlerhafter Beherrschungsvertrag. Zudem ist ein Vertrag, der seinem Inhalt nach zu einer Leitungsunterstellung führt, ohne die Anforderungen eines Beherrschungsvertrags zu erfüllen, gemäß §§ 291 ff., 76 AktG i.V.m. § 134 BGB nichtig[527]. Ob das gesamte zwischen den Parteien geschlossene Rechtsgeschäft nichtig ist oder nur derjenige Teil, in dem die Parteien die Einflussrechte vereinbart haben, ist nach § 139 BGB zu beurteilen. Nachstehend ist auf die Behandlung nichtiger Beherrschungsverträge einzugehen.

III. Wirksamkeit nach der Lehre von der fehlerhaften Strukturänderung

Schließen die Parteien einen verdeckten nichtigen Beherrschungsvertrag, stellt sich die Frage, ob der Vertrag über die Lehre von der fehlerhaften Strukturänderung für die Vergangenheit als wirksam zu behandeln ist. Folge wäre die

---

525 *Koppensteiner*, in: KK-AktG, § 305 Rn. 138; *Emmerich*, in: Emmerich/Habersack, Aktien- und GmbH-Konzernrecht, § 305 Rn. 82; *Stephan*, in: Spindler/Stilz, AktG, § 305 Rn. 138 f.; *Hüffer*, AktG, § 305 Rn. 29.

526 Ganz hM; vgl. etwa BGHZ 135, 374, 380; BGHZ 119, 1, 9 f.; *Koppensteiner*, in: KK-AktG, § 305 Rn. 138; *Hüffer*, AktG, § 305 Rn. 29; *Emmerich*, in: Emmerich/Habersack, Aktien- und GmbH-Konzernrecht, § 305 Rn. 82.

527 *Mertens/Cahn*, in: KK-AktG, § 76 Rn. 46.

direkte Anwendung der §§ 302 ff. AktG für die Dauer der Durchführung des Vertrags.

1. Grundlagen zur Lehre von der fehlerhaften Strukturänderung

Die Lehre von der fehlerhaften Strukturänderung basiert auf der für fehlerhafte Gesellschaftsgründungen entwickelten Lehre von der fehlerhaften Gesellschaft. Nach der Rechtsprechung des Bundesgerichtshofs ist die Lehre von der fehlerhaften Gesellschaft fester Bestandteil des Gesellschaftsrechts[528]. Nach ihr ist ein in Vollzug gesetzter Verband, dessen Gesellschaftsvertrag oder Satzung an einem zur Unwirksamkeit oder Nichtigkeit führenden Entstehungsmangel leidet, für die Vergangenheit als wirksam zu behandeln[529]. Obwohl Nichtigkeit und Anfechtung ex tunc wirken, ist der vollzogene Vertrag dann nicht als inexistent zu behandeln und nach bürgerlich-rechtlichen Normen rückabzuwickeln[530]. Dies dient im Außenverhältnis dem Interesse des Rechtsverkehrs an dem Bestand der Gesellschaft und ihrer Kapitalgrundlage, im Innenverhältnis lassen sich auf diese Weise die bei der Rückabwicklung schuldrechtlicher Dauerschuldverhältnissen typischerweise auftretenden Schwierigkeiten vermeiden[531]. Bei Dauerschuldverhältnissen, die über einen längeren Zeitraum praktiziert wurden, ist die Rückabwicklung nach Bereicherungsrecht nämlich oftmals problematisch, weil das i.S.d. § 812 Abs. 1 BGB „Erlangte" nicht mehr individualisierbar ist oder sich für Leistungen, die nicht mehr herausgegeben werden können, kein Wert i.S.d. § 818 Abs. 2 BGB ermitteln lässt[532].

Die gleichen Rückabwicklungsprobleme ergeben sich bei durchgeführten Unternehmensverträgen, und zwar sogar in besonderem Maße, weil sie die mitgliedschaftlichen Rechte der Aktionäre verändern und die Aufhebung der Vermögensbindung gemäß § 291 Abs. 3 AktG nicht im Nachhinein rückgängig gemacht werden kann[533]. Das Gesetz knüpft an eine Übertragung der Leitungsmacht des Vorstands gerade deswegen gemäß § 302 AktG eine globale Verlustausgleichspflicht, weil sich die Nachteile, die der unterstellten Gesellschaft durch den Vollzug des Unternehmensvertrags entstehen, nicht isolieren und einzeln

---

528 BGHZ 55, 5, 8 f.

529 BGHZ 55, 5, 8 f.; BGHZ 26, 330, 334 f.; BGHZ 3, 285, 287 ff.; vgl. auch *K. Schmidt*, GesR, S. 136 ff.; *Ulmer*, in: MünchKomm-BGB, § 705 Rn. 342 ff.; *Schäfer*, Die Lehre vom fehlerhaften Verband, S. 137 ff.

530 *K. Schmidt*, GesR, S. 137 ff.

531 *Ulmer*, in: MünchKomm-BGB, § 705 Rn. 323 und 347; ausführlich *Schäfer*, Die Lehre vom fehlerhaften Verband, S. 23 ff., 27 ff.

532 Vgl. *Schäfer*, Die Lehre vom fehlerhaften Verband, S. 24 ff.

533 Vgl. *Kort*, Bestandsschutz fehlerhafter Strukturänderungen im Kapitalgesellschaftsrecht, S. 160 f.; *Rehbinder*, in: FS Fleck, S. 253, 262 ff.

ausgleichen lassen[534]. Aufgrund dieser Schwierigkeiten wurde die Lehre von der fehlerhaften Gesellschaft zu einem verbandsrechtlichen Institut für fehlerhafte Struktur- und Grundlagenänderungen ausgedehnt, das grundsätzlich auf alle konstituierenden Akte und Veränderungen der Verfassung der Gesellschaft Anwendung findet[535]. Im Kapitalgesellschaftsrecht umfasst der Begriff der Strukturänderung alle Maßnahmen, die die Identität der Gesellschaft, ihren Gesellschaftszweck, ihre Rechtsform, die Zuständigkeiten und die Besetzung der Organe oder die Kapitalstruktur verändern[536]. In Bezug auf einen fehlerhaften Unternehmensvertrag folgt aus der Lehre von der fehlerhaften Strukturänderung, dass er – ihre Anwendbarkeit im Einzelfall vorausgesetzt – solange als wirksam zu behandeln ist, bis seine Mangelhaftigkeit anhand der für wirksame Beherrschungsverträge zu Verfügung stehenden Rechtsbehelfe geltend gemacht wird[537]. Er kann dann gemäß § 297 AktG gekündigt werden, ohne dass neben dem Mangel ein weiterer wichtiger Grund vorliegen muss. Der Mangel muss jedoch zuvor in einem Feststellungsurteil gerichtlich rechtskräftig festgestellt worden sein[538]. Es ist allerdings eine Frage des konkreten Mangels im Einzelfall, ob die Lehre von der fehlerhaften Strukturänderung eingreift und ihn überwindet oder aber eine Rückabwicklung notwendig ist[539].

Fände die Lehre von der fehlerhaften Strukturänderung auf vollzogene nichtige Beherrschungsverträge Anwendung, die nicht den Anforderungen der §§ 293, 294, 304 AktG gerecht werden, wären sie für die Vergangenheit als wirksame Beherrschungsverträge anzusehen. Dies hätte die Anwendbarkeit der konzernrechtlichen Schutzvorschriften nach den §§ 302 ff. AktG zugunsten der Gesellschaft, ihrer Gläubiger und außenstehenden Aktionäre für die Dauer des Vollzugs des Vertrags zur Folge.

2. Anwendbarkeit auf nichtige Beherrschungsverträge

Bei der Frage nach der Anwendbarkeit der Lehre von der fehlerhaften Strukturänderung auf nichtige Beherrschungsverträge ist zwischen formellen und materiellen Vertragsmängeln zu unterscheiden. Rechtsprechung und Schrifttum beantworten die Frage nicht einheitlich, welche Vertragsmängel sich mit Hilfe der Lehre von der fehlerhaften Strukturänderung überwinden lassen. Allerdings wird

534 *Schäfer*, Die Lehre vom fehlerhaften Verband, S. 456 ff.
535 *K. Schmidt*, GesR, S. 154 f.
536 Vgl. *Wiedemann*, in: GK-AktG, § 179 Rn. 45; zustimmend *Schäfer*, Die Lehre vom fehlerhaften Verband, S. 289 f.; *Casper*, ZHR 163 (1999) 54, 84.
537 *Schäfer*, Die Lehre vom fehlerhaften Verband, S. 461.
538 Ausführlich dazu *Schäfer*, Die Lehre vom fehlerhaften Verband, S. 461 ff.
539 *K. Schmidt*, GesR, S. 141.

durchweg vorausgesetzt, dass die Parteien die Einflussrechte in einer schriftlichen Vereinbarung geregelt haben, weil ansonsten die Nichtigkeit der Vereinbarung bereits von vornherein feststünde, da jede Grundlage für eine Zustimmung der Hauptversammlung nach § 293 Abs. 1 und Abs. 2 AktG sowie für die Eintragung gemäß § 294 AktG fehlen würde[540].

a) Unterbliebene Eintragung und fehlender Zustimmungsbeschluss

aa) Rechtsprechung des Bundesgerichtshofs

Der Bundesgerichtshof wendet die Lehre von der fehlerhaften Strukturänderung in gefestigter Rechtsprechung, die allerdings überwiegend zum GmbH-Konzern ergangen ist, auf durchgeführte Beherrschungs- oder Gewinnabführungsverträge an, die aus formellen Gründen nichtig sind. Grundsätzlich stellt der Bundesgerichtshof lediglich auf die tatsächliche Durchführung des Vertrags ab[541]. Beherrschungs- und Gewinnabführungsverträge seien aufgrund ihres organisationsrechtlichen Charakters nicht rückabwickelbar[542]. Es sei kein sachlicher Grund dafür ersichtlich, die fehlende Registereintragung eines Unternehmensvertrags anders zu beurteilen als eine unterbliebene notarielle Beurkundung[543]. Indem der Bundesgerichtshof für eine fehlerhafte Strukturänderung lediglich ihren Vollzug, nicht aber die Eintragung in das Handelsregister fordert, gelangt er zu einer weitreichenden Wirksamkeit nicht eingetragener Beherrschungs- und Gewinnabführungsverträge. Eine restriktive Linie hat er lediglich einmal bei einer fehlerhaften Verschmelzung verfolgt[544]. Dort forderte er als Voraussetzung für die Anwendung der Grundsätze der fehlerhaften Gesellschaft auf fehlerhafte gesellschaftsrechtliche Akte die Eintragung in das Handelsregister[545]. Wie der Bundesgerichtshof in einer jüngeren Entscheidung klargestellt hat, ist diese Rechtsauffassung allerdings dem Umstand geschuldet, dass das Erlöschen eines Rechtsträgers gemäß § 20 Abs. 1 Nr. 2 UmwG aus Gründen der Rechtssicherheit nicht nur von dem tatsächlichen Vollzug des Verschmelzungsvertrags abhängen kann[546]. Einen stillen Gesellschaftsvertrag mit einer Aktiengesellschaft als Unternehmensträger, der als Teilgewinnabführungsvertrag gemäß § 292 Abs. 1 Nr. 2, § 293 Abs. 1

---

540 Vgl. *Koppensteiner*, in: KK-AktG, § 293 Rn. 12.

541 Vgl. BGHZ 116, 37, 39; BGHZ 103, 1, 4 f.; BGH NJW 2002, 822, 823; BGH NJW-RR 2005, 627 f.; BGH ZIP 2005, 753, 755; anders jedoch BGH NJW 1996, 659 f.; OLG Schleswig NZG 2008, 868, 873 ff.; OLG München ZIP 2008, 1330, 1332.

542 BGHZ 103, 1, 5.

543 BGHZ 116, 37, 39.

544 Vgl. BGH NJW 1996, 659.

545 BGH NJW 1996, 659, 660.

546 BGH AG 2005, 201, 202.

S. 1, § 294 Abs. 2 AktG der Zustimmung der Hauptversammlung und der Eintragung in das Handelsregister bedarf, sah der Bundesgerichtshof sodann trotz unterbliebener Eintragung in das Handelsregister aufgrund Vollzugs als wirksam an[547].

bb) Meinungsstand in der Literatur

Grundsätzlich befürwortet das Schrifttum eine Übertragung der Grundsätze der fehlerhaften Gesellschaft auf fehlerhafte Unternehmensverträge[548]. Ganz überwiegend werden aber Einschränkungen in Bezug auf die Eintragung des Vertrags in das Handelsregister und den Beschluss der Hauptversammlung vorgenommen, weil diese beiden Voraussetzungen unabdingbar seien für die Anwendung der Grundsätze der fehlerhaften Gesellschaft[549]. Lägen sie nicht vor, rechtfertige allein der Vollzug des Vertrags die Anwendung der Lehre von der fehlerhaften Gesellschaft nicht[550].

Andere Autoren sehen indessen in dem Abschluss des Vertrags durch den Vorstand und seiner Eintragung in das Handelsregister eine hinreichende rechtsgeschäftliche Grundlage für die Anwendung der Lehre von der fehlerhaften Strukturänderung[551]. Sie halten einen ausreichenden Schutz des Rechtsverkehrs auch ohne Zustimmung der Hauptversammlung zu dem Vertrag für gewährleistet[552].

---

547 BGH AG 2005, 201, 202.

548 Ausführlich *Kort*, Bestandsschutz fehlerhafter Strukturänderungen im Kapitalgesellschaftsrecht, S. 156 ff., 168 m.w.Nachw.; ferner *Altmeppen*, in: MünchKomm-AktG, § 291 Rn. 202; *Hüffer*, AktG, § 291 Rn. 21; *Emmerich*, in: Emmerich/Habersack, in: Aktien- und GmbH-Konzernrecht, § 291 Rn. 28 ff.; *K. Schmidt*, GesR, S. 156 f.; *Krieger*, in: MünchHdb-AG, § 70 Rn. 19; *Schürnbrand*, ZHR 169 (2005), 35, 49 ff.; *Ulmer*, BB 1989, 10, 15 ff.; aus praktischen Gründen auch *Koppensteiner*, in: KK-AktG, § 297 Rn. 54 ff.

549 Vgl. *Koppensteiner*, in: KK-AktG, § 297 Rn. 55; *Altmeppen*, in: MünchKomm-AktG, § 291 Rn. 202, 205; *Emmerich*, in: Emmerich/Habersack, in: Aktien- und GmbH-Konzernrecht, § 291 Rn. 30; *Hüffer*, AktG, § 291 Rn. 21; wohl auch *Veil*, in: Spindler/Stilz, AktG, § 291 Rn. 65 ff.; kontrovers wird diskutiert, ob dafür ein infolge Anfechtung rückwirkend nichtiger Zustimmungsbeschluss ausreicht, vgl. *Altmeppen*, in: MünchKomm-AktG, § 291 Rn. 207 m.Nachw. zum Streitstand.

550 *Koppensteiner*, in: KK-AktG, § 297 Rn. 55; *Veil*, in: Spindler/Stilz, AktG, § 291 Rn. 64 f.; *Emmerich*, in: Habersack/Emmerich, Aktien- und GmbH-Konzernrecht, § 291 Rn. 29; *Balthasar*, NZG 2008, 858; *Kort*, NZG 2009, 364, 367 f.; aA *Hirte/Schall*, Der Konzern 2006, 243, 246 ff.

551 Vgl. *Schäfer*, Die Lehre vom fehlerhaften Verband, S. 366, 460 f.; *Ederle*, Verdeckte Beherrschungsverträge, S. 142 ff.

552 So *Schäfer*, Die Lehre vom fehlerhaften Verband, S. 366, 460 f.; *Ederle*, Verdeckte Beherrschungsverträge, S. 142 ff.

Einzelne Stimmen im Schrifttum gehen sogar noch weiter, indem sie – der Rechtsprechung des Bundesgerichtshofs zum GmbH-Recht folgend – die Grundsätze der fehlerhaften Strukturänderung zum Schutz der außenstehenden Aktionäre lediglich an den Vollzug des Beherrschungsvertrags knüpfen wollen, unabhängig davon, ob er in das Handelsregister eingetragen wurde und ein zustimmender Beschluss der Hauptversammlung vorliegt[553].

cc) Stellungnahme

Es sprechen gewichtige Gründe dafür, für die Anwendbarkeit der Lehre von der fehlerhaften Strukturänderung auf nichtige Beherrschungsverträge die Eintragung des Vertrags in das Handelsregister und einen Zustimmungsbeschluss der Hauptversammlung zu fordern.

Die Mindermeinung, die weder die Eintragung in das Handelsregister noch die Zustimmung der Hauptversammlung für das Eingreifen der Lehre von der fehlerhaften Strukturänderungen fordert und lediglich auf den Vollzug des Vertrags sowie die Unmöglichkeit der Rückabwicklung abstellt[554], verkennt, dass die Einigung der Parteien ein zentrales Element der Lehre von der fehlerhaften Strukturänderung ist. Ohne einen – wenn auch fehlerhaften – Zustimmungsbeschluss der Hauptversammlung bzw. im Fall des § 293 Abs. 2 AktG zweier Hauptversammlungsbeschlüsse fehlt es aber an einer hinreichenden rechtsgeschäftlichen Grundlage des Vertrags. Eine solche Grundlage setzt nämlich voraus, dass die Hauptversammlung über den Beherrschungsvertrag entschieden hat, da ihr Beschluss den „rechtsgeschäftlichen Kern der Strukturänderung“ darstellt[555].

Vorzugswürdig ist die herrschende Meinung in der Literatur, die der Bundesgerichtshof auch in der genannten Entscheidung zu der Verschmelzung vertreten hat. Sie steht zum einen im Einklang mit Sinn und Zweck der Lehre von der fehlerhaften Strukturänderung auf Unternehmensverträge, zum anderen respektiert sie die besondere Bedeutung der Handelsregistereintragung und der Zustimmung der Hauptversammlung für den Bestand eines Unternehmensvertrags. Die Verträge des § 291 Abs. 1 AktG greifen durch die Aufhebung der Vermögensbindung und die Übertragung der Leitungsmacht auf das herrschende Unternehmen in die Struktur der abhängigen Gesellschaft ein. Für die Aktionäre bedeutet der Beherrschungsvertrag eine dauerhafte Minderung des Werts ihrer Mitgliedschaft, weil der Vorstand die Gesellschaft nicht mehr in ihrem Interesse führt. In ihren Auswirkungen sind Beherrschungs- und Gewinnabführungsverträge

553 *Hirte/Schall*, Der Konzern 2006, 243, 247 ff.; *Geßler*, in: FS Ballerstedt, S. 235 f.

554 Vgl. *Hirte/Schall*, Der Konzern 2006, 243, 248 ff.

555 OLG Schleswig NZG 2008, 868, 874.

insofern anderen gesellschaftsrechtlichen Strukturänderungen gleichzustellen[556]. § 294 Abs. 1, 2 AktG schreibt explizit die Eintragung von Unternehmensverträgen in das Handelsregister vor. Diese konstitutive Wirkung würde obsolet, wenn sie über die Lehre von der fehlerhaften Gesellschaft überwunden werden könnte.

Gegen das Eintragungs- und Zustimmungserfordernis sprechen auch keine durchgreifenden Vertrauensschutzerwägungen. Ohne die Eintragung kann und darf niemand auf das Bestehen eines Unternehmensvertrags vertrauen, aufgrund dessen Verluste der Gesellschaft ausgeglichen würden[557]. Ein etwaiges dennoch entgegengebrachtes Vertrauen wäre jedenfalls nicht schützenswert. Dies gilt vor allem im Fall eines verdeckten Beherrschungsvertrags, denn die Aktionäre und der Rechtsverkehr dürften von dem Vertrag mangels Hauptversammlungsbeschlusses und Eintragung in das Handelsregister regelmäßig nichts erfahren haben.

Hoch zu gewichten ist der Aspekt der Rechtssicherheit, der die Handelsregistereintragung neben dem Vertrauensschutz der Gläubiger und Aktionäre auch dient[558]. Sie legt in zeitlicher Hinsicht das Inkrafttreten des Unternehmensvertrags eindeutig fest und stellt eine registergerichtliche Prüfung des Vertrags sicher[559]. § 294 Abs. 2 AktG würde konterkariert, hielte man die fehlende Eintragung nach der Lehre von der fehlerhaften Strukturänderung für überwindbar.

Gegen die Anwendung der Lehre von der fehlerhaften Strukturänderung auf einen nicht eingetragenen Unternehmensvertrag lässt sich darüber hinaus anführen, dass ein Unternehmensvertrag eine „mehraktige Strukturänderung“ ist, die ohne die Eintragung nicht nur fehlerhaft, sondern auch nicht vollständig ist[560]. Insofern fehlt es ohne Eintragung des Vertrags an einer Grundlage für die Anwendbarkeit der Lehre von der fehlerhaften Strukturänderung. Sie kann somit auf Beherrschungsverträge, die mangels Handelsregistereintragung nichtig sind, nicht anwendbar sein.

Auch die Zustimmung der Hauptversammlung ist mit der herrschenden Meinung als zwingende Wirksamkeitsvoraussetzung des Beherrschungsvertrags anzusehen, die über die Lehre von der fehlerhaften Strukturänderung nicht überwunden werden kann. Es ist allein Sache der Hauptversammlung, über

---

556 Vgl. BGHZ 105, 324, 334 f.

557 LG München I ZIP 2008, 242, 243; *Altmeppen*, in: MünchKomm-AktG, § 291 Rn. 202; *Emmerich*, in: Emmerich/Habersack, Aktien- und GmbH-Konzernrecht, § 291 Rn. 30; *Krieger*, ZHR 158 (1994), 35, 41; *Schürnbrand*, ZHR 159 (2005), S. 33, 50; *Schäfer*, Die Lehre vom fehlerhaften Verband, S. 376.

558 OLG Schleswig NZG 2008, 868, 873; LG München I ZIP 2008, 242, 243; *Kort*, NZG 2009, 364, 367 f.

559 OLG Schleswig NZG 2008, 868, 873; LG München I ZIP 2008, 242, 243.

560 Vgl. *Kort*, Bestandsschutz fehlerhafter Strukturänderungen im Kapitalgesellschaftsrecht, S. 166.

Satzungs- und Strukturänderungen zu entscheiden. Die wirksame Bestellung des Vorstands und seine Kompetenz, strukturändernde Verträge auszuhandeln und abzuschließen, reichen nicht aus, um den Vertrag der Gesellschaft und vor allem ihren Aktionären zuzurechnen[561]. Das rechtsgeschäftliche Moment der Strukturänderung liegt nämlich nicht in dem Beherrschungsvertrag als solchem, sondern in dem zustimmenden Hauptversammlungsbeschluss[562]. Wurde er nicht gefasst, mangelt es an der Beteiligung des materiell zuständigen Gesellschaftsorgans und damit an einer rechtlich relevanten Zustimmung zu der Strukturänderung[563]. Die Lehre von der fehlerhaften Strukturänderung kann diese rechtsgeschäftliche Basis nicht ersetzen[564]. Sie findet daher nur in Fällen Anwendung, in denen die Parteien sich darüber einig sind, einen Beherrschungsvertrag schließen zu wollen, bei dem Vertragsschluss aber einen Fehler begehen. Ansonsten würde ein rein faktischer Zustand zu einem Organisationsakt erhoben und der zwingende Charakter der beherrschungsvertraglichen Formvorschriften umgangen.

Für die Lehre von der fehlerhaften Strukturänderung ist damit bei Fehlen des gemäß § 293 Abs. 1 AktG erforderlichen Zustimmungsbeschlusses und der Handelsregistereintragung nach § 294 AktG kein Raum.

b) Fehlende Ausgleichsregelung zugunsten außenstehender Aktionäre

Für den Fall, dass ein Beherrschungs- oder Gewinnabführungsvertrag keine Ausgleichsregelung zugunsten der außenstehenden Aktionäre enthält, ordnet § 304 Abs. 3 S. 1 AktG als Rechtsfolge ausdrücklich die Nichtigkeit des Vertrags an. Da das Gesetz keinen auch nur vorübergehenden Bestandsschutz des Vertrags zulässt, handelt es sich bei einer fehlenden Ausgleichsregelung um einen besonders schweren Vertragsmangel[565]. Es widerspräche dem Zweck des Gesetzes, einen Beherrschungsvertrag ohne Ausgleichsregelung über die Lehre von der

561 *Schürnbrand*, ZHR 169 (2005), 33, 52 unter Hinweis auf BGHZ 105, 324, 341 f.; ebenso LG München I ZIP 2008, 242, 243; aA *Schäfer*, Die Lehre vom fehlerhaften Verband, S. 366, 459 f.

562 *Schürnbrand*, ZHR 169 (2005), 33, 52 unter Hinweis auf BGHZ 105, 324, 341 f.; ebenso LG München I ZIP 2008, 242, 243; aA *Schäfer*, Die Lehre vom fehlerhaften Verband, S. 366, 459 f.

563 Vgl. die Nachweise in der vorigen Fn.

564 *Vogelmann*, Die Rechtsfolge fehlerhafter Strukturänderungen im Aktienrecht, S. 211.

565 So auch *Emmerich*, in: Emmerich/Habersack, Aktien- und GmbH-Konzernrecht, § 291 Rn. 31; *Krieger*, in: MünchHdb-AG, § 70 Rn. 19; *Schürnbrand*, ZHR 159 (2005), 33, 53; aA *Altmeppen*, in: MünchKomm-AktG, § 291 Rn. 206, der auch bei fehlender Ausgleichsregelung die §§ 300 ff. AktG anwenden möchte; vorsichtig zustimmend *Koppensteiner*, in: KK-AktG, § 297 Rn. 56.

fehlerhaften Strukturänderung als wirksam anzusehen[566]. Vom Gesetz explizit geschützte Allgemein- und Individualinteressen würden dadurch ignoriert[567]. Aus Gründen des Gläubiger- und Aktionärsschutzes ist bei einer fehlenden Ausgleichsregelung somit an der Nichtigkeit des Vertrags und seiner Rückabwicklung festzuhalten[568].

IV. Zwischenergebnis

Die beherrschungsvertraglichen Schutzvorschriften gemäß §§ 302 ff. AktG greifen bei verdeckten Beherrschungsverträgen, die die Anforderungen der §§ 293, 294, 304 AktG nicht erfüllen, nicht unmittelbar ein.

Die Lehre von der fehlerhaften Strukturänderung ist zwar grundsätzlich auf Beherrschungsverträge anwendbar, die den gesetzlichen Anforderungen nicht genügen. Bei den Vertragsmängeln, die bei verdeckten Beherrschungsverträgen typischerweise auftreten, hilft sie hingegen nicht weiter. Der Hauptversammlungsbeschluss gemäß § 293 AktG, die Eintragung des Beherrschungsvertrags in das Handelsregister nach § 294 AktG sowie die nach § 304 AktG in dem Vertrag zu treffende Ausgleichsregelung zugunsten der außenstehenden Aktionäre sind für einen Beherrschungsvertrag von so hervorgehobener Bedeutung, dass sie über die Lehre von der fehlerhaften Strukturänderung nicht überwunden werden können. Daher sind die §§ 302 ff. AktG in diesen Fällen nicht über den Begründungsweg der Lehre von der fehlerhaften Strukturänderung anwendbar. Die Mängel führen gemäß §§ 293, 294, 304 AktG i.V.m. § 134 BGB zur Nichtigkeit jener Vereinbarung, die inhaltlich die Leitungsunterstellung begründet. Ob deshalb der gesamte Vertrag nichtig ist, richtet sich nach § 139 BGB. Im Zweifel ist gemäß § 139 BGB das gesamte Rechtsgeschäft nichtig, wenn nicht ausnahmsweise anzunehmen ist, dass es auch ohne den nichtigen Teil getätigt worden wäre. Maßgebend ist dabei der mutmaßliche Parteiwille, der durch eine Abwägung der Parteiinteressen ermittelt werden muss[569].

---

566 *Schürnbrand*, ZHR 169 (2005), 33, 53.

567 Ähnlich *Schürnbrand*, ZHR 169 (2005), 33, 53.

568 *Emmerich*, in: Emmerich/Habersack, Aktien- und GmbH-Konzernrecht, § 291 Rn. 31; *Schürnbrand*, ZHR 169 (2005), 33, 53.

569 *Heinrichs*, in: Palandt, BGB, § 139 Rn. 1, 14.

B. Anwendbarkeit der Vorschriften über den faktischen Konzern

Räumt eine Aktiengesellschaft einem Aktionär oder einem Dritten vertraglich Einflussrechte auf geschäftspolitische Entscheidungen oder Maßnahmen des Vorstands ein, die ihrem Inhalt nach zu einer Leitungsunterstellung i.S.d. § 291 Abs. 1 S. 1 AktG führen, ohne dass der Vertrag die Anforderungen der §§ 293, 294, 304 AktG erfüllt (verdeckter nichtiger Beherrschungsvertrag), sind die Gesellschaft, ihre Gläubiger und außenstehenden Aktionären – wie festgestellt – vor einer für sie nachteiligen Ausübung dieser Einflussrechte nicht unmittelbar durch die §§ 302 ff. AktG geschützt, weil die Lehre von der fehlerhaften Strukturänderung nach hier vertretener Auffassung nicht über das Fehlen der beherrschungsvertraglichen Wirksamkeitsvoraussetzungen hinweghelfen kann. Es fragt sich, ob die Gesellschaft und ihre Außenseiter in diesen Fällen über die §§ 311 ff. AktG geschützt sind. Ein Rückgriff auf die §§ 311 ff. AktG erscheint bereits deswegen naheliegend, weil die §§ 311 ff. AktG nach der Überschrift des zweiten Abschnitts des Aktiengesetzes Regelungen zur „Verantwortlichkeit bei Fehlen eines Beherrschungsvertrags" vorsehen.

I. Grundlagen zu den §§ 311 ff. AktG

Ein faktischer Konzern liegt vor, wenn mehrere Unternehmen unter einheitlicher Leitung des herrschenden Unternehmens gemäß § 18 Abs. 1 S. 1 AktG zusammengefasst sind, ohne dass ein Beherrschungsvertrag geschlossen wurde oder eine Eingliederung erfolgte. Zwischen einem Beherrschungsvertrag und den §§ 311 ff. AktG besteht ausweislich des Wortlauts des § 311 Abs. 1 AktG ein Ausschlussverhältnis („Besteht kein Beherrschungsvertrag …")[570]. Beide Systeme sind auch nach ihrem Regelungsgehalt nicht nebeneinander anwendbar. Ein Beherrschungsvertrag erlaubt dem herrschenden Unternehmen gemäß § 308 AktG nachteilige Weisungen ohne Einzelausgleich, solange sie dem Konzerninteresse dienen. Demgegenüber darf ein faktisch herrschendes Unternehmen gemäß § 311 Abs. 1 AktG seinen Einfluss auf die abhängige Gesellschaft nicht zu ihrem Nachteil ausüben, es sei denn, es stellt den Ausgleich des Nachteils bis zum Ende des Geschäftsjahrs sicher (§ 311 Abs. 2 AktG). Insofern sind im faktischen Konzern nachteilige Weisungen grundsätzlich verboten, während sie im Vertragskonzern erlaubt sind.

---

570 Vgl. *Koppensteiner*, in: KK-AktG, Vorb. § 311 Rn. 27; *Müller*, in: Spindler/Stilz, AktG, § 311 Rn. 8; *Habersack*, in: MünchKomm-AktG, § 311 Rn. 15; *Krieger*, in: MünchHdb-AG, § 69 Rn. 69.

Die §§ 311 ff. AktG regeln die Nachteilszufügung in Form von Einzelmaßnahmen bei Abhängigkeit i.S.d. § 17 AktG oder bei einheitlicher Leitung i.S.d. § 18 Abs. 1 S. 1 AktG[571]. Sie knüpfen an den rein tatsächlichen Status der Aktiengesellschaft an, nämlich die faktische Abhängigkeit[572]. Indirekt schützen die §§ 311 ff. AktG auch die außenstehenden Aktionäre und Gesellschaftsgläubiger. Wird nämlich die Gesellschaft wirtschaftlich schadlos gestellt, entstehen den Aktionären und den Gläubigern keine Vermögenseinbußen, weil sich das haftende Vermögen der Gesellschaft nicht verringert.

Leistet das herrschende Unternehmen der abhängigen Gesellschaft trotz nachteiliger Einflussnahme keinen Nachteilsausgleich nach § 311 Abs. 1, 2 AktG, haften gegenüber der abhängigen Gesellschaft und gegebenenfalls ihren Aktionären neben dem herrschenden Unternehmen auch dessen gesetzliche Vertreter, von denen die Veranlassung ausging, gemäß § 317 Abs. 1, 3 AktG als Gesamtschuldner auf Schadensersatz. Die Schadensersatzpflicht tritt nach § 317 Abs. 2 AktG indessen nicht ein, wenn auch ein ordentlicher und gewissenhafter Geschäftsleiter einer unabhängigen Gesellschaft die als nachteilig beanstandete Maßnahme getroffen hätte. Erleiden die Aktionäre einen Schaden, der über jenen der Gesellschaft hinausgeht, muss das herrschende Unternehmen ihn gemäß § 317 Abs. 1 S. 2 AktG ersetzen.

Im Unterschied zum Vertragskonzern werden die Interessen des abhängigen Unternehmens, die bei unverbundenen Gesellschaften das Vorstandshandeln bestimmen, rechtlich nicht durch das Konzerninteresse überlagert. § 311 AktG verpflichtet den Vorstand folglich nicht, Weisungen oder Wünsche des herrschenden Unternehmens entgegenzunehmen und zu befolgen[573]. Es berechtigt ihn lediglich dazu[574]. Die Abhängigkeit ändert nichts daran, dass der Vorstand der abhängigen Gesellschaft eigenverantwortlicher Leiter der Geschäfte seiner Gesellschaft bleibt[575]. Er hat eigenständig zu prüfen, ob eine Maßnahme für sein Unternehmen nachteilige Auswirkungen hat, und wenn dies der Fall ist, ob und wenn ja wie das herrschende Unternehmen diese Nachteile ausgleichen kann[576].

---

571 *Hüffer*, AktG, § 311 Rn. 2.

572 *Krieger*, in: MünchHdb-AG, § 69 Rn. 23.

573 Vgl. KG ZIP 2003, 1042, 1049; *Koppensteiner*, in: KK-AktG, § 311 Rn. 139; *Müller*, in. Spindler/Stilz, AktG, § 311 Rn. 62; *Hüffer*, AktG, § 311 Rn. 48; *Krieger*, in: MünchHdb-AG, § 69 Rn. 23.

574 *Habersack*, in: Emmerich/Habersack, Aktien- und GmbH-Konzernrecht, § 311 Rn. 10.

575 KG ZIP 2003, 1042, 1049; *Kort*, in: GK-AktG, § 76 Rn. 150; *Spindler*, in: MünchKomm-AktG, § 76 Rn. 47; *Hüffer*, AktG, § 76 Rn. 19; *Müller*, in. Spindler/Stilz, AktG, § 311 Rn. 62; *Vetter*, in: Schmidt/Lutter, AktG, § 311 Rn. 108; *Krieger*, in: MünchHdb-AG, § 69 Rn. 28; *Altmeppen*, Die Haftung des Managers im Konzern, S. 1.

576 *Müller*, in: Spindler/Stilz, AktG, § 311 Rn. 62; *Habersack*, in: Emmerich/Habersack, Aktien- und GmbH-Konzernrecht, § 311 Rn. 78; *Krieger*, in: MünchHdb-AG, § 69 Rn. 28.

Er trägt für diese Entscheidung die unternehmerische Verantwortung[577]. Führt der Nachteilsausgleich nach der Bewertung des Vorstands zu keiner vollständigen Kompensation, darf er der Einflussnahme des herrschenden Unternehmens nicht folgen[578]. Er muss es auch keinesfalls, da die §§ 311 ff. AktG kein „Schädigungsprivileg" zugunsten des herrschenden Unternehmens enthalten[579].

Da in der Regel nicht publik wird, welche nachteiligen Handlungen der Vorstand der abhängigen Gesellschaft auf Veranlassung des herrschenden Unternehmens vorgenommen hat, hat er gemäß § 312 Abs. 1 AktG in einem Abhängigkeitsbericht genau darzulegen, wann und in welcher Weise das herrschende Unternehmen Einfluss ausgeübt hat, wie die Einflussnahme zu bewerten ist und wie sie innerhalb der Jahresfrist des § 311 Abs. 2 AktG ausgeglichen wurde[580].

II. Anwendbarkeit der §§ 311 ff. AktG bei nichtigen Beherrschungsverträgen

Zu prüfen ist, ob das Ausschlussverhältnis zwischen vertraglichem Konzern und faktischem Konzern einer Anwendung der §§ 311 ff. AktG auf verdeckte nichtige Beherrschungsverträge entgegensteht. Das wäre der Fall, wenn ein verdeckter nichtiger Beherrschungsvertrag als Beherrschungsvertrag i.S.d. Erfordernisses „kein Beherrschungsvertrag" nach § 311 Abs. 1 AktG einzuordnen wäre.

Ein nichtiger Beherrschungsvertrag begründet für das herrschende Unternehmen weder für die Vergangenheit noch für die Zukunft Befugnisse wie ein wirksamer Beherrschungsvertrag. Es erlangt keine rechtlich gesicherte Leitungsmacht über die abhängige Gesellschaft, die es ihr erlaubt, dem Vorstand der abhängigen Gesellschaft gemäß § 308 Abs. 1 AktG nachteilige Weisungen ohne Einzelausgleich zu erteilen. Der Regelungskonflikt, aufgrund dessen Vertrags- und faktischer Konzern in einem Exklusivitätsverhältnis zueinander stehen, ist damit nicht gegeben. Somit kann auch die Sperrwirkung für die Vorschriften über den faktischen Konzern nicht eintreten. Die §§ 311 ff. AktG sind bei dem Vollzug eines verdeckten nichtigen Beherrschungsvertrags daher anwendbar[581]. Anders liegt es bei einem nur fehlerhaften, jedoch nicht nichtigen Beherrschungsvertrag, der nach den Grundsätzen über die fehlerhafte Strukturänderung für die Vergangenheit als wirksam zu behandeln ist. Hier sind die §§ 311 ff. AktG aus-

577 *Vetter*, ZHR 171 (2007), 342, 361.

578 *Altmeppen*, Die Haftung des Managers im Konzern, S. 61; *Ulmer*, in: FS Hüffer, S. 999, 1003 f.

579 *Würdiger*, in: GK-AktG, § 311 Anm. 5; *Altmeppen*, Die Haftung des Managers im Konzern, S. 58; *Cahn*, Kapitalerhaltung im Konzern, S. 65 f.

580 *Altmeppen*, Die Haftung des Managers im Konzern, S. 60.

581 *Koppensteiner*, in: KK-AktG, Vorb. § 311 Rn. 28.

geschlossen, weil die beherrschungsvertraglichen Schutzvorschriften eingreifen[582].

III. Ausschluss der §§ 311 ff. AktG durch die gesellschaftsrechtliche Treuepflicht

Ist der Vertragspartner zugleich Aktionär der Gesellschaft, setzt die Anwendung der §§ 311, 317 AktG auf einen nichtigen verdeckten Beherrschungsvertrag zunächst Klarheit über ihr Konkurrenzverhältnis zu der Haftung wegen Verletzung der gesellschaftsrechtlichen Treuepflicht voraus[583]. Dieses Konkurrenzverhältnis ist deswegen von Bedeutung, weil die §§ 311 ff. AktG dem herrschenden Unternehmen gestatten, die abhängige Gesellschaft durch nachteilige Einflussnahmen zu schädigen, sofern dafür Ausgleich nach Maßgabe des § 311 Abs. 2 AktG geleistet wird. Der zeitlich gestreckte Ausgleich rechtfertigt somit die nachteilige Einflussnahme[584]. Im Unterschied dazu würde eine nachteilige Einflussnahme auf die Aktiengesellschaft stets gegen die Treuepflicht verstoßen und wäre daher rechtswidrig, unabhängig von einem späteren Ausgleich durch das herrschende Unternehmen[585]. Bei einem Vorrang der Haftung wegen Treuepflichtverletzung wären einem der gesellschaftsrechtlichen Treuepflicht unterliegenden Vertragspartner nachteilige Einflussnahmen somit stets untersagt und würden eine Schadensersatzpflicht auslösen.

Zu klären ist daher, ob eine Haftung wegen Verletzung der gesellschaftsrechtlichen Treuepflicht mit Sinn und Zweck der §§ 311 ff. AktG zu vereinbaren ist oder ob diese Vorschriften in ihrem Anwendungsbereich abschließend sind. Das Verhältnis der §§ 311 ff. AktG zur Haftung wegen Verletzung der gesellschaftsrechtlichen Treuepflicht ist auch in Hinblick auf die Haftungsvoraussetzungen von Bedeutung, weil die §§ 311 ff. AktG ein Abhängigkeitsverhältnis i.S.d. § 17 AktG zwischen den Beteiligten voraussetzen, während die gesellschaftsrechtliche Treuepflicht an die Aktionärseigenschaft des Vertragspartners anknüpft. Nachstehend wird daher untersucht, ob zwischen den §§ 311 ff. AktG und der Haftung wegen Verletzung der gesellschaftsrechtlichen Treuepflicht ein Ausschlussverhältnis besteht und welche Konsequenzen sich für verdeckte nichtige Beherrschungsverträge ergeben.

---

582 *Krieger*, in: MünchHdb-AG, § 69 Rn. 69.

583 Anspruchsgrundlage für diese Haftung ist § 280 Abs. 1 S. 1 BGB.

584 HM; vgl. *Koppensteiner*, in: KK-AktG, Vorb. § 311 Rn. 2, 5 f.; *Hüffer*, AktG, § 311 Rn. 6 f., 42; *Habersack*, in: Emmerich/Habersack, Aktien- und GmbH-Konzernrecht, § 311 Rn. 2 ff.; *Fett*, in: Heidelberger Kommentar, AktG, § 311 Rn. 3.

585 *Verse*, in: Aktienrecht im Wandel, Bd. II, S. 579, 615.

Der Gedanke eines Vorrangs der gesellschaftsrechtlichen Treuepflicht vor den §§ 311 ff. AktG wird unter der Überschrift des „treuepflichtgesteuerten Konzernrechts“ diskutiert“[586]. Es wird die Auffassung vertreten, § 311 AktG sei durch die Entwicklung des Treuepflichtgedankens überholt und sein Prinzip des „dulde und liquidiere“ gelte unter Treuepflichtaspekten nicht[587]. Strukturelle Beeinträchtigungen der Gesellschaft könnten nur durch strukturell ähnliche Maßnahmen ausgeglichen werden, die die wirtschaftliche Eigenständigkeit der Aktiengesellschaft wieder in altem Umfang herstellten[588]. Für eine Auseinandersetzung mit diesem Standpunkt ist zunächst auf Inhalt, Funktion und Wirkung der gesellschaftsrechtlichen Treuepflicht einzugehen.

1. Inhalt der gesellschaftsrechtlichen Treuepflicht

Eine Treuepflicht der Aktionäre im Sinne einer aus der Mitgliedschaft resultierenden und mit ihr unmittelbar und untrennbar verbundenen Rechtsbeziehung ist im Aktiengesetz nicht direkt geregelt. Obwohl eine Treuepflicht der Aktionäre schon früh angesprochen wurde[589], wurde sie als Sonderrechtsbeziehung zwischen den Aktionären lange Zeit nicht anerkannt[590]. Der Bundesgerichtshof sah für sie keinen Bedarf, weil er die §§ 311, 317 AktG zum Schutz vor Großaktionären als ausreichend erachtete[591]. Von dieser Linie wich der Bundesgerichtshof jedoch in der „Linotype“-Entscheidung[592] ausdrücklich ab und bejahte eine Treuepflicht zwischen einem Mehrheitsaktionär und der Minderheit[593]. Rechtsbeziehungen bestünden nicht nur zwischen der Gesellschaft und den Aktionären[594]. Die gegenteilige Auffassung beruhe auf einer Überbewertung der Struktur der Aktiengesellschaft[595]. In der „Linotype“-Entscheidung nahm der Bundesgerichtshof allerdings nicht zu der Frage Stellung, ob auch den Minderheitsaktionären gegenüber dem Mehrheitsaktionär eine Treuepflicht obliege. Dies erfolgte schließlich in der „Girmes“-Entscheidung[596], in der er die Treuepflicht als rechtsformübergreifendes Verbandsprinzip anerkannte, der sowohl Mehrheits- als auch Minderheits-

---

586 *Zöllner*, ZHR 162 (1998), 235.
587 *Zölllner*, ZHR 162 (1998), 235, 245.
588 *Zölllner*, ZHR 162 (1998), 235, 245.
589 Vgl. RGZ 132, 149, 163; RGZ 146, 385, 395 f.; RGZ 158, 248, 254; BGHZ 14; 25, 38.
590 Vgl. zur historischen Entwicklungen *Henze/Notz*, in: GK-AktG, Anh § 53a Rn. 1 ff. m.w.Nachw.
591 BGH WM 1976, 449, 450 („Audi/NSU“).
592 BGHZ 103, 184.
593 BGHZ 103, 184, 194 f.
594 BGHZ 103, 184, 194 f.
595 BGHZ 103, 184, 194 f.
596 BGHZ 129, 136; vgl. dazu *Henze/Notz*, in: GK-AktG, Anh § 53a Rn. 6 f. m.w.Nachw.

aktionäre unterliegen, und zwar nicht nur gegenüber der Gesellschaft, sondern auch untereinander[597].

Der Inhalt der gesellschaftsrechtlichen Treuepflicht besteht einerseits in Handlungs- und Unterlassungspflichten, andererseits entfaltet sie aber auch eine Schrankenfunktion, die treuwidrig ausgeübte Gesellschafterrechte unbeachtlich und undurchsetzbar macht[598]. Mitgliedschaftliche Interessen und Befugnisse sind dabei stets gegeneinander abzuwägen[599]. Die Treuepflicht erlangt vornehmlich Bedeutung, wenn Aktionäre Interessen verfolgen, die vom Gesellschaftsinteresse abweichen[600]. Sie kann als Verpflichtung zusammengefasst werden, in allen gesellschaftlichen Belangen das wohlverstandene Interesse der Gesellschaft sowie die gesellschaftsbezogenen Belange der Aktionäre in angemessener Weise zu berücksichtigen[601]. Nach dem Bundesgerichtshof muss der Möglichkeit zur Beeinträchtigung gesellschaftsbezogener Interessen der Mitgesellschafter als Gegengewicht die gesellschaftsrechtliche Pflicht gegenüberstehen, auf diese Interessen angemessen Rücksicht zu nehmen[602]. Diese Pflicht betrifft grundsätzlich lediglich die mitgliedschaftlichen Belange und Rechte der Aktionäre[603] und begründet diesbezüglich von der jeweiligen Situation abhängige Verhaltenspflichten[604]. Die Treuepflicht erstreckt sich aber auch auf mitgliedschaftliche Einzelbefugnisse und Minderheitenrechte[605]. Sie ist nicht erst verletzt, wenn ein Verhalten rechtsmissbräuchlich ist, sondern stellt bereits unterhalb dieser Grenze einen inhaltlichen Kontrollmaßstab auf[606].

Eine nähere Differenzierung über die sich aus der gesellschaftsrechtlichen Treuepflicht ergebenden Anforderungen ermöglicht die Unterscheidung zwischen eigennützigen und uneigennützigen Aktionärsrechten[607]. Zu den eigennützigen Aktionärsrechten zählen die Vermögensrechte, das Auskunftsrecht nach den §§ 131, 293 g AktG, das Teilnahmerecht an der Hauptversammlung und das Recht dort zu sprechen[608]. Die Aktionäre haben diese Rechte innerhalb der

597 BGHZ 129, 136, 142 ff.

598 *Henze*, ZHR 162 (1998), 186 unter Verweis auf BGHZ 129, 136.

599 *K. Schmidt*, GesR, S. 593.

600 Vgl. *Tröger*, Treuepflicht im Konzernrecht, S. 87; *Bezzenberger*, Das Kapital der Aktiengesellschaft, S. 279.

601 *Henze/Notz*, in: GK-AktG, Anh § 53a Rn. 52.

602 Vgl. BGHZ 129, 136, 144; BGHZ 103, 184, 195.

603 *Cahn/v. Spannenberg*, in: Spindler/Stilz, AktG, § 53a Rn. 50; *Bungeroth*, in: MünchKomm-AktG, § 53a Rn. 7; *Henze/Notz*, in: GK-AktG, § 53a Rn. 31.

604 *Cahn/v. Spannenberg*, in: Spindler/Stilz, AktG, § 53a Rn. 36.

605 *K. Schmidt*, GesR, S. 593.

606 *Cahn/v. Spannenberg*, in: Spindler/Stilz, AktG, § 53a Rn. 36.

607 Vgl. *Cahn/v. Spannenberg*, in: Spindler/Stilz, AktG, § 53a Rn. 52; *Hüffer*, AktG, § 53a Rn. 16.

608 *Cahn/v. Spannenberg*, in: Spindler/Stilz, AktG, § 53a Rn. 52 m.w.Nachw.

Schranken auszuüben, die sich aus dem Verbot einer willkürlichen oder unverhältnismäßigen Rechtsausübung gegenüber den anderen Aktionären ergeben[609]. Im Unterschied dazu gilt das Stimmrecht in der Hauptversammlung als uneigennütziges Aktionärsrecht[610]. Uneigennützige Aktionärsrechte müssen die Aktionäre entsprechend dem Gesellschaftsinteresse ausüben und eigene Interessen, die davon abweichen, zurückstellen[611]. Gegenüber Mitaktionären bezieht sich die gesellschaftsrechtliche Treuepflicht der Aktionäre stets lediglich auf uneigennützige Aktionärsrechte[612]. Ein Aktionär verletzt seine gesellschaftsrechtliche Treuepflicht insbesondere dann, wenn er auf die Gesellschaft zu deren Nachteil Einfluss nimmt[613]. Mittelbar schützt die gesellschaftsrechtliche Treuepflicht dadurch auch die Interessen der Gesellschaftsgläubiger.

Für die Frage nach der Verdrängung der §§ 311 ff. AktG durch die Haftung der Aktionäre wegen Verletzung der gesellschaftsrechtlichen Treuepflicht ist festzuhalten, dass die Aktionäre lediglich bei der Ausübung uneigennütziger Aktionärsrechte durch die gesellschaftsrechtliche Treuepflicht gebunden sind.

2. *Verhältnis der §§ 311 ff. AktG zur gesellschaftsrechtlichen Treuepflicht*

Es bleibt zu klären, welche Auswirkungen sich aus der Bindung der Aktionäre durch die gesellschaftsrechtliche Treuepflicht in Fällen ergeben, in denen ein Aktionär vertragliche Einflussmöglichkeiten auf Vorstandsentscheidungen erhält, die er zum Nachteil der Gesellschaft einsetzen kann.

Eine Anwendbarkeit der Haftung wegen Verletzung der gesellschaftsrechtlichen Treuepflicht neben den §§ 311 ff. AktG würde zu dem widersprüchlichen Ergebnis führen, dass ein Vertragspartner, der gleichzeitig Aktionär der Gesellschaft ist, die Gesellschaft auf der einen Seite unter den Voraussetzungen des § 311 Abs. 1 und Abs. 2 AktG zu nachteiligen Rechtsgeschäften oder Maßnahmen veranlassen darf und auf der anderen Seite durch die mitgliedschaftliche Treuepflicht an das Unternehmensinteresse gebunden ist, was ihn zur Berücksichtigung gesellschaftsbezogener Belange der Aktionäre und Vermeidung von Nachteilen für die Gesellschaft anhält.

Das Verhältnis zwischen den Vorschriften über den faktischen Konzern und der gesellschaftsrechtlichen Treuepflicht der Aktionäre wird im Schrifttum unterschiedlich beurteilt. Ist das herrschende Unternehmen zugleich Aktionär der

---

609 Vgl. BGHZ 129, 136, 142 ff.; *Henze/Notz*, in: GK-AktG, Vor §§ 53a-75 Rn. 48.

610 *Cahn/v. Spannenberg*, in: Spindler/Stilz, AktG, § 53a Rn. 52; *Hüffer*, AktG, § 53a Rn. 16.

611 Vgl. *Cahn/v. Spannenberg*, in: Spindler/Stilz, AktG, § 53a Rn. 52; *Hüffer*, AktG, § 53a Rn. 16; *Zöllner*, Die Schranken mitgliedschaftlicher Stimmrechtsmacht bei den privatrechtlichen Personenverbänden, S. 344 ff.

612 *Jäger*, Aktiengesellschaft, § 25 Rn. 89.

613 Vgl. nur *Hüffer*, AktG, § 53a Rn. 19.

abhängigen Gesellschaft, greift ein Teil der Literatur bei der Auslegung der §§ 311 ff. AktG auf die gesellschaftsrechtliche Treuepflicht zurück[614]. Nach dieser Ansicht sind die §§ 311 ff. AktG missglückt, weil der Gesetzgeber mit den Vorschriften über den faktischen Konzern schädigende Geschäfte nicht habe erlauben, sondern einschränken wollen[615]. Wäre die Existenz der gesellschaftsrechtlichen Treuepflicht bei Kodifizierung der §§ 311 ff. AktG bereits anerkannt gewesen, hätte der Gesetzgeber die §§ 311 ff. AktG dieser Ansicht zufolge strenger konzipiert[616]. Daher seien sie mit Blick auf die Treuepflicht auszulegen[617]. Dies habe zur Folge, dass das „dulde und liquidiere" des § 311 AktG nicht gelte und strukturelle Beeinträchtigungen der Gesellschaft Schadensersatzansprüche auf Naturalrestitution zur Folge hätten[618]. Der entstandene Nachteil müsse durch strukturell ähnliche Maßnahmen ausgeglichen werden, die im Hinblick auf die wirtschaftliche Autonomie der Gesellschaft den status quo ante wieder herstellten[619]. Nach dieser Auffassung wäre eine Einflussnahme auf die abhängige Gesellschaft somit nicht nur den Grenzen der §§ 311 ff. AktG unterworfen, sondern zusätzlich den aus der Treuepflicht folgenden Restriktionen und Rechtsfolgen.

Dieser Ansicht ist jedoch nicht zu folgen. Die §§ 311 ff. AktG bilden in ihrem Anwendungsbereich eine abschließende Sonderregelung, die einen Rückgriff auf die gesellschaftsrechtliche Treuepflicht verbietet[620]. Dafür spricht die explizit in § 311 Abs. 2 AktG geregelte Möglichkeit einer Nachteilszufügung mit zeitlich versetztem Nachteilsausgleich[621]. Sie würde konterkariert, wenn man nachteilige Einflussnahmen nur unter den zusätzlichen und teilweise strengeren Voraussetzungen der Treuepflicht zuließe[622]. Bei einer unmodifizierten Anwendung der Treuepflicht wären Veranlassungen zu nachteiligen Maßnahmen auch bei späterer Ausgleichsleistung untersagt, da sie dem satzungsmäßigen Zweck

---

614 *Zöllner*, ZHR 162 (1998), 235, 241; *Voigt*, Haftung aus Einfluss auf die Aktiengesellschaft, S. 317 ff.; tendenziell auch *Henze*, BB 1996, 489, 499.

615 *Zöllner*, ZHR 162 (1998), 235, 241.

616 *Zöllner*, ZHR 162 (1998), 235, 245.

617 *Zöllner*, ZHR 162 (1998), 235, 241; *Voigt*, Haftung aus Einfluss auf die Aktiengesellschaft, S. 317 ff.

618 *Zöllner*, ZHR 162 (1998), 235, 245.

619 *Zöllner*, ZHR 162 (1998), 235, 245.

620 *Koppensteiner*, in: KK-AktG, § 311 Rn. 168; *Altmeppen*, in: MünchKomm-AktG, § 311 Rn. 15; *Müller*, in: Spindler/Stilz, AktG, § 311 Rn. 67; *Vetter*, in: Schmidt/Lutter, AktG, § 311 Rn. 126; *Verse*, in: Aktienrecht im Wandel, Bd. II, S. 579, 615 f.; *Habersack*, in: Emmerich/Habersack, Aktien- und GmbH-Konzernrecht, § 311 Rn. 4 f., 89.

621 *Habersack*, in: Emmerich/Habersack, Aktien- und GmbH-Konzernrecht, § 311 Rn. 5, 89; *Verse*, in: Aktienrecht im Wandel, Bd. II, S. 579, 615 f.; *Mülbert*, ZHR 163 (1999), 1, 26 (Fn. 96).

622 Vgl. die Nachweise in der vorigen Fn.

und Unternehmensgegenstand der abhängigen Gesellschaft zuwiderlaufen[623]. Der Gesetzgeber hat sich jedoch bewusst für eine Pflicht zur späteren Ausgleichsleistung entschlossen[624]. Das Argument der Gegenauffassung, bei den Beratungen zum Konzernrecht des AktG 1965 seien Treuepflichten der Aktionäre nicht berücksichtigt worden, geht fehl, weil bereits das Reichsgericht sie – wenn auch nur vertikal[625] – anerkannte[626]. Daher verdrängt die Treuepflicht die gesetzlich statuierte Lösung, nach der nachteilige Veranlassungen gegen späteren Nachteilsausgleich zulässig sind, nicht[627]. Die §§ 311 ff. AktG sind somit in ihrem Anwendungsbereich abschließend[628].

Damit ist ein Vertragspartner, der gleichzeitig Aktionär der Gesellschaft ist, bei der Ausübung vertraglicher Einflussrechte bei Entscheidungen des Vorstands nicht durch die mitgliedschaftliche Treuepflicht gebunden. Er darf die Gesellschaft also nach Maßgabe und in den Grenzen der §§ 311 ff. AktG durchaus zu nachteiligen Rechtsgeschäften oder Maßnahmen veranlassen. Die Treuepflicht erlangt erst Bedeutung, wenn die konzernrechtlichen Vorschriften keinen ausreichenden Schutz bieten[629]. Auch wenn das herrschende Unternehmen keinen Nachteilsausgleich gemäß § 311 Abs. 2 AktG für die Veranlassung zu einem nachteiligen Rechtsgeschäfts oder einer nachteiligen Maßnahme leistet, tritt die Haftung wegen Treuepflichtverletzung neben die Schadensersatzhaftung gemäß § 317 AktG[630]. Allerdings beschränkt sich die Haftung wegen Verletzung der gesellschaftsrechtlichen Treuepflicht in diesen Fällen auf die Ausübung mitgliedschaftlicher Aktionärsrechte[631].

---

623 *Verse*, in: Aktienrecht im Wandel, Bd. II, S. 579, 615.

624 Vgl. *Koppensteiner*, in: KK-AktG, § 311 Rn. 168; zur Entstehungsgeschichte Vorb. § 311 Rn. 12 f.; *Müller*, in: Spindler/Stilz, AktG, Vor § 311 Rn. 8 ff.; *Bezzenberger*, Das Kapital der Aktiengesellschaft, S. 336 f., jeweils m.w.Nachw.

625 Vgl. die Nachweise in Fn. 589.

626 *Flume*, ZIP 1996, 161, 164; *Koppensteiner*, in: KK-AktG, § 311 Rn. 168.

627 So auch die hM; vgl. *Habersack*, in: Emmerich/Habersack, Aktien- und GmbH-Konzernrecht, § 311 Rn. 5, 89; *Verse*, in: Aktienrecht im Wandel, Bd. II, S. 579, 615 f.

628 *Koppensteiner*, in: KK-AktG, § 311 Rn. 167 ff.; *Müller*, in: Spindler/Stilz, AktG, § 311 Rn. 67; *Hüffer*, AktG, § 53 a Rn. 19; *Habersack*, in: Emmerich/Habersack, Aktien- und GmbH-Konzernrecht, § 311 Rn. 89.

629 *Koppensteiner*, in: KK-AktG, § 311 Rn. 168; *Müller*, in: Spindler/Stilz, AktG, § 311 Rn. 67.

630 *Habersack*, in: Emmerich/Habersack, Aktien- und GmbH-Konzernrecht, § 311 Rn. 89.

631 Vgl. *Bungeroth*, in: MünchKomm-AktG, § 53a Rn. 7 sowie *Henze/Notz*, in: GK-AktG, § 53a Rn. 41: Treuepflicht bezieht sich nicht auf schuldrechtliche Individualrechtsbeziehungen der Gesellschaft mit einem Aktionär.

3. *Zwischenergebnis*

Die Haftung der Aktionäre bei Verletzungen der mitgliedschaftlichen Treuepflicht überlagert die §§ 311 ff. AktG nicht. Diese sind in ihrem Anwendungsbereich vorrangig und abschließend. Damit sind die §§ 311 ff. AktG grundsätzlich auf verdeckte nichtige Beherrschungsverträge anwendbar. Fraglich ist, wann die §§ 311 ff. AktG im Einzelnen bei einem praktizierten verdeckten nichtigen Beherrschungsvertrag eingreifen und welche Rechtsfolgen sich aus ihnen ergeben.

IV. Abhängigkeitsverhältnis i.S.d. § 17 AktG

Die §§ 311, 317 AktG setzen ein Abhängigkeitsverhältnis zwischen herrschendem Unternehmen und abhängiger Gesellschaft i.S.d. § 17 AktG voraus.

1. *Abhängigkeit nach § 17 Abs. 2 AktG*

Steht die Aktiengesellschaft im Mehrheitsbesitz (§ 16 AktG) des Vertragspartners, mit dem ein verdeckter nichtiger Beherrschungsvertrag geschlossen wurde, wird gemäß § 17 Abs. 2 AktG zwischen ihnen ein Abhängigkeitsverhältnis vermutet. Mehrheitsbesitz liegt vor, wenn ein Unternehmen entweder die Mehrheit der Stimmen (§ 16 Abs. 1, 3 AktG) oder die Mehrheit der Anteile (§ 16 Abs. 1, 2 AktG) innehat[632]. Der Inhaber ist zwar weder selbst geschäftsführungsbefugt noch gegenüber der Geschäftsleitung weisungsberechtigt, er kann aber über die Wahl des Aufsichtsrats personelle Veränderungen in der Zielgesellschaft herbeiführen[633]. Möchte das Unternehmen, das die Mehrheit besitzt, die Abhängigkeitsvermutung widerlegen, muss es darlegen und gegebenenfalls beweisen, nicht herrschendes Unternehmen zu sein[634]. Gelingt ihm der Gegenbeweis nicht, ist zwischen den Parteien ein für die Anwendbarkeit der §§ 311, 317 AktG erforderliches Abhängigkeitsverhältnis zu bejahen.

2. *Abhängigkeit gemäß § 17 Abs. 1 AktG*

Greift die Abhängigkeitsvermutung nach § 17 Abs. 2 AktG nicht ein, kommt es gemäß § 17 Abs. 1 AktG darauf an, ob das andere Unternehmen tatsächlich in der Lage ist, unmittelbar oder mittelbar beherrschenden Einfluss auszuüben.

---

632 Die Berechnungsmodelle regelt § 16 Abs. 2-4 AktG.

633 Vgl. *Schall*, in: Spindler/Stilz, AktG, § 17 Rn. 9.

634 Vgl. *Schall*, in: Spindler/Stiz, AktG, § 17 Rn. 50; *Emmerich*, in: Emmerich/Habersack, Aktien- und GmbH-Konzernrecht, § 17 Rn. 34 f.

Maßgebend ist dafür die Perspektive der abhängigen Gesellschaft[635]. Eine Einflussnahme ist unmittelbar, wenn sie sich aus eigenem Recht ergibt, mittelbar dagegen, wenn es der Mitwirkung eines Dritten bedarf, wie etwa bei einem Stimmbindungs- oder Treuhandvertrag[636]. Der Einfluss muss nicht tatsächlich ausgeübt werden, die Möglichkeit dazu reicht aus[637]. Dem herrschenden Unternehmen müssen aber umfassende, organisatorisch gesicherte Mittel zur Verfügung stehen, mit denen es der abhängigen Gesellschaft Konsequenzen androhen kann, wenn es sich der Einflussnahme nicht beugt[638].

a) Wirtschaftliche und tatsächliche Umstände

§ 17 Abs. 1 AktG trifft keine Aussage darüber, worauf der beherrschende Einfluss des anderen Unternehmens beruhen muss.

Nach Rechtsprechung und herrschender Meinung in der Literatur muss der beherrschende Einfluss gesellschaftsrechtlich begründet oder zumindest gesellschaftsrechtlich vermittelt sein[639]. Dies sei der Fall, wenn er auf einer unmittelbaren oder mittelbaren Beteiligung beruhe oder eine organisationsrechtliche Verbindung mittels Beherrschungsvertrags oder Eingliederung bestehe[640]. Rein externe Abhängigkeiten als Folge wirtschaftlicher Beziehungen, z.B. aufgrund von Kredit-, Liefer- oder sonstiger Austauschbeziehungen, begründeten hingegen per se mangels

---

635 Grundlegend BGHZ 62, 193, 196 f.; aus der neueren Rspr. BGH DB 1997, 1121, 1122; OLG München AG 1995, 383; *Hüffer*, AktG, § 17 Rn. 4; *Fett*, in: Heidelberger Kommentar, AktG, § 17 Rn. 3.

636 *Schall*, in: Spindler/Stilz, AktG, § 17 Rn. 14; *Emmerich*, in: Emmerich Habersack, Aktien- und GmbH-Konzernrecht, § 17 Rn. 26 f.; *Hüffer*, AktG, § 17 Rn. 6.

637 AllgM; vgl. BGHZ 62, 193, 201; BGHZ 135, 107, 114.; OLG München AG 1995, 383; *Bayer*, in: MünchKomm-AktG, § 17 Rn. 11; *Fett*, in: Heidelberger Kommentar, AktG, § 17 Rn. 3; *Timm*, JuS 1999, 657.

638 BGHZ 90, 381, 384 ff.; OLG Frankfurt AG 2004, 567; *Emmerich*, in: Emmerich Habersack, Aktien- und GmbH-Konzernrecht, § 17 Rn. 9 f.; *Vetter*, in: Schmidt/Lutter, AktG, § 17 Rn. 11 f.

639 BGHZ 90, 381, 395; BGHZ 121, 137, 145; BGHZ 135, 107, 114; OLG Frankfurt am Main AG 1998, 139, 140; AG 2004, 567; OLG Düsseldorf AG 1994, 36, 37; *Windbichler*, in: GK-AktG, § 17 Rn. 12; *Emmerich*, in: Emmerich/Habersack, Aktien- und GmbH-Konzernrecht, § 17 Rn. 14; *Koppensteiner*, in: KK-AktG, § 17 Rn. 59 ff.; *Vetter*, in: Schmidt/Lutter, AktG, § 17 Rn. 15; *Bayer*, in: MünchKomm-AktG, § 17 Rn. 30 ff.; *Hüffer*, AktG, § 17 Rn. 8; *Fett*, in: Heidelberger Kommentar, AktG, § 17 Rn. 9; *Krieger*, in: MünchHdb-AG, § 68 Rn. 40; *Martens*, Die existentielle Wirtschaftsabhängigkeit, S. 53 ff.; *Oechsler*, ZGR 1997, 464.

640 *Vetter*, in: Schmidt/Lutter, AktG, § 17 Rn. 15; *Hüffer*, AktG, § 17 Rn. 9 ff., 12; aufgrund des Ausschlussverhältnisses von vertraglichem und faktischem Konzern ist diese Feststellung im engeren Zusammenhang der §§ 311 ff., 302 Abs. 2 AktG nicht von Bedeutung, vgl. *Koppensteiner*, in: KK-AktG, § 17 Rn. 51.

gesellschaftsrechtlicher Absicherung keine Abhängigkeit i.S.v. § 17 Abs. 1 AktG[641].

Es sprechen überzeugende Gründe dafür, mit der Rechtsprechung und der herrschenden Meinung in der Literatur für ein Abhängigkeitsverhältnis i.S.v. § 17 Abs. 1 AktG eine gesellschaftsrechtliche Fundierung zu fordern. Zunächst sind die Abhängigkeitsvermutung des § 17 Abs. 2 AktG sowie der aktien- bzw. gesellschaftsrechtliche Charakter des § 18 AktG und der §§ 20 bis 22 AktG anzuführen[642]. Da eine Mehrheitsbeteiligung stets zu Abhängigkeit führt, ist für einen beherrschenden Einfluss ein Einflusspotential erforderlich, das dem einer Mehrheitsbeteiligung zumindest vergleichbar ist[643]. Eine rein wirtschaftliche Abhängigkeit eröffnet im Unterschied dazu nicht die Möglichkeit, grundlegende strukturelle Veränderungen bei der anderen Gesellschaft herbeizuführen.

Indem die Regierungsbegründung ausführt, § 311 AktG regele „die Verantwortlichkeit für die Ausübung rein tatsächlicher, also nicht auf einem Beherrschungsvertrag beruhender Beherrschungsmacht“[644], schließt sie tatsächliche Umstände zwar nicht von vornherein als abhängigkeitsbegründend aus. An anderer Stelle findet sich aber der Hinweis, rein tatsächliche Verhältnisse seien zur Begründung von Abhängigkeit nicht ausreichend, da sie das herrschende Unternehmen in der Regel nicht in die Lage versetzten, die abhängige Gesellschaft „ohne Rücksicht auf zufällige Entwicklungen und auf die nicht sichere Mitwirkung anderer zu unterwerfen“[645].

Eine Einbeziehung schuldrechtlicher und tatsächlicher Einflussnahmen widerspricht ferner dem Schutzzweck der §§ 311 ff. AktG. Sie sollen vor den Gefahren einer innergesellschaftlichen Machtverschiebung schützen, die befürchten lässt, Minderheits- und Gläubigerinteressen würde nicht hinreichend Rechnung getragen[646]. Bei einer wirtschaftlichen Abhängigkeit kann dies nicht geschehen. Hier droht allenfalls die Gefahr der Ausbeutung durch den Vertragspartner[647]. Vor dieser Gefahr schützen die §§ 311 ff. AktG jedoch schon deswegen nicht, weil die Tatbestände nicht an das Außenverhältnis zwischen abhängiger und

641 Vgl. die Nachweise in Fn. 639; aA RGZ 167, 40, 49 f. (allerdings zu der Vorgängervorschrift des § 15 Abs. 2 AktG 1937); LG Oldenburg ZIP 1992, 1632, 1636; LG Freiburg AG 2006, 674, 675; *Dierdorf*, Herrschaft und Abhängigkeit einer Aktiengesellschaft auf schuldvertraglicher und tatsächlicher Grundlage, S. 38 ff., 261 ff.; *Nagel/Riess/Theis*, DB 1989, 1505, 1508 ff.

642 Vgl. BGHZ 90, 381, 395; *Hüffer*, AktG, § 17 Rn. 5; *Bayer*, in: MünchKomm-AktG, § 17 Rn. 25.

643 *Hüffer*, AktG, § 17 Rn. 5; *Bayer*, in: MünchKomm-AktG; § 17 Rn. 25.

644 Vgl. *Kropff*, BegrRegE AktG 1965 zu § 311, S. 407.

645 Vgl. *Kropff*, BegrRegE AktG 1965 zu § 17, S. 31.

646 OLG Karlsruhe NZG 2004, 334, 335; *Koppensteiner*, in: KK-AktG, § 17 Rn. 59.

647 *Oechsler*, ZGR 1997, 464, 470.

herrschender Gesellschaft anknüpfen, sondern an die gesellschaftsinternen Beziehungen zwischen Aktionärsmehrheit und -minderheit[648].

Eine Einbeziehung wirtschaftlicher Abhängigkeiten in den Anwendungsbereich der Vorschriften über verbundene Unternehmen würde darüber hinaus zu einer unüberschaubaren Ausdehnung ihres Anwendungsbereichs führen[649]. Die Folge wäre große Rechtsunsicherheit, weil eine wirtschaftliche Abhängigkeit wesentlich komplizierter festzustellen ist als etwa eine Mehrheitsbeteiligung[650]. Rein wirtschaftliche Abhängigkeiten sind deswegen nach allgemeinen zivilrechtlichen Vorschriften sowie den Regelungen des Wettbewerbs- und Kartellrechts zu beurteilen, deren Funktion darin besteht, Marktgefahren sowie marktbedingte Imparitäten zu verhindern[651]. Bestehen zwischen den Parteien lediglich tatsächliche wirtschaftliche Abhängigkeiten, ist ein Abhängigkeitsverhältnis i.S.d. § 17 Abs. 1 AktG mit der herrschenden Meinung somit abzulehnen.

b) Nichtiger Beherrschungsvertrag

Es stellt sich die Frage, wie vor diesem Hintergrund ein praktizierter nichtiger Beherrschungsvertrag zu bewerten ist. Da ein wirksamer Beherrschungsvertrag gemäß § 18 Abs. 1 AktG stets einen Konzern und damit unabhängig von jeglicher Kapitalbeteiligung auch ein Abhängigkeitsverhältnis i.S.d. § 17 Abs. 1 AktG begründet[652], ist zu fragen, ob ein nichtiger vollzogener Beherrschungsvertrag eine gesellschaftsrechtliche Grundlage für ein Abhängigkeitsverhältnis im Sinne dieser Vorschrift darstellt. Auch in diesem Fall wurde schließlich eine Leitungsunterstellung i.S.v. § 291 Abs. 1 S. 1 AktG praktiziert. Zu diesem Problem finden sich im Schrifttum unterschiedliche Standpunkte.

aa) Meinungsstand

Eine Auffassung spricht einem praktizierten Beherrschungsvertrag eine abhängigkeitsbegründende Wirkung zu, und zwar unabhängig von seiner zivilrechtlichen Wirksamkeit bzw. Nichtigkeit und unabhängig davon, ob der Vertrag

---

648 *Oechsler*, ZGR 1997, 464, 478.

649 BGHZ 90, 381, 396; OLG Karlsruhe NZG 2004, 334, 335.

650 *Würdiger*, in: GK-AktG, § 17 AktG Anm. 2; *Koppensteiner*, in: KK-AktG, § 17 Rn. 60.

651 Vgl. BGHZ 90, 381, 396; *Bayer*, in: MünchKomm-AktG, § 17 Rn. 30.

652 Vgl. BGHZ 62, 193, 196; *Koppensteiner*, in: KK-AktG, § 17 Rn. 16; *Vetter*, in: Schmidt/Lutter, AktG, § 17 Rn. 42; *Hüffer*, AktG, § 17 Rn. 12.

nach den Regeln über die fehlerhafte Strukturänderung als wirksam zu behandeln ist[653]. Entscheidend sei allein die faktische Durchführung des Vertrags[654].

Die Gegenauffassung erkennt einen nichtigen, aber vollzogenen Beherrschungsvertrag nur dann als abhängigkeitsbegründend i.S.d. § 17 Abs. 1 AktG an, wenn er in das Handelsregister eingetragen wurde und nach den Grundsätzen über die fehlerhafte Strukturänderung für die Vergangenheit als wirksam zu betrachten ist[655].

bb) Stellungnahme

Der erstgenannten Auffassung ist aus mehreren Gründen nicht zu folgen. Zunächst ist ihr die konstitutive Bedeutung der Handelsregistereintragung für einen Beherrschungsvertrag entgegenzuhalten. Die Frage, ob ein nichtiger praktizierter Beherrschungsvertrag ein Abhängigkeitsverhältnis i.S.d. § 17 Abs. 1 AktG begründet, kann nicht losgelöst von der Anwendbarkeit der Grundsätze der fehlerhaften Strukturänderung beantwortet werden, da Abhängigkeit i.S.d. § 17 Abs. 1 AktG i.V.m. § 18 Abs. 1 S. 2 AktG Folge des organisationsrechtlichen Charakters des Beherrschungsvertrags ist. Erst durch die Eintragung des Vertrags entsteht der Anschein eines wirksamen Beherrschungsvertrags, aufgrund dessen sich der Vorstand veranlasst sehen darf, die Weisungen des Vertragspartners zu befolgen[656]. Es wäre widersprüchlich, die Anwendung der Lehre von der fehlerhaften Strukturänderung auf einen praktizierten verdeckten nichtigen Beherrschungsvertrag auf der einen Seite von der Eintragung in das Handelsregister und der Zustimmung der Hauptversammlung abhängig zu machen, was nach hier vertretener Auffassung zwingend erforderlich ist, und auf der anderen Seite allein aufgrund des nichtigen Vertrags ein Abhängigkeitsverhältnis nach § 17 Abs. 1 AktG anzunehmen. Ein Abhängigkeitsverhältnis i.S.d. § 17 AktG setzt eine verlässliche Einflussmöglichkeit des herrschenden Unternehmens auf die abhängige Gesellschaft voraus[657]. Nur ein wirksamer Beherrschungsvertrag stellt sicher, dass das herrschende Unternehmen

---

653 *Emmerich*, in: Emmerich/Habersack, Aktien- und GmbH-Konzernrecht, § 17 Rn. 16, 22; *Schall*, in: Spindler/Stilz, AktG, § 17 Rn. 38; *Vetter*, in: Schmidt/Lutter, AktG, § 17 Rn. 43; *Fett*, in: Heidelberger Kommentar, AktG, § 17 Rn. 17.

654 *Emmerich*, in: Emmerich/Habersack, Aktien- und GmbH-Konzernrecht, § 17 Rn. 16, 22; *Vetter*, in: Schmidt/Lutter, AktG, § 17 Rn. 43; *Schall*, in: Spindler/Stilz, AktG, § 17 Rn. 38; *Fett*, in: Heidelberger Kommentar, AktG, § 17 Rn. 17.

655 *Koppensteiner*, in: KK-AktG, § 17 Rn. 54, 65; *Bayer*, in: MünchKomm-AktG, § 17 Rn. 68, 71; *Dierdorf*, Herrschaft und Abhängigkeit einer Aktiengesellschaft auf schuldvertraglicher und tatsächlicher Grundlage, S. 207 f.; ferner *Oechsler*, ZGR 1997, 465, 473 ff.

656 *Dierdorf*, Herrschaft und Abhängigkeit einer Aktiengesellschaft auf schuldrechtlicher und tatsächlicher Grundlage, S. 208.

657 Vgl. *Koppensteiner*, in: KK-AktG, § 17 Rn. 20, 65.

„beherrschenden Einfluss" i.S.v. § 17 Abs. 1 AktG ausüben kann. Praktizieren die Parteien hingegen einen nichtigen Beherrschungsvertrag, erfolgt die Einflussnahme auf den Vorstand ohne verlässliche rechtliche Grundlage und daher auf eine nicht justiziable Art und Weise. Für die Zukunft ist unvorhersehbar, ob weitere Einflussnahmen erfolgen werden[658]. Hinzu kommen erhebliche Probleme bei der Beweisführung, wenn es um die Frage geht, ob ein wegen der Nichtigkeit des Vertrags objektiv nicht bestehendes Einwirkungsrecht in der Vergangenheit für ein bestimmtes Handeln des Vorstands tatsächlich kausal war[659]. Insofern ist ein Abhängigkeitsverhältnis i.S.v. § 17 Abs. 1 AktG allein aufgrund eines nichtigen praktizierten Beherrschungsvertrags abzulehnen, weil es an entscheidenden Voraussetzungen für die Vermutung des § 18 Abs. 1 S. 2 AktG fehlt.

Waren sich die Parteien über die beherrschungsvertragliche Qualität ihrer Vereinbarung nicht gewahr, und beachteten sie aufgrund dessen die Wirksamkeitsvoraussetzungen der §§ 293, 294, 304 AktG nicht, ergibt sich im Hinblick auf § 17 Abs. 1 AktG keine andere Bewertung. Selbst wenn der Vorstand Entscheidungen in wesentlichen geschäftspolitischen Fragen nach dem Willen des Vertragspartners traf, entspricht dies nicht der Sachlage, die ein Abhängigkeitsverhältnis i.S.d. § 17 Abs. 1 AktG kennzeichnet. Die §§ 311 ff. AktG sollen die abhängige Gesellschaft nämlich schützen, wenn ein herrschendes Unternehmen bei der abhängigen Gesellschaft Entscheidungen durchsetzt, die ihren Interessen und denen ihrer Aktionäre und Gläubiger zuwiderlaufen. Diese Gefahr drohte jedoch nicht, wenn die Parteien den Vertrag nicht als Beherrschungsvertrag ansahen. Dann konnte und durfte ihr Vorstand nicht davon ausgehen, sein organschaftliches Handeln nicht mehr an dem Interesse seines Unternehmens auszurichten zu müssen. Ferner konnte und durfte er nicht annehmen, für nachteilige Beeinflussungen durch den Vertragspartner von diesem einen Ausgleich zu erhalten. Somit kann ein nichtiger Beherrschungsvertrag, den die Parteien in Unkenntnis seines beherrschungsvertraglichen Inhalts vollzogen haben, jedenfalls per se kein Abhängigkeitsverhältnis i.S.d. § 17 Abs. 1 AktG begründen.

c) Minderheitsbeteiligung

Aus § 17 Abs. 1 und 2 AktG folgt, dass auch eine Minderheitsbeteiligung ein Abhängigkeitsverhältnis begründen kann, sofern sie faktisch wie eine Mehrheitsbeteiligung wirkt[660]. Dafür müssen zusätzliche außergesellschaftsrechtliche Umstände rechtlicher oder tatsächlicher Art vorliegen, die es dem anderen Unterneh-

---

658 *Koppensteiner*, in: KK-AktG, § 17 Rn. 65.

659 Vgl. *Koppensteiner*, in: KK-AktG, § 17 Rn. 65.

660 Vgl. BGHZ 69, 334, 347; BGHZ 135, 107, 114 f.; OLG Düsseldorf AG 2009, 873, 874 f.; OLG Düsseldorf AG 1994, 36, 37; *Hüffer*, AktG, § 17 Rn. 9.

men ermöglichen, die Gesellschaft zu beherrschen (sog. „kombinierte Beherrschung“)[661]. Ein nichtiger verdeckter Beherrschungsvertrag könnte ein solcher Umstand sein, aufgrund dessen eine Minderheitsbeteiligung wie eine Mehrheitsbeteiligung wirken kann. Wäre dies der Fall, könnte ein verdeckter nichtiger Beherrschungsvertrag zwischen einer Aktiengesellschaft und einem Minderheitsaktionär zu einem Abhängigkeitsverhältnis nach § 17 Abs. 1 AktG führen und die §§ 311 ff. AktG wären anwendbar.

Nach dem Wortlaut des § 17 Abs. 1 AktG reicht die mittelbare Ausübung beherrschenden Einflusses für ein Abhängigkeitsverhältnis aus. Daher kann anerkanntermaßen eine abgeleitete Stimmrechtsmacht, etwa infolge eines Treuhandverhältnisses oder eines Stimmbindungsvertrags, abhängigkeitsbegründend sein[662]. Ferner herrscht in Hauptversammlungen regelmäßig eine geringe Präsenz, so dass unter Umständen auch eine Minderheitsbeteiligung an der Gesellschaft zu einer Hauptversammlungsmehrheit führen und damit einen beherrschenden Einfluss ermöglichen kann[663]. Auch personelle Verflechtungen in den Leitungsorganen können das aus einer Minderheitsbeteiligung resultierende Einflusspotential entscheidend verstärken[664]. In diesem Zusammenhang sind insbesondere Entsendungsrechte nach § 101 Abs. 2 AktG zu nennen[665]. Denkbar ist gleichfalls, dass schuldrechtliche Verbindungen in Kombination mit einer Minderheitsbeteiligung zu einer „kombinierten Beherrschung“ führen[666], insbesondere wenn darin vertragliche Mitspracherechte zugunsten eines Vertragspartners geregelt sind[667].

In Anbetracht dieser Fälle, in denen eine kombinierte Beherrschung vorliegen kann, sprechen jedoch gewichtige Gesichtspunkte dagegen, in einem in der Vergangenheit praktizierten verdeckten nichtigen Beherrschungsvertrag einen Um-

---

661 BGHZ 69, 334, 347; BGHZ 135, 107, 114 f.; OLG Düsseldorf AG 1994, 36, 37; *Bayer*, in: MünchKomm-AktG, § 17 Rn. 31 f.; *Emmerich*, in: Emmerich/Habersack, Aktien- und GmbH-Konzernrecht, § 17 Rn. 16a; *Windbichler*, in: GK-AktG, § 17 Rn. 40; ablehnend *Koppensteiner*, in: KK-AktG, § 17 Rn. 68; *Hüffer*, AktG, 17 Rn. 8; *Mertens*, AG 1996, 241, 246; *Dierdorf*, Herrschaft und Abhängigkeit einer Aktiengesellschaft auf schuldrechtlicher und tatsächlicher Grundlage , S. 210 ff.

662 *Koppensteiner*, in: KK-AktG, § 17 Rn. 46; *Vetter*, in: Schmidt/Lutter, AktG, § 17 Rn. 19, 23.

663 Vgl. BGHZ 69, 334, 347; BGHZ 135, 107, 114; *Vetter*, in: Schmidt/Lutter, AktG, § 17 Rn. 20; *Emmerich*, in: Emmerich/Habersack, Aktien- und GmbH-Konzernrecht, § 17 Rn. 19.

664 BGHZ 135, 107, 114 f.; OLG Düsseldorf AG 2009, 873, 875; *Bayer*, in: MünchKomm-AktG, § 17 Rn. 33; *Vetter*, in: Schmidt/Lutter, AktG, § 17 Rn. 16, 40 f.; *Emmerich*, in: Emmerich/Habersack, Aktien- und GmbH-Konzernrecht, § 17 Rn. 19 m.w.Nachw.

665 Vgl. OLG Düsseldorf AG 2009, 873, 875.

666 Ganz hM; vgl. BGHZ 90, 381, 397; BGHZ 107, 7, 13; OLG Düsseldorf AG 2005, 538, 539; KG Berlin AG 2005, 398, 399; OLG Frankfurt AG 1998, 139, 140; *Windbichler*, in: GK-AktG, § 17 Rn. 40 a.E.; *Bayer*, in: MünchKomm-AktG, § 17 Rn. 32; *Emmerich*, in: Emmerich/Habersack, Aktien- und GmbH-Konzernrecht, § 17 Rn. 16.

667 *Schall*, in: Spindler/Stilz, AktG, § 17 Rn. 35.

stand zu sehen, der das durch eine Minderheitsbeteiligung vermittelte Einflusspotential bis zu einer Abhängigkeit i.S.d. § 17 Abs. 1 AktG verstärken kann. Eine „kombinierte Beherrschung" setzt nämlich zwingend voraus, dass es sich bei den zu der Minderheitsbeteiligung hinzukommenden Umständen um verlässliche Umstände handelt[668]. Ein nicht den Anforderungen der §§ 293, 294, 304 AktG gerecht werdender Beherrschungsvertrag stellt jedoch keine verlässliche Grundlage für eine Einflussnahme auf den Vorstand der Aktiengesellschaft dar. Er ist von Anfang an nichtig und hat zu keiner Zeit tatsächlich Rechte oder Pflichten für die Parteien begründet. Die darin zugunsten eines Aktionärs oder Dritten vereinbarten Einflussrechte bei geschäftspolitischen Entscheidungen des Vorstands hätten die Begünstigten somit keinesfalls gerichtlich durchsetzen können. Die Einflussnahme erfolgte zufällig aufgrund der Unkenntnis der Vertragspartei(en) von der Nichtigkeit des Vertrags. Somit begründet ein nicht den Anforderungen der §§ 293, 294, 304 AktG genügender und damit nichtiger Beherrschungsvertrag in Kombination mit einer Minderheitsbeteiligung kein Abhängigkeitsverhältnis i.S.d. § 17 Abs. 1 AktG. Der Vollzug des nichtigen Vertrags durch die Parteien führt insoweit zu keiner anderen Beurteilung.

3. *Zwischenergebnis*

Ein verdeckter Beherrschungsvertrag, der nicht über die Lehre von der fehlerhaften Strukturänderung für die Vergangenheit als wirksam zu behandeln ist, begründet für sich genommen kein Abhängigkeitsverhältnis nach § 17 AktG. Allein aufgrund des nichtigen Beherrschungsvertrags sind die §§ 311, 317 AktG damit nicht anwendbar. Anders ist die Situation zu beurteilen, wenn der Vertragspartner zusätzlich mehrheitlich i.S.d. § 16 AktG an der Gesellschaft beteiligt ist. Dann wird ein Abhängigkeitsverhältnis gemäß § 17 Abs. 2 AktG widerlegbar vermutet und die §§ 311, 317 AktG greifen ein. Ein nichtiger verdeckter Beherrschungsvertrag ist kein verlässlicher rechtlicher oder tatsächlicher Umstand, der in Kombination mit einer Minderheitsbeteiligung ein Einflusspotential sichert, das dem einer Mehrheitsbeteiligung entspricht. Auch wenn der Vertragspartner Minderheitsaktionär der Gesellschaft ist, reicht dies – sofern nicht aufgrund sonstiger besonderer Umstände eine kombinierte Beherrschung vorliegt – nicht aus, um ein Abhängigkeitsverhältnis gemäß § 17 Abs. 1 AktG zu begründen. Dabei ist unerheblich, ob die Parteien den Vertrag in der Vergangenheit – bewusst oder unbewusst – vollzogen haben, weil er tatsächlich niemals Rechte oder

668 Ganz hM; vgl. BGHZ 69, 334, 347; BGHZ 148, 123, 125 f.; BGHZ 135, 107, 114 f.; OLG Düsseldorf AG 2009, 873, 874; *Schall*, in: Spindler/Stilz, AktG, § 17 Rn. 19, 25 ff.; *Vetter*, in: Schmidt/Lutter, AktG, § 17 Rn. 16; *Emmerich*, in: Emmerich/Habersack, Konzernrecht, S. 42.

Pflichten für sie begründet hat. Somit sind die §§ 311 ff. AktG bei nachteiligen Einflussnahmen eines mehrheitlich an der Gesellschaft beteiligten Vertragspartners einschlägig, hingegen nur in Ausnahmefällen, wenn der Vertragspartner Minderheitsaktionärs der Gesellschaft ist. Ein praktizierter verdeckter nichtiger Beherrschungsvertrag begründet jedenfalls keinen solchen Ausnahmefall. Die Anwendbarkeit der §§ 311 ff. AktG ist von vornherein ausgeschlossen, wenn der Vertragspartner zu der Gesellschaft in keinem mitgliedschaftlichen Verhältnis steht.

V. Rechtsfolgen im faktischen Konzern

Zu klären ist, welche Rechtsfolgen die §§ 311 ff. AktG vorsehen, wenn ein Mehrheitsaktionär auf den Vorstand auf der Grundlage eines nichtigen verdeckten Beherrschungsvertrags zum Nachteil der Gesellschaft Einfluss ausübt. Dafür ist zunächst zu erörtern, was unter einem nachteiligen Rechtsgeschäft oder einer nachteiligen Maßnahme i.S.d. § 311 Abs. 1 AktG zu verstehen ist und auf welche Weise das herrschende Unternehmen sie auszugleichen hat. Danach stellt sich die Frage, ob die Rechtsfolgen des faktischen Konzerns bei verdeckten nichtigen Beherrschungsverträgen den Interessen der abhängigen Gesellschaft und mittelbar ihrer Gläubiger und außenstehenden Aktionäre gerecht werden oder ob ihr Schutz auf anderem Wege sicherzustellen ist. Dabei ist zu berücksichtigen, dass der Inhalt des von den Parteien praktizierten nichtigen Vertrags zu einer Leitungsunterstellung i.S.d. § 291 Abs. 1 S. 1 AktG geführt hat, für die das Gesetz bei einem wirksamen Beherrschungsvertrag unter anderem eine globale Verlustausgleichspflicht des herrschenden Unternehmens vorsieht.

1. Grundlagen zur Nachteilsermittlung

Gemäß § 311 Abs. 1 AktG darf ein herrschendes Unternehmen eine abhängige Gesellschaft zu nachteiligen Rechtsgeschäften oder nachteiligen Maßnahmen nur dann veranlassen, wenn es von Beginn des Abhängigkeitsverhältnisses an die daraus resultierenden Nachteile bis zum Ende des Geschäftsjahrs ausgleicht[669]. Eine Veranlassung i.S.d. § 311 Abs. 1 AktG kann grundsätzlich jede Art der Einflussnahme sein, die bei der abhängigen Gesellschaft zu einem Nachteil führt, auch ein Ratschlag, eine Anregung, Empfehlung oder Weisung[670]. Ein Veran-

669 *Altmeppen*, in: MünchKomm-AktG, § 311 Rn. 301 ff.; *Habersack*, in: Emmerich/Habersack, Aktien- und GmbH-Konzernrecht, § 311 Rn. 59.

670 LG Köln AG 2008, 327, 331; *Koppensteiner*, in: KK-AktG, § 311 Rn. 2 f., 16; *Habersack*, in: Emmerich/Habersack, Aktien- und GmbH-Konzernrecht, § 311 Rn. 23; *Hüffer*, AktG, § 311

lassen nach § 311 Abs. 1 AktG kann gleichsam darauf gerichtet sein, dass der Vorstand eine Maßnahme oder ein Rechtsgeschäft unterlässt, solange die Veranlassung für das Unterlassen kausal ist[671]. Somit kann jedes Einflussrecht, das in dem nichtigen Vertrag vereinbart wurde und inhaltlich zu der Leitungsunterstellung führt, auch Mittel der Einflussnahme i.S.v. § 311 Abs. 1 AktG sein.

a) Nachteil i.S.d. § 311 AktG

Bei einem praktizierten verdeckten nichtigen Beherrschungsvertrag könnte die Beurteilung, ob die Einflussnahme auf ein Rechtsgeschäft oder eine sonstige Maßnahme des Vorstands für die Gesellschaft zu einem Nachteil führt, aus folgendem Grund problematisch sein: Ein Vertrag kann nur dann aufgrund von Einflussrechten auf Vorstandsentscheidungen als verdeckter Beherrschungsvertrag einzuordnen sein, wenn die Einflussrechte sich auf Leitungsentscheidungen des Vorstands beziehen[672]. Leitungsentscheidungen zeichnen sich durch ihre Bedeutung für die langfristige Unternehmenspolitik aus, sie sind also zukunftsgerichtet[673]. Infolge der Einflussnahme auf solche zukunftsgerichteten Entscheidungen müsste der Gesellschaft ein Nachteil entstanden sein. Diese Beurteilung kann in der Praxis kompliziert und vor allem schwierig zu beweisen sein. Um die sich aus den §§ 311 ff. AktG für praktizierte verdeckte nichtige Beherrschungsverträge ergebenden Rechtsfolgen beurteilen zu können, ist zunächst zu erörtern, was unter einem Nachteil i.S.d. § 311 AktG zu verstehen und wie er bei der Einflussnahme auf Leitungsentscheidungen des Vorstands zu bestimmen ist.

Der Nachteilsbegriff des § 311 Abs. 1 und 2 AktG ist aufgrund seines Regelungszwecks, nämlich dem Schutz der Gläubiger und Minderheitsaktionäre, generell weit zu fassen[674]. Ein Nachteil i.S.d. § 311 AktG liegt vor, wenn die Vermögens- oder Ertragslage der Gesellschaft aufgrund der Abhängigkeit negativ beeinträchtigt wird oder die konkrete Gefahr einer negativen Beeinträchtigung besteht[675]. Abzustellen ist auf den Zeitpunkt der Vornahme der Maßnahme oder

---

Rn. 16; *Fett*, in: Heidelberger Kommentar, AktG, § 311 Rn. 12; *Krieger*, in: MünchHdb-AG, § 69 Rn. 74.

671 *Koppensteiner*, in: KK-AktG, § 311 Rn. 14; *Hüffer*, AktG, § 311 Rn. 24; *Habersack*, in: Emmerich/Habersack, Konzernrecht, § 25 Rn. 12.

672 Vgl. oben, Zweiter Teil, Drittes Kapitel, A.II.

673 Vgl. oben, Zweiter Teil, Zweites Kapitel, A.III.3.

674 Vgl. BGHZ 141, 79, 84; BGHZ 179, 71, 75 („MPS“); *Habersack*, in: Emmerich/Habersack, Aktien- und GmbH-Konzernrecht, § 311 Rn. 39 f.; *Hüffer*, AktG, § 311 Rn. 25, jeweils m.w.Nachw.

675 BGHZ 141, 79, 84; BGHZ 179, 71, 75; *Habersack*, in: Emmerich/Habersack, Aktien- und GmbH-Konzernrecht, § 311 Rn. 39; *Fett*, in: Heidelberger Kommentar, AktG, § 311 Rn. 23; *Hüffer*, AktG, § 311 Rn. 25.

des Abschlusses des Rechtsgeschäfts, im Unterschied zur Schadensermittlung nach den §§ 249 ff. BGB, bei der die Situation am Ende des Kausalverlaufs entscheidend ist[676]. Damit sind Nachteile, die erst im Nachhinein eintreten oder erkennbar sind, von § 311 Abs. 1 AktG ausgenommen. Eine nachträgliche positive Entwicklung hilft auch nicht über die einmal getroffene Annahme einer nachteiligen Veranlassung hinweg[677].

Allerdings stellt nicht jede Verschlechterung der Vermögens- oder Ertragssituation der Gesellschaft einen Nachteil i.S.d. § 311 Abs. 1 AktG dar. Dies ergibt sich aus § 317 Abs. 2 AktG, wonach eine Schadensersatzpflicht ausscheidet, wenn auch ein ordentlicher und gewissenhafter Geschäftsleiter einer nicht i.S.d. § 17 AktG abhängigen Gesellschaft das betreffende Rechtsgeschäft oder die Maßnahme vorgenommen oder unterlassen hätte[678]. Dann läge keine Pflichtverletzung des Vorstands der abhängigen Gesellschaft vor und der Nachteil wäre nicht Folge der Abhängigkeit[679]. Aus der ex ante-Perspektive müssen konkrete Anhaltspunkte für eine Gefährdung der Vermögens- oder Ertragslage vorgelegen haben, beispielsweise im Fall der Veranlassung zur Ausreichung eines unbesicherten Darlehens ein konkretes Ausfallrisiko des Darlehensnehmers[680].

b) Nachteil infolge eines Rechtsgeschäfts

Bei der Veranlassung der abhängigen Gesellschaft zu einem Rechtsgeschäft ist dessen nachteiliger Charakter mitunter schwer zu ermitteln. Für die Prüfung, ob ein Rechtsgeschäft für die Gesellschaft i.S.d. § 311 Abs. 1 AktG nachteilig ist, bietet es sich an, dieselben Grundsätze wie bei verdeckten Gewinnausschüttungen anzuwenden[681]. Eine verdeckte Gewinnausschüttung liegt vor, wenn die Aktiengesellschaft mit einem Aktionär formal ein Austauschgeschäft abschließt, das dem Zweck dient, dem Aktionär unter Umgehung der §§ 57 Abs. 1 und 3, 62 Abs. 1 S. 1

676 BGHZ 175, 365, 368 f. („UMTS"); *Koppensteiner*, in: KK-AktG, § 311 Rn. 39; *Krieger*, in: MünchHdb-AG, § 69 Rn. 79; *Hüffer*, AktG, § 311 Rn. 28; *Fett*, in: Heidelberger Kommentar, AktG, § 311 Rn. 24.

677 *Fett*, in: Heidelberger Kommentar, AktG, § 311 Rn. 24.

678 Ganz hM; vgl. BGHZ 175, 365, 368 f.; BGHZ 179, 71, 78 f.; LG Bonn NZG 2005, 856, 857; *Koppensteiner*, in: KK-AktG, § 311 Rn. 36; *Hüffer*, AktG, § 311 Rn. 27; *Vetter*, in: Schmidt/Lutter, AktG, § 311 Rn. 40; *Müller*, in: Spindler/Stilz, AktG, § 311 Rn. 28; *Habersack*, in: Emmerich/Habersack, Aktien- und GmbH-Konzernrecht, § 311 Rn. 40.

679 Vgl. die Nachweise in der vorigen Fn.

680 Vgl. BGHZ 179, 71, 78 f.

681 *Koppensteiner*, in: KK-AktG, § 311 Rn. 61; *Vetter*, in: Schmidt/Lutter, AktG, § 311 Rn. 49; *Hüffer*, AktG, § 311 Rn. 30; *Habersack*, in: Habersack, in: Aktien- und GmbH-Konzernrecht, § 311 Rn. 54; *Krieger*, in: MünchHdb-AG, § 69 Rn. 81; *Fett*, in: Heidelberger Kommentar, AktG, § 311 Rn. 40.

AktG Gesellschaftsvermögen auszuzahlen[682]. Eine verdeckte Gewinnausschüttung ist verboten, da gemäß §§ 57 Abs. 3, 58 Abs. 4 AktG nur der Bilanzgewinn an die Aktionäre ausgeschüttet werden darf[683].

Der Rückgriff auf die für verdeckte Gewinnausschüttungen geltenden Grundsätze im Zusammenhang mit der Frage, ob ein Rechtsgeschäft i.S.d. § 311 Abs. 1 AktG für die abhängige Gesellschaft nachteilig ist, rechtfertigt sich aus folgenden Erwägungen heraus: Bei einer verdeckten Gewinnausschüttung ist aus Sicht der Gesellschaft zu beurteilen, ob zum Vorteil des Aktionärs ein Eingriff in das Gesellschaftsvermögen erfolgte[684]. Bei § 311 Abs. 1 AktG sind die aus einem Rechtsgeschäft für die Gesellschaft resultierenden Nachteile entscheidend, wofür ebenfalls die Sicht der Gesellschaft maßgebend ist. Insofern ist lediglich die Beurteilungsperspektive unterschiedlich, da es einmal um Vorteile und einmal um Nachteile geht[685]. Der Maßstab sowie die Methode, nach der ein Nachteil infolge eines Rechtsgeschäft und eine verdeckte Gewinnausschüttung festzustellen sind, sind jedoch dieselben[686]. Damit können die Maßstäbe, anhand derer Rechtsgeschäfte auf verdeckte Gewinnausschüttungen untersucht werden, zur Ermittlung eines Nachteils im Zusammenhang mit § 311 AktG herangezogen werden.

Bei der Untersuchung eines Rechtsgeschäfts der Gesellschaft mit einem Aktionär auf eine verdeckte Gewinnausschüttung kommt es darauf an, ob die Zuwendung an den Aktionär das Gesellschaftsvermögen wertmäßig beeinträchtigt[687]. Eine verdeckte Zuwendung liegt hingegen nicht vor, wenn Leistung der Gesellschaft und Gegenleistung des Aktionärs in einem angemessenen Verhältnis zueinander stehen[688]. Ein angemessenes Verhältnis von Leistung und Gegenleistung ist anzunehmen, wenn ein ordentlicher und gewissenhafter Geschäftsleiter das Geschäft zu den vereinbarten Konditionen abgeschlossen hätte[689]. Dabei ist allein das Verhältnis des Werts der Leistungen zueinander maßgebend, hingegen nicht, ob das Geschäft sinnvoll ist[690]. Diesen Maßstab bei der Nachteilsermittlung im Rah-

---

682 Vgl. dazu *Drygala*, in: KK-AktG, § 57 Rn. 37 ff.; *Cahn/v. Spannenberg*, in: Spindler/Stilz, AktG, § 57 Rn. 14 ff.

683 *K. Schmidt*, GesR, S. 890.

684 Vgl. *Koppensteiner*, in: KK-AktG, § 311 Rn. 61.

685 *Habersack*, in: Emmerich/Habersack, Aktien- und GmbH-Konzernrecht, § 311 Rn. 54.

686 *Koppensteiner*, in: KK-AktG, § 311 Rn. 61; *Habersack*, in: Emmerich/Habersack, Aktien- und GmbH-Konzernrecht, § 311 Rn. 54.

687 Ganz hM, vgl. OLG Frankfurt AG 1992, 194, 196; *Bayer*, in: MünchKomm-AktG, § 57 Rn. 7, 31 ff.; *Cahn/v. Spannenberg*, in: Spindler/Stilz, AktG, § 57 Rn. 14, 19 ff.; *Hüffer*, AktG, § 57 Rn. 2, 8 ff.

688 Vgl. nur *Cahn/v. Spannenberg*, in: Spindler/Stilz, AktG, § 57 Rn. 19; *Hüffer*, AktG, § 57 Rn. 8.

689 BGH NJW 1996, 589, 590; OLG Köln AG 2009, 584, 587; OLG Koblenz AG 2007, 408, 409.

690 *Cahn/v. Spannenberg*, in: Spindler/Stilz, AktG, § 57 Rn. 19.

men des § 311 Abs. 1 AktG zugrunde gelegt, ist ein Rechtsgeschäft für die abhängige Gesellschaft nicht nachteilig, wenn Leistung und Gegenleistung zueinander objektiv in einem angemessenen Verhältnis stehen[691].

2. *Nachteilsausgleich als Einzelausgleich*

Das Ausgleichssystem der §§ 311 ff. AktG beruht auf dem Gedanken des Einzelausgleichs[692]. Gemäß § 311 Abs. 1 und 2 AktG muss das herrschende Unternehmen der abhängigen Gesellschaft für jede einzelne nachteilige Veranlassung bis zum Ende des Geschäftsjahrs einen gleichwertigen Vermögenswert oder Vorteil gewähren[693]. Der Ausgleich hat entweder tatsächlich bis zum Ende des Geschäftsjahrs oder durch einen Rechtsanspruch auf Nachteilsausgleich zu erfolgen (§ 311 Abs. 2 AktG). Für den Nachteilsausgleich ist es notwendig, jede nachteilige Veranlassung einzeln als solche zu identifizieren, zu isolieren und zu bewerten. Gesichert wird dieses System des Nachteilsausgleichs durch den Abhängigkeitsbericht, der vom Vorstand zu erstellen und vom Aufsichtsrat sowie dem Abschlussprüfer zu prüfen ist (§§ 312 bis 314 AktG).

3. *Beweiserleichterungen*

Nach allgemeinen Grundsätzen läge die Beweislast für nachteilige Veranlassungen durch das herrschende Unternehmen im Rahmen der §§ 311, 317 AktG bei der abhängigen Gesellschaft, ihren Minderheitsaktionären und Gläubigern. Dies hätte für sie mitunter erhebliche Beweisprobleme zur Folge, weil eine Veranlassung im Sinne der §§ 311, 317 AktG auch eine informelle und nach außen nicht erkennbare Einflussnahme durch eine mündliche Aufforderung, Vorgabe, einen Ratschlag oder durch Richtlinien sein kann[694]. Diese Beweisschwierigkeiten drohen bei einem verdeckten Beherrschungsvertrag in besonderem Maße, weil die außenstehenden Aktionäre und Gläubiger von der Einflussnahme mangels Eintragung des Vertrags in das Handelsregister und unterbliebener Zustimmung der Hauptversammlung typischerweise keine Kenntnis erlangen.

---

691 *Habersack*, in: Emmerich/Habersack, Aktien- und GmbH-Konzernrecht, § 311 Rn. 54; *Fett*, in: Heidelberger Kommentar, AktG, § 311 Rn. 40; zu den Maßstäben der Nachteilsermittlung ausführlich etwa *Koppensteiner*, in: KK-AktG, § 311 Rn. 57 ff.; *Müller*, in: Spindler/Stilz, AktG; § 311 Rn. 32 ff.; *Vetter*, ZHR 171 (2007), 342, 354 ff. jeweils m.w.Nachw.

692 Statt vieler *Müller*, in: Spindler/Stilz, AktG, § 311 Rn. 1.

693 *Habersack*, in: Emmerich/Habersack, Aktien- und GmbH-Konzernrecht, § 311 Rn. 59; *Koppensteiner*, in: KK-AktG, § 311 Rn. 98.

694 LG Köln AG 2008, 327, 331; *Altmeppen*, in: MünchKomm-AktG, § 311 Rn. 76; *Müller*, in: Spindler/Stilz, AktG, § 311 Rn. 12; *Koppensteiner*, in: KK-AktG, § 311 Rn. 2 f.; *Hüffer*, AktG, § 311 Rn. 16.

Im faktischen Konzern finden zum Schutz der abhängigen Gesellschaft, ihrer Gläubiger und außenstehenden Aktionäre Beweiserleichterungen für das Vorliegen einer „Veranlassung“ Anwendung[695]. Bei einem Handeln der abhängigen Gesellschaft zu ihrem Nachteil ist nach überwiegender Auffassung prima facie anzunehmen, dass die Handlung auf Veranlassung des herrschenden Unternehmens erfolgte[696]. Das herrschende Unternehmen kann diesen Beweis des ersten Anscheins widerlegen, indem es die ernsthafte Möglichkeit eines atypischen Geschehensablaufs, also einer nicht von ihm veranlassten Pflichtverletzung, darlegt[697]. Der prima facie-Beweis berücksichtigt, dass Nachteile bei der abhängigen Gesellschaft typischerweise auf Veranlassungen des herrschenden Unternehmens zurückzuführen sind[698]. Normative Grundlage hierfür ist § 312 Abs. 1 S. 2 AktG, wonach in dem Abhängigkeitsbericht nicht nur alle durch das herrschende Unternehmen veranlassten Rechtsgeschäfte, sondern auch alle sonstigen Maßnahmen aufzuführen sind, die mit ihm oder auf seine Veranlassung hin durchgeführt oder unterlassen wurden[699]. Da der Abhängigkeitsbericht dazu dient, die tatsächlichen Voraussetzungen für Schadensersatzklagen gemäß § 317 AktG zu schaffen, deutet die Aufzählung in § 312 Abs. 1 S. 2 AktG darauf hin, dass es bei diesen Handlungen nahe liegt, auf Veranlassung des herrschenden Unternehmens erfolgt zu sein[700].

Neben einem Nachteil auf Seiten der abhängigen Gesellschaft, der nachgewiesen werden muss und nicht vermutet wird, setzt der prima facie-Beweis einen tatsächlichen Vorteil bei dem herrschenden Unternehmen bzw. der Unternehmensgruppe voraus[701]. Durch dieses Erfordernis lösen „autonome“ Pflichtverletzungen des Vorstands der abhängigen Gesellschaft, die negative Folgen für die Vermö-

---

695 Zu Sonderfällen von Beweiserleichterungen z.B. *Vetter*, in: Schmidt/Lutter, AktG, § 311 Rn. 32 ff., *Habersack*, in: Emmerich/Habersack, Aktien- und GmbH-Konzernrecht, § 311 Rn. 28 ff.; *Koppensteiner*, in: KK-AktG, § 311 Rn. 29 ff.

696 So *Vetter*, in: Schmidt/Lutter, AktG, § 311 Rn. 30; *Koppensteiner*, in: KK-AktG, § 311 Rn. 6, 10; *Müller*, in: Spindler/Stilz, AktG, § 311 Rn. 24 f.; *Habersack*, in: Emmerich/Habersack, Aktien- und GmbH-Konzernrecht, § 311 Rn. 33; für tatsächliche Vermutung etwa *Hüffer*, AktG, § 311 Rn. 21; *Krieger*, in: MünchHdb-AG, § 69 Rn. 76; *Fett*, in: Heidelberger Kommentar, AktG, § 311 Rn. 15.

697 *Habersack*, in: Emmerich/Habersack, Aktien- und GmbH-Konzernrecht, § 311 Rn. 33; vgl. auch BGHZ 100, 31, 33 f.

698 *Müller*, in: Spindler/Stilz, AktG, § 311 Rn. 25.

699 *Koppensteiner*, in: KK-AktG, § 311 Rn. 10; kritisch *Hüffer*, AktG, § 311 Rn. 21.

700 Vgl. nur *Koppensteiner*, in: KK-AktG, § 311 Rn. 10.

701 *Koppensteiner*, in: KK-AktG, § 311 Rn. 13; *Vetter*, in: Schmidt/Lutter, AktG, § 311 Rn. 30; *Müller*, in: Spindler/Stilz, AktG, § 311 Rn. 25; *Habersack*, in: Emmerich/Habersack, Aktien- und GmbH-Konzernrecht, § 311 Rn. 33; aA Krieger, in: MünchHdb-AG, § 69 Rn. 76; *Hüffer*, AktG, § 311 Rn. 21; *Cahn*, Kapitalerhaltung im Konzern, S. 65.

gens- oder Ertragslage der Gesellschaft haben, von vornherein keine Ausgleichspflicht des herrschenden Unternehmens aus[702]. Der Vorteil des herrschenden oder eines verbundenen Unternehmens ist Anknüpfungspunkt des Anscheinsbeweises[703]. Auf diese Weise wird ein Ausufern der Veranlassungsvermutung vermieden und den praktischen Beweisschwierigkeiten Rechnung getragen, die bei der Widerlegung der Vermutung seitens des herrschenden Unternehmens auftreten können[704].

4. *Qualifizierte Nachteilszufügungen*

a) Grenzen der §§ 311, 317 AktG

Übt das herrschende Unternehmen seine Herrschaftsmacht in einer Weise aus, die bei der abhängigen Gesellschaft zu Nachteilen führt, die sich nicht durch das auf Einzeleingriff, Nachteilsausgleich und Schadensersatz basierende Regelungssystem der §§ 311, 317 AktG kompensieren lassen, handelt es sich um so genannte „qualifizierte Nachteilszufügungen“[705]. Einen Schwachpunkt der §§ 311, 317 AktG stellt die zwingende Voraussetzung dar, nachteilige Beeinflussungen durch das herrschende Unternehmen einzeln festzustellen, zu isolieren und zu bewerten. Ein Nachteil i.S.d. § 311 Abs. 1 AktG muss sich zwar weder bilanziell niederschlagen noch bei der Gesellschaft zwingend zu einem Verlust führen[706]. Durch Einzelausgleich lassen sich aber nur Nachteile und Schäden ausgleichen, die auf einzelne Einflussnahmen des herrschenden Unternehmens zurückgeführt und quantifiziert werden können, wenn nicht ausnahmsweise ein Ausgleich durch einen ebenfalls nicht quantifizierbaren Vorteil in Betracht kommt[707]. Erstellt der Vorstand der abhängigen Gesellschaft pflichtwidrig keinen oder keinen ordnungsgemäßen Abhängigkeitsbericht und lässt sich die Einflussnahme

---

702 *Koppensteiner*, in: KK-AktG, § 311 Rn. 13; *Habersack*, in: Emmerich/Habersack, Aktien- und GmbH-Konzernrecht, § 311 Rn. 33; *Müller*, in: Spindler/Stilz, AktG, § 311 Rn. 25.

703 *Habersack*, in: Emmerich/Habersack, Aktien- und GmbH-Konzernrecht, § 311 Rn. 33.

704 *Koppensteiner*, in: KK-AktG, § 311 Rn. 13.

705 Vgl. nur BGHZ 122, 123, 131 f.; *Koppensteiner*, in: KK-AktG, Anh. § 318 Rn. 38; *Müller*, in: Spindler/Stilz, AktG, Vor § 311 Rn. 25, § 311 Rn. 40; *Walchner*, in: Heidel, AktG, § 311 Rn. 35; *Habersack*, in: Emmerich/Habersack, Aktien- und GmbH-Konzernrecht, Anhang zu § 317 Rn. 1 f.; *ders.*, in: Emmerich/Habersack, Konzernrecht, § 28 Rn. 1; *Ulmer*, in: FS Hüffer, S. 999, 1003; *Mülbert*, Aktiengesellschaft, Unternehmensgruppe und Kapitalmarkt, S. 485 f.; *Cahn*, ZIP 2001, 2159, 2160.

706 *Altmeppen*, in: MünchKomm-AktG, § 311 Rn. 187; *Vetter*, in: Spindler/Stilz, AktG, § 311 Rn. 43; *Hüffer*, AktG, § 311 Rn. 26; *Habersack*, in: Emmerich/Habersack, Aktien- und GmbH-Konzernrecht, § 311 Rn. 45.

707 *Krieger*, in: MünchHdb-AG, § 69 Rn. 87; *Vetter*, in: Schmidt/Lutter, AktG, § 311 Rn. 87; *Müller*, in: Spindler/Stilz, AktG, § 311 Rn. 52.

auch weder anhand der Buchführung der abhängigen Gesellschaft[708] noch auf andere Weise ermitteln, funktioniert das System des Nachteilsausgleichs durch Einzelausgleich nicht[709]. Problematisch können auch zukunftsgerichtete Maßnahmen sein, bei denen die Folgen der Veranlassung im Zeitpunkt ihrer Vornahme regelmäßig nicht absehbar und folglich auch nicht bezifferbar sind. Zu nennen sind etwa Veranlassungen zu konzernintegrativen Maßnahmen, zu Umstrukturierungen, zu (Des-)Investitionen sowie zur Übernahme von Risiken, deren Auswirkungen auf die Vermögenslage und den Bestand der Gesellschaft nicht absehbar sind und denen keine angemessenen Chancen gegenüberstehen[710].

Die Gefahr solcher qualifizierter Nachteilszufügungen droht verstärkt bei dem Vollzug eines nichtigen verdeckten Beherrschungsvertrags in einem Abhängigkeitsverhältnis gemäß § 17 Abs. 2 AktG. Praktizieren die Vertragsparteien eine Leitungsunterstellung, kann das andere Unternehmen die wesentlichen unternehmerischen Entscheidungen des Vorstands der abhängigen Gesellschaft maßgebend beeinflussen. Da Leitungsentscheidungen in der Regel zukunftsgerichtet und für das Unternehmen zukunftsweisend sind[711], sind die Folgen zum – entscheidenden – Zeitpunkt der Einflussnahme typischerweise nicht absehbar und daher nicht bezifferbar. Deshalb knüpft das Gesetz an eine Leitungsunterstellung gemäß § 302 Abs. 1 AktG die Pflicht des herrschenden Unternehmens zu pauschalem Ausgleich des Jahresfehlbetrags bei der abhängigen Gesellschaft. Bei Einflussnahmen auf der Grundlage eines nichtigen Beherrschungsvertrags ist daher mit Nachteilen zu rechnen, die nicht nach dem Einzelausgleichssystem der §§ 311, 317 AktG ausgleichsfähig sind.

Lässt sich ein Nachteil im Rahmen der §§ 311 ff. AktG nicht quantifizieren, hat dies nicht zur Folge, dass tatbestandsmäßig keine nachteilige Einflussnahme i.S.d. § 311 Abs. 1 AktG vorliegt[712]. Die Veranlassung ist vielmehr ohne gleichzeitigen

708 Bei einer dem herrschenden Unternehmen zurechenbaren unzureichenden Verbuchung der Verbundbeziehung spricht man von einer so genannten „Waschkorblage", vgl. nur *Habersack*, in: Emmerich/Habersack, Aktien- und GmbH-Konzernrecht, Anhang § 317 Rn. 18 m.w.Nachw.

709 Vgl. *Habersack*, in: Emmerich/Habersack, Aktien- und GmbH-Konzernrecht, Anhang § 317 Rn. 19.

710 Vgl. *Habersack*, in: Emmerich/Habersack, Aktien- und GmbH-Konzernrecht, Anhang zu § 317 Rn. 14; *ders.*, ZGR 2008, 533, 555; *Cahn*, ZIP 2001, 2159, 2160; *Krieger*, in: MünchHdb-AG, § 69 Rn. 138 mit Verweisen in Fn. 485 auf BGH ZIP 1992, 694, 695: Übertragung der riskanten Teile eines Entwicklungs- und Bauprojekts auf die Tocher; BGH NJW 1994, 446, 447 „EDV": Missbrauch der Tochter für ein mit erheblichen Risiken behaftetes Projekt; OLG Dresden AG 1997, 330, 332: Verlagerung unrentabler Unternehmensteile der Mutter auf die unzureichend kapitalisierte Tochter.

711 Vgl. oben, Zweiter Teil, Zweites Kapitel, A.III.3.

712 BGHZ 141, 79, 84; OLG Köln ZIP 2006, 997; 998; *Vetter*, in: Schmidt/Lutter, AktG, § 311 Rn. 42; *Habersack*, in: Emmerich/Habersack, Aktien- und GmbH-Konzernrecht, § 311 Rn. 43.

Abschluss eines Beherrschungsvertrags rechtswidrig[713], da der Effekt des Nachteilsausgleichs gemäß § 311 Abs. 1 und 2 AktG, nämlich der Dispens von dem Verbot, die abhängige Gesellschaft zu nachteiligen Maßnahmen oder Rechtsgeschäften zu veranlassen, nicht eintritt. Der Vorstand der abhängigen Gesellschaft darf einer solchen Veranlassung nicht Folge leisten, weil seiner Gesellschaft ein nicht durch Nachteilsausgleich gemäß § 311 Abs. 1 AktG kompensationsfähiger Schaden entsteht[714]. Der abhängigen Gesellschaft stehen bei solchen Veranlassungen Beseitigungs- und Unterlassungsansprüche hinsichtlich der qualifizierten Nachteilszufügungen zu, die jeder Aktionär im Namen der Gesellschaft geltend machen kann[715]. Allerdings müssen solche Ansprüche sich gegen eine konkrete Maßnahme richten, die zu dem qualifiziert faktischen Konzernverhältnis geführt haben soll[716].

Versagt das Einzelausgleichssystem gemäß § 311 AktG, weil Nachteile sich nicht isolieren und/oder bewerten lassen, hilft auch die Schadensersatzpflicht des herrschenden Unternehmens gemäß § 317 AktG nicht weiter, da § 317 AktG neben einem Schaden, der aufgrund des nicht geleisteten Nachteilsausgleichs eintritt, auch eine Nachteilszufügung i.S.d. § 311 Abs. 1 AktG voraussetzt[717]. Unter Zugrundelegung der allgemeinen Beweisregeln stellt § 317 AktG damit trotz der dargestellten Beweiserleichterungen[718] bei einem praktizierten verdeckten nichtigen Beherrschungsvertrag keinen hinreichenden Schutz der abhängigen Gesellschaft und ihrer Außenseiter sicher.

Fraglich ist, ob daher weitere Beweiserleichterungen hinsichtlich des haftungsbegründenden Tatbestands der §§ 311, 317 AktG zu gewähren sind, um die Beweisprobleme bei qualifizierten Nachteilszufügungen infolge des Vollzugs eines verdeckten nichtigen Beherrschungsvertrags zu lösen oder zumindest abzumildern.

---

713 OLG Köln AG 2009, 416, 419; *Koppensteiner*, in KK-AktG, § 311 Rn. 89; *Habersack*, in: Emmerich/Habersack, Aktien- und GmbH-Konzernrecht, § 311 Rn. 43; *Müller*, in: Spindler/Stilz, AktG, § 311 Rn. 40; *Krieger*, in: MünchHdb-AG, § 69 Rn. 80; *Ulmer*, in: FS Hüffer, S. 997, 1000.

714 Vgl. OLG Hamm AG 1995, 512, 516; *Ulmer*, in: FS Hüffer, S. 999, 1002 ff.; *Hüffer*, AktG, § 311 Rn. 48 m.w.Nachw.

715 LG Köln AG 2008, 327, 334; *Habersack*, in: Emmerich/Habersack, Aktien- und GmbH-Konzernrecht, Anhang zu § 317 Rn. 27; *Fett*, in: Heidelberger Kommentar, AktG, § 311 Rn. 30; *Müller*, in: Spindler/Stilz, AktG, Vor § 311 Rn. 33; *Krieger*, in: MünchHdb-AG, § 69 Rn. 149; *K. Schmidt*, GesR, S. 965 f.; *Schürnbrand*, ZHR 169 (2005), 33, 58 (Fn. 95).

716 OLG Köln AG 2009, 416, 421; *Habersack*, in: Emmerich/Habersack, Aktien- und GmbH-Konzernrecht, Anhang zu § 317 Rn. 27; *Krieger*, in: MünchHdb-AG, § 69 Rn. 149.

717 *Koppensteiner*, in: KK-AktG, § 317 Rn. 9; *Fett*, in: Heidelberger Kommentar, AktG, § 317 Rn. 4.

718 Vgl. oben, Dritter Teil, Erstes Kapitel, B.V.3.

b) Beweiserleichterung durch Schadensschätzung gemäß § 287 ZPO im Rahmen der §§ 311, 317 AktG

§ 287 ZPO könnte über die Darlegungs- und Beweisschwierigkeiten der abhängigen Gesellschaft bei qualifizierten Nachteilszufügungen hinweghelfen. Nach dieser Vorschrift kann der Richter die Anforderungen an die Darlegungs- und Beweislast des Klägers senken, indem er eine Schadensschätzung vornimmt[719]. Fraglich ist, ob davon nur der Schaden erfasst wird oder ob der haftungsbegründende Tatbestand in Gänze betroffen ist. Würde man den Anwendungsbereich des § 287 ZPO weit fassen, ließe sich ein Versagen des Einzelausgleichssystems der §§ 311, 317 AktG in vielen Fällen vermeiden.

Gemäß § 287 Abs. 1 S. 1 AktG entscheidet das Gericht unter Würdigung aller Umstände nach freier Überzeugung darüber, ob ein Schaden entstanden ist und auf welche Summe sich dieser beläuft. Der Wortlaut der Norm setzt ihrem Anwendungsbereich allerdings keine exakten Grenzen. Nach der Rechtsprechung hat der Kläger den vollen Beweis lediglich für seine konkrete Gefährdung zu erbringen. § 287 ZPO findet dann bei der Beurteilung Anwendung, ob die Gefährdung zu einer Rechtsgutsverletzung geführt hat[720]. Der Anspruchsteller hat jedoch stets Anknüpfungstatsachen schlüssig darzulegen, an denen eine Schadensschätzung ansetzen kann, weil sie ansonsten „völlig in der Luft hängen würde“[721]. Eine reine Spekulation wird im Rahmen des § 287 ZPO mangels Realitätsbezugs als unzulässig angesehen[722].

Hinreichende Anknüpfungstatsachen liegen etwa vor, wenn die Gesellschaft vor der Einflussnahme des herrschenden Unternehmens Jahresüberschüsse erwirtschaftet hat und darlegen kann, dass sie dies ohne die Einflussnahme des anderen Unternehmens auch weiterhin getan hätte[723]. Der Jahresverlust ist dann als Mindestschaden anzusetzen[724]. Wies der Jahresabschluss der abhängigen Gesellschaft indessen bereits vor Entstehen des Abhängigkeitsverhältnisses einen Fehlbetrag aus, ist der Jahresverlust als Anknüpfungstatsache für eine Schadensbezifferung ungeeignet[725], denn das Ausgleichssystem der §§ 311, 317 AktG ist

---

719 Vgl. *Foerste*, in: Musielak, ZPO, § 287 Rn. 1; *Prütting*, in: MünchKomm-ZPO, § 287 Rn. 1 ff.

720 Vgl. BGHZ 58, 48, 55 f.; BGH DB 1959, 170.

721 BGHZ 91, 243, 256 f.

722 Vgl. BGHZ 91, 243, 256; BGH NJW 1987, 909, 910; BGH NJW-RR 1993, 795 f.; *Prütting*, in: MünchKomm-ZPO, § 287 Rn. 14.

723 *Koppensteiner*, in: KK-AktG, § 317 Rn. 22.

724 *Koppensteiner*, in: KK-AktG, § 317 Rn. 22; ähnlich *Bälz*, AG 1992, 292 f.; aA die hM; vgl. *Hüffer*, AktG, § 317 Rn. 9; *Deilmann*, Die Entstehung des qualifiziert faktischen Konzerns, S. 123 ff. m.w.Nachw.

725 *Cahn*, ZIP 2001, 2159, 2162; dies räumt auch *Koppensteiner*, in: KK-AktG, § 317 Rn. 22 ein.

im Unterschied zu § 302 AktG auf Einzelausgleich und nicht auf pauschalen Globalausgleich gerichtet. Würde man auf Anknüpfungstatsachen verzichten, hätte dies eine Gleichsetzung der Regelungssysteme des faktischen Konzerns und des Vertragskonzerns zur Folge. Deshalb müssen die auf Seiten der abhängigen Gesellschaft entstandenen Nachteile zwingend von denjenigen Einbußen isoliert werden, die unabhängig von den Eingriffen des anderen Unternehmens entstanden sind[726]. Insofern reduziert § 287 ZPO zwar die Darlegungs- und Beweislast für nachteilige Einflussnahmen durch das herrschende Unternehmen auf Anknüpfungstatsachen. Es bleiben jedoch Fallgestaltungen übrig, in denen auch § 287 ZPO nicht über das zwingende Erfordernis hinweghelfen kann, Nachteile im Rahmen der §§ 311, 317 AktG zu isolieren und zu bewerten. Auch in diesen Fällen muss ein Schutz der abhängigen Gesellschaft, ihrer Gläubiger und außenstehenden Aktionäre sichergestellt sein. Es ist daher weiter zu untersuchen, auf welche Weise sie bei qualifizierten Nachteilszufügungen geschützt werden.

c) Haftung gemäß §§ 302 f. AktG analog

Gerät das Einzelausgleichssystem gemäß §§ 311, 317 AktG infolge der Ausübung von Leitungsmacht durch das herrschende Unternehmen an seine Grenzen, ist an eine ergänzende Anwendung der §§ 302 f. AktG zu denken. Diese Ergänzung der §§ 311 ff. AktG liegt insbesondere bei nichtigen vollzogenen Beherrschungsverträgen nahe, weil der Gesetzeszweck der §§ 302 f. AktG in dem Ausgleich der Folgen einer Leitungsunterstellung für die abhängige Gesellschaft und ihre Außenseiter besteht.

Der Bundesgerichtshof beschäftigte sich in viel beachteten Entscheidungen, die allerdings alle zum GmbH-Konzern ergingen, mit den Rechtsfolgen qualifizierter Nachteilszufügungen. Die Auswirkungen dieser Entscheidungen auf das Aktienrecht sind zu klären, weil von ihnen abhängt, ob auf nichtige verdeckte Beherrschungsverträge, die nicht den Anforderungen der §§ 293, 294, 304 AktG genügen, bei Versagen des Einzelausgleichssystems im Abhängigkeitsverhältnis i.S.v. § 17 AktG die §§ 302 f. AktG analog anzuwenden sind.

aa) Rechtsprechung des Bundesgerichtshofs zu qualifizierten Nachteilszufügungen im GmbH-Recht

In der „Autokran"-Entscheidung sprach sich der Bundesgerichtshof in entsprechender Anwendung des § 303 AktG für eine Ausfallhaftung des herrschenden Unternehmens gegenüber den Gläubigern der abhängigen und vermögenslosen

---

726 *Cahn*, ZIP 2001, 2159, 2162.

GmbH aus, wenn das herrschende Unternehmen dauernd und umfassend die Geschäfte der abhängigen GmbH führte[727]. Diese Ausfallhaftung stand unter dem Vorbehalt des Gedankens des § 317 Abs. 2 AktG, griff also nur dann ein, wenn ein ordentlicher und gewissenhafter Geschäftsleiter einer unabhängigen Gesellschaft das Rechtsgeschäft oder die Maßnahme nicht auch vorgenommen oder unterlassen hätte[728].

Der Bundesgerichtshof konkretisierte die Haftungsvoraussetzungen in der „Tiefbau"-Entscheidung und ergänzte die Rechtsfolgen um die Verlustübernahmepflicht des herrschenden Unternehmens analog § 302 AktG[729]. Zudem ersetzte er den Tatbestandsausschluss entsprechend § 317 Abs. 2 AktG für Nachteile, die nicht Folge der Abhängigkeit waren, durch die Möglichkeit des Gegenbeweises durch das herrschende Unternehmen, dass die eingetretenen Verluste nicht Folge der einheitlichen Leitung waren[730].

In der so genannten „Video"-Entscheidung weitete der Bundesgerichtshof die Haftung wegen qualifizierter Nachteilzufügung im GmbH-Konzern erheblich aus, indem er es als ausreichend erachtete, wenn ein herrschendes Unternehmen die Geschäfte der abhängigen Gesellschaft über eine gewisse Dauer intensiv einheitlich leitete[731]. Traten Verluste auf oder wurde die Gesellschaft sogar insolvent, vermutete er, dass sie auf der Geschäftsführung beruhten[732]. Falls das herrschende Unternehmen die Vermutung nicht widerlegen konnte, sollte es als Gesellschafter der Durchgriffshaftung analog §§ 302, 303 AktG unterliegen[733].

Eine Wende vollzog der Bundesgerichtshof in der „TBB"-Entscheidung[734]. Haftungsauslösend entsprechend §§ 302, 303 AktG sollte nicht mehr wie bislang die dauernde und umfassende Leitung der abhängigen Gesellschaft sein, sondern der objektive Missbrauch der Leitungsmacht durch das herrschende Unternehmen zum Schaden der abhängigen GmbH und ihrer Gläubiger[735]. Einen Missbrauch der Leitungsmacht nahm der Bundesgerichtshof an, „wenn der die GmbH beherrschende Unternehmensgesellschafter die Konzernleitungsmacht in einer Weise ausübte, die keine angemessene Rücksicht auf die eigenen Belange der abhängigen Gesellschaft nimmt, ohne dass sich der ihr insgesamt zugefügte

727 BGHZ 95, 330, 344 ff.
728 BGHZ 95, 330, 344.
729 BGHZ 107, 7, 15 ff.
730 BGHZ 107, 7, 17 f.
731 BGHZ 115, 187, 192 ff.
732 BGHZ 115, 187, 194 ff.
733 BGHZ 115, 187, 194.
734 BGHZ 122, 123.
735 BGHZ 122, 123, 130 ff.

Nachteil durch Einzelausgleichsmaßnahmen kompensieren ließe"[736]. Er qualifizierte die Haftung dadurch in eine Verhaltenshaftung um.

Die endgültige Abkehr von dem Haftungsmodell des qualifiziert faktischen Konzerns und seinem konzernrechtlichen Ansatz, den er noch in der „TBB"-Entscheidung bekräftigte, vollzog der Bundesgerichtshof für die GmbH in der „Bremer Vulkan"-Entscheidung[737]. Er begründete die Durchgriffshaftung nicht mehr mit der einheitlichen Leitung der abhängigen Gesellschaft durch das herrschende Unternehmen, sondern mit einer allgemeinen Haftung des Alleingesellschafters für existenzvernichtende Eingriffe, bei denen die Rechtsfigur der GmbH wegen ihres beschränkten Haftungsfonds missbraucht werde[738]. Wie aus dem ersten Leitsatz des Urteils hervorgeht, stand für ihn der Bestandsschutz der GmbH im Vordergrund[739].

Diese Linie einer Durchgriffshaftung verfolgte der Bundesgerichtshof in der „KBV"-Entscheidung weiter[740]. Wenn ein Gesellschafter die Grundsätze der Vermögensbindung und Vermögenstrennung außer Acht lasse, der GmbH Vermögenswerte entziehe und dadurch ihre Fähigkeit zur Erfüllung ihrer Verbindlichkeiten erheblich beeinträchtige, missbrauche er die Rechtsform der GmbH[741]. Dies habe den Verlust des Privilegs der beschränkten Haftung zur Folge[742]. Der Gesellschafter müsse daher unmittelbar gegenüber den Gesellschaftsgläubigern haften[743].

In der „Trihotel"-Entscheidung wandte sich der Bundesgerichtshof von der Begründung ab, die Grundlage der Existenzvernichtungshaftung sei in dem Missbrauch der Rechtsform der GmbH zu sehen, der zu einer gegenüber §§ 30, 31 GmbHG subsidiären Durchgriffsaußenhaftung gegenüber den Gesellschaftsgläubigern führe[744]. Er sprach sich stattdessen für eine deliktsrechtliche Innenhaftung gegenüber der Gesellschaft auf Schadensersatz gemäß § 826 BGB aus[745]. Der existenzvernichtende Eingriff bilde eine besondere Fallgruppe im Rahmen des § 826 BGB und verlängere das Schutzsystem der §§ 30, 31 GmbHG[746]. Mit der Innenhaftung trägt der Bundesgerichtshof dem Grundsatz Rechnung,

---

736 BGHZ 122, 123, 130; bestätigt durch BGH NJW 1994, 446; BGH NJW 1994, 3288, 3290; BGH NJW 1997, 943; OLG München NJW 1994, 2900, 2901; OLG Düsseldorf AG 2001, 90.
737 BGHZ 149, 10.
738 BGHZ 149, 10, 16 ff.
739 BGHZ 149, 10, erster Ls. („Gewährleistung ihres Bestandsschutzes").
740 BGHZ 151, 181.
741 BGHZ 151, 181, 186 ff.
742 BGHZ 151, 181, 187.
743 BGHZ 151, 181, 186 ff.
744 BGHZ 173, 246, 252.
745 BGHZ 173, 246, 252.
746 BGHZ 173, 246, 253.

Gläubigerschutz habe bei der GmbH mittelbar über gläubigerschützende Vorschriften zugunsten der Gesellschaft zu erfolgen[747].

Die analoge Anwendung der §§ 302 ff. AktG auf qualifizierte Nachteilszufügungen zum Schutz der abhängigen Gesellschaft und ihrer Außenseiter hat der Bundesgerichtshof damit für die faktisch konzernierte GmbH aufgegeben.

bb) Auswirkungen dieser Rechtsprechung auf das Aktienrecht

Bis zu der „Bremer Vulkan"-Entscheidung wandte die herrschende Meinung die von der Rechtsprechung zum GmbH-Konzern entwickelten Grundsätze für qualifizierte Nachteilszufügungen auch auf den faktischen Aktienkonzern an[748]. Es stellt sich daher die Frage, welche Folgen sich aus der Rechtsprechungsentwicklung des Bundesgerichtshofs zum GmbH-Konzern für die faktisch beherrschte Aktiengesellschaft ergeben. Dies wird sehr unterschiedlich beurteilt.

aaa) Meinungsstand

Einer Ansicht zufolge hat die Rechtsprechung des Bundesgerichtshofs zu qualifiziert faktischen Unternehmensverbindungen im GmbH-Recht keine Auswirkungen auf die Behandlung qualifizierter Nachteilzufügungen im faktischen Aktienkonzern[749]. Auf sie sind danach weiterhin die Haftungsbestimmungen zum Vertragskonzern – insbesondere die §§ 302 f. AktG – analog anzuwenden[750].

Nach der Gegenauffassung kommt dies nach der Aufgabe der Grundsätze des qualifiziert faktischen Konzerns für das GmbH-Recht nicht mehr in Betracht[751]. Die „Durchgriffshaftung" im Sinne der Rechtsfigur des qualifiziert faktischen

---

747 Vgl. BGHZ 173, 246, 252 f.

748 Vgl. die umfangreichen Nachweise zu der bis zum Jahr 2001 herrschenden Meinung bei *Habersack*, in: Emmerich/Habersack, Aktien- und GmbH-Konzernrecht, Anhang zu § 317 Rn. 5 Fn. 20.

749 OLG Köln AG 2009, 416, 419 ff.; LG München I ZIP 2008, 242, 243; *Bayer*, in: MünchKomm-AktG, § 18 Rn. 11 aE; *Habersack*, in: Emmerich/Habersack, Aktien- und GmbH-Konzernrecht, Anhang zu § 317 Rn. 5; *Vetter*, in: Schmidt/Lutter, AktG, § 317 Rn. 51 ff.; *Müller*, in: Spindler/Stilz, AktG, Vor §§ 311 Rn. 25 ff.; *Fett*, in: Heidelberger Kommentar, AktG, § 311 Rn. 27 ff.; *Krieger*, in: MünchHdb-AG, § 69 Rn. 134; tendenziell auch *K. Schmidt*, GesR, S. 964 ff.; *Raiser/Veil*, Recht der Kapitalgesellschaften, § 53 Rn. 54 f.; *Wimmer-Leonhardt*, Konzernhaftungsrecht S. 380 ff.; *Cahn*, ZIP 2001, 2159, 2160; *Schürnbrand*, ZHR 169 (2005), 35, 58.

750 Vgl. die Nachweise in der vorigen Fn.

751 OLG Schleswig AG 2009, 374, 379; OLG Stuttgart AG 2007, 633, 636; LG Kiel GWR 2009, 92; *Altmeppen*, in: MünchKomm-AktG, § 317 Anh. 13 ff., § 317 Anh. Rn. 13 ff.; *Hüffer*, AktG, § 1 Rn. 26; § 311 Rn 11; *Koppensteiner*, in: KK-AktG, Anh. § 318 Rn. 64 ff.; *Decher*, ZHR 171 (2007), 126, 137; *Henze*, AG 2004, 405, 415; *Müller*, in: FS Rowedder, S. 277, 287 ff.; offen gelassen von BGH AG 2008, 779 f.

Konzerns sei in der „Trihotel"-Entscheidung endgültig auch für die Aktiengesellschaft aufgegeben worden[752].

bbb) Stellungnahme

Es sprechen gewichtige Argumente dagegen, die Aufgabe der Rechtsfigur des qualifiziert faktischen Konzerns für das GmbH-Recht auf den faktischen Aktienkonzern zu übertragen.

Zunächst sind in den Entscheidungen des Bundesgerichtshofs keine Anhaltspunkte zu finden, die für eine für alle faktisch konzernierten Kapitalgesellschaften geltende Abkehr von der analogen Anwendung der §§ 302 f. AktG bei qualifizierten Nachteilszufügungen sprechen[753]. Im Gegenteil, der Bundesgerichtshof führte für die Abkehr von der in der „Bremer Vulkan"-Entscheidung verfolgten Linie spezifisch GmbH-rechtliche Erwägungen an[754]. Er begründete den Rückgriff auf § 826 BGB unter anderem damit, der Bestand der Einmann-GmbH sei ansonsten nicht gewährleistet, weil sie Zugriffen des Gesellschafters auf das Gesellschaftsvermögen und die Geschäftschancen ausgeliefert sei[755]. Dieses Argument greift im faktischen Aktienkonzern jedoch nicht. Das Aktiengesetz schützt ein eigenständiges Bestandsinteresse der Aktiengesellschaft durchaus, da Einflussnahmen nur unter den Voraussetzungen der §§ 291 ff., 311 ff. AktG zulässig sind[756]. Die §§ 302 ff. AktG und die §§ 311 ff. AktG stellen nämlich insbesondere auch für die Einmann-Aktiengesellschaft einen effektiven Gläubigerschutz sicher[757]. Ferner ist der Vorstand der Aktiengesellschaft im Unterschied zum Geschäftsführer der GmbH (vgl. § 37 Abs. 1 GmbHG) gerade nicht weisungsgebunden.

Das Rechtsinstitut des existenzvernichtenden Eingriffs würde für den faktischen Aktienkonzern nichts an der planwidrigen Regelungslücke bei qualifizierten Nachteilszufügungen ändern. Das Einzelausgleichssystem der §§ 311, 317 AktG versagt bei qualifizierten Nachteilszufügungen, weil es trotz Eröffnung des Anwendungsbereichs der §§ 311 ff. AktG nicht in der Lage ist, bei weitreichenden und intensiven Einfussnahmen einen angemessenen Schutz der abhängigen Gesellschaft, ihrer Gläubiger und außenstehenden Aktionäre zu garantieren[758].

---

752 *Altmeppen*, in: MünchKomm-AktG, § 317 Anh. Rn. 13.

753 *Fett*, in: Heidelberger Kommentar, AktG, § 311 Rn. 30; *Habersack*, in: Emmerich/Habersack, Aktien- und GmbH-Konzernrecht, Anhang zu § 317 Rn. 5.; *Cahn*, ZIP 2001, 2159, 2160;

754 Vgl. BGHZ 173, 246, 252 ff.

755 Vgl. BGHZ 173, 246, 254 ff.

756 Vgl. *Müller*, in: Spindler/Stilz, AktG, Vor § 311 Rn. 26; *Habersack*, in: Emmerich/Habersack, Aktien- und GmbH-Konzernrecht, Anhang zu § 317 Rn. 5.

757 *Fett*, in: Heidelberger Kommentar, AktG, § 311 Rn. 29 f.; *Habersack*, ZGR 2008, 533, 550; *ders.*, in: Emmerich/Habersack, Aktien- und GmbH-Konzernrecht, Anhang zu § 317 Rn. 5.

758 Vgl. oben, Dritter Teil, Erstes Kapitel, B.V.4.a).

Im GmbH-Konzern greift nunmehr die Existenzvernichtungshaftung gemäß § 826 BGB bei kompensationslosen, zur Insolvenz führenden Eingriffen in das Gesellschaftsvermögen, die nicht über die §§ 30, 31 GmbHG ausgeglichen werden oder deren Rückgewähr gemäß § 31 GmbHG die Insolvenz nicht verhindern kann[759]. Weisungen an den GmbH-Geschäftsführer durch die Gesellschafterversammlung sind aufgrund seiner generellen Weisungsgebundenheit ihr gegenüber erst dann rechtswidrig, wenn sie für die Gesellschaft existenzvernichtend sind[760]. Aufgrund dessen eignet sich eine – lediglich unisolierbare oder vermögensmäßig unbezifferbare, jedoch nicht existenzvernichtende und damit nicht rechtswidrige – qualifizierte Nachteilszufügung im GmbH-Recht nicht als haftungsauslösendes Merkmal[761].

Im Aktienkonzern sind qualifizierte Nachteilszufügungen hingegen aufgrund des Regelungskonzepts der §§ 76 Abs. 1, 291 ff., 311 ff. AktG stets rechtswidrig und lösen eine Ausgleichspflicht des Veranlassers aus. Über § 826 BGB ist hier kein hinreichender Ausgleich bei qualifizierten Nachteilszufügungen durch das herrschende Unternehmen sichergestellt, da sein Tatbestand einen existenzgefährdenden Vermögensentzug voraussetzt. Eine Ausgleichspflicht bei sämtlichen sonstigen – rechtswidrigen –, dem Einzelausgleich nicht zugänglichen qualifizierten Nachteilszufügungen statuiert § 826 BGB aufgrund seines engen Tatbestands hingegen nicht[762]. Zum Zwecke des Schutzes der Aktiengesellschaft, ihrer Gläubiger und Minderheitsaktionäre ist ein solcher über existenzvernichtende Eingriffe hinausgehender Schutz jedoch notwendig[763]. Daher bedarf es im Aktienkonzern im Unterschied zum GmbH-Konzern einer analogen Anwendung der §§ 302 f. AktG. Eine Haftung gemäß § 826 BGB wegen Existenzvernichtung kommt im Aktienkonzern allenfalls in Frage, wenn ein „Privataktionär" der Aktiengesellschaft Vermögenswerte entzieht und dadurch ihre Existenz gefährdet[764].

Bei qualifizierten Nachteilszufügungen im Anwendungsbereich der §§ 311 ff. AktG sind die Lebenssachverhalte für eine analoge Anwendung der §§ 302 f. auch hinreichend vergleichbar. Will das herrschende Unternehmen Leitungsmacht

---

759 Vgl. BGHZ 173, 246, 254 ff.

760 *Müller*, in: Spindler/Stilz, AktG, Vor § 311 Rn. 26; *Habersack*, in: Emmerich/Habersack, Aktien- und GmbH-Konzernrecht, Anhang zu § 317 Rn. 5; *Fett*, in: Heidelberger Kommentar, AktG, § 311 Rn. 30; zur Rechtswidrigkeit existenzvernichtender Weisungen im GmbH-Recht ausführlich *Altmeppen*, in: Roth/Altmeppen, GmbHG, § 37 Rn. 7 und Anh. § 13 Rn. 58 ff. m.w.Nachw.

761 Zutreffend *Müller*, in: Spindler/Stilz, AktG, Vor § 311 Rn. 26 m.w.Nachw.

762 Vgl. *Müller*, in: Spindler/Stilz, AktG, Vor § 311 Rn. 26; *Vetter*, in: Schmidt/Lutter, AktG, § 317 Rn. 52.

763 *Habersack*, in: Emmerich/Habersack, Aktien- und GmbH-Konzernrecht, Anhang zu § 317 Rn. 5; *Vetter*, in: Schmidt/Lutter, AktG, § 317 Rn. 52.

764 *Müller*, in: Spindler/Stilz, AktG, Vor § 311 Rn. 26.

in einer Art und Weise ausüben, deren Dichte und Intensität zum Versagen der §§ 311 ff. AktG führen, muss es nach der Konzeption der §§ 291 ff., 311 ff. AktG einen Beherrschungsvertrag abschließen. § 302 AktG ist darauf ausgerichtet, den ohne die Verlustübernahme entstehenden (fiktiven) Jahresfehlbetrag auszugleichen. Es handelt sich bei der Vorschrift nach herrschender Meinung um eine Kapitalerhaltungsvorschrift, die die Lockerung der Vermögensbindung gemäß § 291 Abs. 3 AktG ausgleicht[765]. Daher schützen die §§ 302 f. AktG bereits vor existenzgefährdenden Maßnahmen im Vorfeld der Existenzvernichtung[766]. Entsteht innerhalb der §§ 291 ff., 311 ff. AktG eine Regelungslücke, ist sie in erster Linie durch Heranziehen von Normen aus diesem System zu schließen[767]. Dadurch wird dem Schutzbedürfnis der abhängigen Gesellschaft und ihrer Außenseiter Rechnung getragen. Damit sind die §§ 302 f. AktG bei qualifizierten Nachteilszufügungen im faktischen Aktienkonzern weiterhin analog anwendbar.

d) Ausgleich und Abfindung analog §§ 304, 305 AktG

Die analoge Anwendung der §§ 302 f. AktG bei qualifizierten Nachteilszufügungen führt zu der Frage, ob auch die §§ 304, 305 AktG bei qualifizierten Nachteilszufügungen analog anzuwenden sind.

Gegen einen Abfindungsanspruch analog § 305 AktG wird eingewandt, er sei originär vertraglicher Natur, unabhängig davon, ob die Abfindungsregelung in dem Beherrschungsvertrag selbst vereinbart oder durch das Gericht festgesetzt werde[768]. Daher stelle der Abfindungsanspruch einen Teil des Entgelts dar, das das herrschende Unternehmen den Aktionären dafür zahlen müsse, im Rahmen der §§ 300 f., 308 Abs. 1 und 2 AktG in zulässiger Weise Leitungsmacht über die abhängige Gesellschaft ausüben zu dürfen[769]. Demgegenüber gehe es bei einer möglichen Anwendung des § 305 AktG bei qualifiziert faktischen Nachteilszufügungen nicht um den Preis für vertraglich begründete Konzernherrschaft, sondern um die Rechtsfolgen unzulässiger Konzernherrschaft[770]. Einer Rechtsfolgenanalogie stehe entgegen, dass der qualifiziert faktische Konzernierung regelmäßig die vertragliche Grundlage und damit die Basis für eine Analogie

---

765 Vgl. BGHZ 103, 1, 10; *Koppensteiner*, in: KK-AktG, § 302 Rn. 9; *Stephan*, in: Schmidt/Lutter, AktG, § 302 Rn. 5; *Cahn/Simon*, Der Konzern 2003, 1, 11 ff.

766 *Habersack*, in: Emmerich/Habersack, Konzernrecht, § 28 Rn. 10.

767 *Müller*, in: Spindler/Stilz, AktG, Vor § 311 Rn. 25.

768 *Mülbert*, Aktiengesellschaft, Unternehmensgruppe und Kapitalmarkt, S. 494 f. unter Verweis auf *Koppensteiner*, in: KK-AktG, 2. Aufl., § 305 Rn. 4 und *Hüffer*, AktG, § 305 Rn. 2 ff.

769 *Mülbert*, Aktiengesellschaft, Unternehmensgruppe und Kapitalmarkt, S. 495.

770 *Mülbert*, Aktiengesellschaft, Unternehmensgruppe und Kapitalmarkt, S. 495.

fehle[771]. § 305 AktG könne insoweit nicht in eine Anspruchsgrundlage umqualifiziert werden[772].

Dieser Argumentation ist entgegenzuhalten, dass die Aktionäre infolge einer – unzulässigen (!) – qualifizierten Nachteilzufügung nicht schlechter stehen dürfen als bei rechtmäßigem Zustand, also bei einem wirksamen Beherrschungsvertrag. Dies wäre aber der Fall, wenn man eine analoge Anwendung des § 305 AktG ablehnte, da die §§ 311, 317 AktG bei qualifizierten Nachteilszufügungen keinen angemessenen Schutz vor der reflexartigen Gefährdung des Vermögens der Aktionäre der abhängigen Gesellschaft vorsehen[773]. Daher muss das herrschende Unternehmen bei qualifizierten Nachteilszufügungen analog § 305 AktG verpflichtet sein, auf Verlangen eines außenstehenden Aktionärs dessen Aktien gegen eine angemessene Abfindung zu erwerben[774]. Dieser Anspruch kann allerdings nur auf eine Barabfindung gerichtet sein und nicht auf die Gewährung von Anteilen an dem herrschenden Unternehmen, da es an einem zustimmenden Hauptversammlungsbeschluss gemäß § 293 AktG fehlt[775]. Dies gilt gleichfalls, wenn § 305 Abs. 2 Nr. 1 AktG eine Abfindung in Aktien vorsieht[776]. Die Höhe der Abfindung ist im Spruchverfahren analog § 305 Abs. 5 AktG in Verbindung mit dem SpruchG zu bestimmen[777]. Zuvor muss ein ordentliches Gericht durch ein Feststellungsurteil eine zur Abfindung berechtigende qualifizierte Nachteilszufügung feststellen, um das Spruchverfahren nicht mit umfassenden komplizierten Vorfragen zu belasten[778].

---

771 *Mülbert*, Aktiengesellschaft, Unternehmensgruppe und Kapitalmarkt, S. 495.

772 *Mülbert*, Aktiengesellschaft, Unternehmensgruppe und Kapitalmarkt, S. 495.

773 Vgl. *Habersack*, in: Emmerich/Habersack, Aktien- und GmbH-Konzernrecht, Anhang zu § 317 Rn. 29.

774 So auch *Habersack*, in: Emmerich/Habersack, Aktien- und GmbH-Konzernrecht, Anhang zu § 317 Rn. 29; *Bayer*, in: MünchKomm-AktG, § 18 Rn. 14; *Müller*, in: Spindler/Stilz, AktG, Vor § 311 Rn. 34; *Vetter*, in: Schmidt/Lutter, AktG, § 317 Rn. 67; *Fett*, in: Heidelberger Kommentar, AktG, § 311 Rn. 32; *Krieger*, in: MünchHdb-AG, § 69 Rn. 147; im Ergebnis auch *Koppensteiner*, in: KK-AktG, Anh. § 318 Rn. 105 ff., 109; für einen Abfindungsanspruch kraft Treuepflicht *Mülbert*, Aktiengesellschaft, Unternehmensgruppe und Kapitalmarkt, S. 494 ff.; ablehnend *Altmeppen*, in: MünchKomm-AktG, § 317 Anh., Rn. 59; *Balthasar*, NZG 2008, 858, 859 f.; *Schwörer*, NZG 2001, 550, 551 f.

775 *Müller*, in: Spindler/Stilz, AktG, Vor § 311 Rn. 34; *Vetter*, in: Schmidt/Lutter, AktG, § 317 Rn. 67; *Krieger*, in: MünchHdb-AG, § 69 Rn. 147; *Mülbert*, Aktiengesellschaft, Unternehmensgruppe und Kapitalmarkt, S. 494.

776 *Mülbert*, Aktiengesellschaft, Unternehmensgruppe und Kapitalmarkt, S. 494.

777 Vgl. OLG Schleswig, NZG 2008, 868, 875; OLG Zweibrücken AG 2005, 778, 780; OLG Stuttgart NZG 2000, 744, 746; *Müller*, in: Spindler/Stilz, AktG, Vor § 311 Rn. 36; *Habersack*, in: Emmerich/Habersack, Aktien- und GmbH-Konzernrecht, Anhang zu § 317 Rn. 29.

778 Vgl. OLG Schleswig, NZG 2008, 868, 875; OLG Zweibrücken AG 2005, 778, 780; OLG Stuttgart NZG 2000, 744, 746; *Vetter*, in: Schmidt/Lutter, AktG, § 317 Rn. 67; *Müller*, in:

Alternativ könnte den außenstehenden Aktionären der abhängigen Gesellschaft bei qualifizierten Nachteilzufügungen ein Ausgleichsanspruch analog § 304 Abs. 1 S. 2 und Abs. 2 AktG in Form einer Dividendengarantie zuzubilligen sein, wenn sie sich für einen Verbleib in der Gesellschaft entscheiden[779].

Dagegen wird eingewandt, auch der Ausgleichsanspruch gemäß § 304 AktG sei Teil des Entgelts, das das herrschende Unternehmen zu erbringen habe, weil es die Konzernherrschaft erlange[780]. Er sei vertraglicher Natur und sanktioniere nicht die unzulässige Einflussnahme auf die Gesellschaft[781]. Zudem ergebe sich aus § 304 Abs. 3 S. 1 AktG, wonach ein Beherrschungsvertrag ohne Ausgleichsreglung nichtig ist, dass im Gegenzug auch ein Ausgleichsanspruch ohne Beherrschungsvertrag nicht bestehen könne[782].

Dieser Kritik ist nicht zu folgen. Gemäß § 304 Abs. 3 S. 1 AktG ist ein Beherrschungsvertrag nichtig, wenn er keine Ausgleichsregelung zugunsten der außenstehenden Aktionäre enthält. An dieser Rechtsfolge zeigt sich die große Bedeutung, die das Gesetz der Ausgleichsregelung beimisst. Ohne sie kann ein Beherrschungsvertrag die Leitungsmacht des herrschenden Unternehmens nicht legitimieren[783]. Nach Abschluss eines Beherrschungsvertrags haben die Aktionäre die Wahl, ob sie von ihrem Austrittsrecht gegen Abfindung gemäß § 305 AktG Gebrauch machen oder aber in der Gesellschaft verbleiben. Im letzten Fall sind sie mit einer Dividendengarantie nach § 304 Abs. 1 S. 2 AktG zu entschädigen. Dieses Wahlrecht muss ihnen analog auch bei qualifizierten Nachteilszufügungen zustehen[784]. Ansonsten stünden sie schlechter als diejenigen Aktionäre, die gegen Abfindung aus der Gesellschaft ausscheiden, da die Verlustausgleichspflicht gemäß § 302 AktG Gewinnerwartungen nicht schützt[785].

Spindler/Stilz, AktG, Vor § 311 Rn. 36; *Habersack*, in: Emmerich/Habersack, Aktien- und GmbH-Konzernrecht, Anhang zu § 317 Rn. 29.

779 Bejahend *Habersack*, in: Emmerich/Habersack, Aktien- und GmbH-Konzernrecht, Anhang zu § 317 Rn. 30; *Müller*, in: Spindler/Stilz, AktG, Vor § 311 Rn. 35; ablehnend *Koppensteiner*, in: KK-AktG, Anh. § 318 Rn. 111; *Vetter*, in: Schmidt/Lutter, AktG, § 318 Rn. 68; *Fett*, in: Heidelberger Kommentar, AktG, § 311 Rn. 32; *Krieger*, in: MünchHdb-AG, § 69 Rn. 147; *Mülbert*, Aktiengesellschaft, Unternehmensgruppe und Kapitalmarkt, S. 500 f.; *Deilmann*, Die Entstehung des qualifiziert faktischen Konzerns, S. 132.

780 *Mülbert*, Aktiengesellschaft, Unternehmensgruppe und Kapitalmarkt, S. 500 f.; *Vetter*, in: Schmidt/Lutter, AktG, § 317 Rn. 68.

781 *Mülbert*, Aktiengesellschaft, Unternehmensgruppe und Kapitalmarkt, S. 500 f.; *Vetter*, in: Schmidt/Lutter, AktG, § 317 Rn. 68.

782 *Mülbert*, Aktiengesellschaft, Unternehmensgruppe und Kapitalmarkt, S. 500; *Deilmann*, Die Entstehung des qualifiziert faktischen Konzerns, S. 132.

783 *Habersack*, in: Emmerich/Habersack, Aktien- und GmbH-Konzernrecht, Anhang § 317 Rn. 30.

784 *Müller*, in: Spindler/Stilz, AktG, Vor § 311 Rn. 35.

785 Vgl. *Müller*, in: Spindler/Stilz, AktG, Vor § 311 Rn. 35.

Somit steht fest, dass die außenstehenden Aktionäre bei qualifizierten Nachteilszufügungen analog § 305 AktG einen Anspruch auf Barabfindung gegen das herrschende Unternehmen haben. Diesen muss vorher ein ordentliches Gericht in einem zivilprozessualen Feststellungsurteil feststellen. Die Höhe der Abfindung ist sodann entsprechend § 1 Nr. 1 SpruchG im Spruchverfahren festzulegen[786]. Entscheiden sich die außenstehenden Aktionäre indessen für einen Verbleib in der Gesellschaft, haben sie alternativ analog § 304 Abs. 1 S. 2 und Abs. 2 AktG Anspruch auf eine Ausgleichszahlung in Form einer Dividendengarantie.

VI. Zwischenergebnis

Besteht zwischen den Vertragsparteien eines nichtigen verdeckten Beherrschungsvertrags ein Abhängigkeitsverhältnis i.S.d. § 17 AktG, sind die §§ 311, 317 AktG anwendbar und schützen die abhängige Gesellschaft sowie mittelbar ihre Aktionäre und Gläubiger bei nachteiligen, dem Unternehmensinteresse zuwiderlaufenden Einflussnahmen auf den Vorstand. Über § 317 Abs. 1 S. 2 AktG sind den Aktionären ferner eigene Schäden zu ersetzen, die über Reflexschäden hinausgehen.

Ein nichtiger verdeckter Beherrschungsvertrag begründet für sich genommen kein Abhängigkeitsverhältnis i.S.d. § 17 AktG, weil die Abhängigkeit gesellschaftsrechtlich begründet oder vermittelt sein muss. Rein tatsächliche oder wirtschaftliche Umstände reichen dafür nicht aus. Hält der Vertragspartner an der Gesellschaft eine Mehrheitsbeteiligung, wird ein Abhängigkeitsverhältnis gemäß § 17 Abs. 2 AktG widerleglich vermutet. Dies ist bei verdeckten nichtigen Beherrschungsverträgen in verschiedenen Fällen relevant. Zum einen bei bewussten Umgehungskonstruktionen, in denen die Parteien entweder aus Zeit- und/oder Kostengründen und/oder zwecks Vermeidung der Rechtsfolgen keinen wirksamen Beherrschungsvertrag schließen, obwohl der Vertragspartner die für den Zustimmungsbeschluss der Hauptversammlung gemäß § 293 AktG erforderliche Kapitalmehrheit besitzt. Zum anderen ist § 17 Abs. 2 AktG bei unbewussten Umgehungen der beherrschungsvertraglichen Wirksamkeitsvoraussetzungen von Bedeutung, sofern eine Partei eine Mehrheitsbeteiligung an der anderen hält. Werden vertragliche Einwirkungsrechte oder Einschränkungen der Leitungsmacht des Vorstands etwa im Vorfeld der Beteiligung in einem *Business Combination Agreement* oder in dem Beteiligungsvertrag selbst bzw. einem sonstigen Nebenvertrag dazu vereinbart, und ist der Vertragspartner bei Ausübung der vertraglichen Rechte bereits Mehrheitsaktionär, ist § 17 Abs. 2 AktG einschlägig.

---

786 Vgl. OLG Schleswig NZG 2008, 868, 875; OLG Stuttgart NZG 2000, 744, 746; ebenso *Kort*, NZG 2009, 364, 368.

Zwar ist ein Abhängigkeitsverhältnis i.S.v. § 17 Abs. 1 AktG auch bei einer Minderheitsbeteiligung denkbar, wenn zu ihr weitere tatsächliche oder rechtliche Umstände hinzukommen, aufgrund derer sie wie eine Mehrheitsbeteiligung wirkt („kombinierte Beherrschung"). Diese verstärkende Wirkung besitzt ein nichtiger verdeckter Beherrschungsvertrag aber nicht. Abhängigkeit kraft kombinierter Beherrschung setzt nämlich verlässliche Einflussmöglichkeiten tatsächlicher oder rechtlicher Art voraus, durch die eine Minderheitsbeteiligung wie eine Mehrheitsbeteiligung wirkt. Ein praktizierter verdeckter nichtiger Beherrschungsvertrag ist kein solcher verlässlicher Umstand, da er für keine Vertragspartei Rechte oder Pflichten begründet und im Konfliktfall nicht gerichtlich durchsetzbar ist. Liegen bei einer Minderheitsbeteiligung keine sonstigen besonderen Umstände vor, die das Einflusspotential entscheidend verstärken, scheidet ein Abhängigkeitsverhältnis i.S.d. § 17 AktG aus.

Von vornherein vom Anwendungsbereich der §§ 311, 317 AktG ausgeschlossen sind Fälle, in denen zwischen den Parteien überhaupt keine mitgliedschaftliche Beziehung besteht, da schuldrechtliche und tatsächliche Umstände für sich nach hier vertretener Auffassung kein Abhängigkeitsverhältnis i.S.d. § 17 AktG begründen. Weitreichende Zustimmungsvorbehalte etwa in *Covenants* im Zusammenhang mit Kreditverträgen mit einer Aktiengesellschaft führen daher per se – also ohne Beteiligung des Darlehensgebers an der Aktiengesellschaft – niemals zur Anwendung der §§ 311, 317 AktG.

Das herrschende Unternehmen, das auf die abhängige Gesellschaft zu deren Nachteil Einfluss nimmt, muss die Nachteile gemäß §§ 311 Abs. 1 und 2 AktG entweder tatsächlich sofort ausgleichen oder aber der abhängigen Gesellschaft einen Anspruch auf Ausgleich einräumen. Die außenstehenden Aktionäre und Gläubiger sind dann reflexartig geschützt. Sind die Folgen der Eingriffe des herrschenden Unternehmens nicht dem Einzelausgleich zugänglich, weil sie aufgrund ihrer Dichte oder Intensität nicht isolierbar sind oder sich die Nachteile im Zeitpunkt der Einflussnahme nicht bewerten lassen („qualifizierte Nachteilszufügungen"), hilft der Schadensersatzanspruch gemäß § 317 AktG nicht weiter. Da die Aufgabe des Rechtsinstituts des qualifiziert faktischen Konzerns durch den Bundesgerichtshof für den GmbH-Konzern nach hier vertretener Auffassung keine Auswirkung auf den faktischen Aktienkonzern hat, sind bei qualifizierten Nachteilszufügungen subsidiär die §§ 302 ff. AktG analog anzuwenden. Auf diese Weise ist im Anwendungsbereich der §§ 311 ff. AktG bei verdeckten nichtigen Beherrschungsverträgen ein angemessener Schutz der abhängigen Gesellschaft, ihrer Gläubiger und außenstehenden Aktionäre sichergestellt.

Zweites Kapitel: Rechtsfolgen bei Fehlen eines konzernrechtlichen Anknüpfungstatbestands

Zu klären ist, welche Rechtsfolgen der Vollzug eines verdeckten nichtigen Beherrschungsvertrags auslöst, der nicht nach den Grundsätzen über die fehlerhafte Strukturänderung als wirksam behandelt werden kann, wenn die §§ 311 ff. AktG mangels Abhängigkeitsverhältnisses i.S.v. § 17 AktG keine Anwendung finden. Diese Frage stellt sich, wenn die Vertragsparteien in einem schuldrechtlichen Vertrag weitreichende Einwirkungsrechte vereinbaren, die inhaltlich zu einer Leitungsunterstellung i.S.d. § 291 Abs. 1 S. 1 AktG führen, ohne dass zwischen ihnen eine für ein Abhängigkeitsverhältnis nach § 17 AktG erforderliche mitgliedschaftliche Beziehung besteht.

A. Teilweise analoge Anwendung der §§ 302 ff. AktG

Da überzeugende Gründe dagegen sprechen, die §§ 311 ff. AktG auf Fälle wirtschaftlicher oder tatsächlicher Abhängigkeit anzuwenden[787], ist an eine analoge Anwendung der beherrschungsvertraglichen Schutzvorschriften zu denken, wenn die Parteien trotz nichtigen Vertrags in der Vergangenheit faktisch eine Leitungsunterstellung i.S.v. § 291 Abs. 1 S. 1 AktG praktiziert haben[788]. Diese Analogie ist von der analogen Anwendung der §§ 302 ff. AktG bei qualifizierten Nachteilszufügungen zu unterscheiden, die stets ein Abhängigkeitsverhältnis i.S.v. § 17 AktG zwischen den Betreffenden voraussetzt. Aus Gründen des Umgehungsschutzes könnten die §§ 302 ff. AktG bei einem vollzogenen nichtigen Beherrschungsvertrag zum Schutz der Gesellschaft und ihrer Außenseiter partiell analog anzuwenden sein[789]. Die privilegierenden beherrschungsvertraglichen Vorschriften zugunsten des anderen Unternehmens fänden für die Zukunft indessen keine Anwendung, da es allein darum geht, die Gesellschaft, ihre Gläubiger

787 Vgl. oben, Dritter Teil, Erstes Kapitel, B.IV.2.a).

788 Dafür *Kort*, Bestandsschutz fehlerhafter Strukturänderungen im Kapitalgesellschaftsrecht, S. 178 f.; *Emmerich*, in: Emmerich/Habersack, Aktien- und GmbH-Konzernrecht, § 291 Rn. 24d; *Veil*, in: Spindler/Stilz, AktG, § 291 Rn. 70; *Wimmer-Leonhardt*, Konzernhaftungsrecht, S. 381 f.; *Kienzle*, Verdeckte Beherrschungsverträge im Aktienrecht, S. 99 ff.; *Silny*, Der Gläubiger- und Minderheitenschutz bei verdeckten Beherrschungsverträgen, S. 142 ff.; ablehnend OLG München NZG 2008, 753, 754 f. (zur Frage der Anwendbarkeit des Spruchgesetzes); *Koppensteiner*, in: KK-AktG, Vorb. § 300 Rn. 13; *Schürnbrand*, ZHR 169 (2005), 35, 56 f.; *Balthasar*, NZG 2008, 858, 860; *Ederle*, Verdeckte Beherrschungsverträge, S. 150 ff.

789 Vgl. die Nachweise in der vorigen Fn.

und Minderheitsaktionäre für die Vergangenheit vom Zeitpunkt des Vertragsschlusses an zu schützen[790]. Erforderlich wäre lediglich der Nachweis der materiellrechtlichen Unterstellung unter die Leitung des Vertragspartners. Dieser könnte sich freilich mit dem Gegenbeweis exkulpieren, eine Leitungsunterstellung habe nicht stattgefunden. Gelänge ihm dieser Gegenbeweis nicht, fänden die §§ 302 ff. AktG zu seinen Lasten analoge Anwendung. Er hätte nach den §§ 302 ff. AktG analog unabhängig von der konkreten Schadensursache den vollen Fehlbetrag zu erstatten (Globalausgleich), Sicherheit zu leisten sowie Ausgleichs- und Abfindungsleistungen zu erbringen[791].

Voraussetzung für eine partielle analoge Anwendung der §§ 302 ff. AktG auf nichtige durchgeführte Beherrschungsverträge ist eine planwidrige Regelungslücke im Recht der verbundenen Unternehmen sowie eine Vergleichbarkeit des (vermeintlich) ungeregelten mit dem gesetzlich geregelten Lebenssachverhalt.

I. Voraussetzungen der Analogie

Die für eine Teilanalogie zu den §§ 302 ff. AktG erforderliche planwidrige Regelungslücke wird teilweise darin gesehen, dass ein wirksamer Schutz der Gesellschaft, ihrer außenstehenden Aktionäre und der Gläubiger nicht gewährleistet sei, wenn die §§ 302 ff. AktG mangels wirksamen Beherrschungsvertrags und die §§ 311 ff. AktG mangels Abhängigkeitsverhältnisses i.S.v. § 17 AktG keine Anwendung fänden[792]. Die aus dem praktizierten Vertrag für die Gesellschaft, ihre Gläubiger und außenstehenden Aktionäre folgenden Gefahren erforderten daher eine analoge Anwendung der §§ 302 ff. AktG[793]. Sie führen an, der Gesetzgeber hätte verdeckte Beherrschungsverträge ebenfalls den §§ 302 ff. AktG unterworfen, so er sie denn als Gefahr erkannt hätte[794]. Insofern liege eine planwidrige Regelungslücke als Voraussetzung einer Analogie vor. In Bezug auf die Vergleichbarkeit der Lebenssachverhalte argumentieren sie, aufgrund des

790 *Kort*, Bestandsschutz fehlerhafter Strukturänderungen im Kapitalgesellschaftsrecht, S. 178.

791 Vgl. die Nachweise in Fn. 788.

792 So *Emmerich*, in: Emmerich/Habersack, Aktien- und GmbH-Konzernrecht, § 291 Rn. 24d; *Veil*, in: Spindler/Stilz, AktG, § 291 Rn. 70; *Wimmer-Leonhardt*, Konzernhaftungsrecht, S. 381 f.; *Kienzle*, Verdeckte Beherrschungsverträge im Aktienrecht, S. 99 ff.; *Silny*, Der Gläubiger- und Minderheitenschutz bei verdeckten Beherrschungsverträgen, S. 142 ff.; aA LG München I ZIP 2008, 242, 243; bestätigt durch OLG München NZG 2008, 753, 755; in diese Richtung auch OLG Zweibrücken ZIP 2004, 559, 562; im Ergebnis auch *Schürnbrand*, ZHR 169 (2005), 35, 56 f.; *Ederle*, Verdeckte Beherrschungsverträge, S. 156.

793 *Emmerich*, in: Emmerich/Habersack, Aktien- und GmbH-Konzernrecht, § 291 Rn. 24 d; *Kienzle*, Verdeckte Beherrschungsverträge im Aktienrecht, S. 100 ff.

794 *Kienzle*, Verdeckte Beherrschungsverträge im Aktienrecht, S. 100 ff.; *Silny*, Der Gläubiger- und Minderheitenschutz bei verdeckten Beherrschungsverträgen, 143 ff.

(wenngleich nichtigen) Vertrags bestehe zwischen den Vertragsparteien faktisch eine Situation, in der § 18 Abs. 1 S. 2 AktG einen Konzern vermutet[795]. Die eine Partei übe nämlich in materieller Hinsicht über die andere Partei Leitungsmacht in einer Weise aus, die nur durch einen Beherrschungsvertrag gerechtfertigt werden könne[796]. Anknüpfungspunkt für Sanktionen müsse das praktizierte Vertragsverhältnis sein und nicht nur die rein tatsächliche Einflussnahme wie im Rahmen der §§ 311 ff. AktG[797]. Daher sei für einen wirksamen Schutz der Gesellschaft, ihrer Gläubiger und Aktionäre eine partielle Anwendung des Vertragskonzernrechts und insbesondere von § 302 AktG erforderlich und geboten[798].

Dieser Argumentation ist nicht zu folgen. Eine analoge Anwendung der §§ 302 ff. AktG ist bei einem zwar vollzogenen, aber nicht eingetragenen Beherrschungsvertrag – abgesehen von dem Sonderfall qualifizierter Nachteilszufügungen im faktischen Konzern – abzulehnen, weil die Voraussetzungen einer Analogie nicht vorliegen[799].

1. Gesetzeswortlaut

Das Gesetz enthält sowohl für vertragliche als auch für vertraglose Beeinflussungen durch ein anderes Unternehmen, bei denen nach Auffassung des Gesetzgebers ein besonderer Schutz der Gesellschaft und ihrer außenstehenden Aktionäre erforderlich ist, eindeutige Regelungen[800]. Expressis verbis finden sich in den §§ 308-310 AktG („Leitungsmacht und Verantwortlichkeit bei Bestehen eines Beherrschungsvertrags“) und in den §§ 311-318 AktG („Verantwortlichkeit bei Fehlen eines Beherrschungsvertrags“) Regelungen für die vertragliche und die vertraglose Konzernierung[801]. Ein verdeckter Beherrschungsvertrag, der weder die Anforderungen der §§ 293, 294, 304 AktG erfüllt, noch nach den Grundsätzen über fehlerhafte Strukturänderungen für die Dauer seines Vollzugs als wirksam zu behandeln ist, fällt nicht in die Kategorie der vertraglichen Beherrschung. Er ist nämlich von Anfang an nichtig und entfaltet keine rechtli-

---

795 *Kienzle*, Verdeckte Beherrschungsverträge im Aktienrecht, S. 101.

796 *Kienzle*, Verdeckte Beherrschungsverträge im Aktienrecht, S. 101 f.; *Silny*, Der Gläubiger- und Minderheitenschutz bei verdeckten Beherrschungsverträgen, 145.

797 *Kienzle*, Verdeckte Beherrschungsverträge im Aktienrecht, S. 101; auch *Schürnbrand*, ZHR 169 (2005), 35, 56, der die Analogie dann aber aus anderen Gründen ablehnt, dazu sogleich.

798 *Kort*, Bestandsschutz fehlerhafter Strukturänderungen im Kapitalgesellschaftsrecht, S. 178; insoweit noch zustimmend *Schürnbrand*, ZHR 169 (2005), 35, 56.

799 Vgl. LG München I ZIP 2008, 242, 243; bestätigt durch OLG München NZG 2008, 753, 755; in diese Richtung auch OLG Zweibrücken ZIP 2004, 559, 562; im Ergebnis auch *Schürnbrand*, ZHR 169 (2005), 35, 56 f.; *Ederle*, Verdeckte Beherrschungsverträge, S. 156.

800 OLG München NZG 2008, 753, 755; OLG Zweibrücken ZIP 2004, 559, 562.

801 So auch OLG München NZG 2008, 753, 755.

chen Wirkungen. Der Einfluss, der auf seiner Grundlage ausgeübt wurde, basiert auf keiner rechtlich verlässlichen Legitimation. Es fehlt damit an dem kennzeichnenden Merkmal der Leitungsunterstellung i.S.v. § 291 Abs. 1 S. 1 AktG, nämlich der rechtlich verbindlichen und gegen den Willen der abhängigen Gesellschaft durchsetzbaren Herrschaftsmacht[802].

Mit den §§ 311 ff. AktG liegt nach dem Wortlaut des Gesetzes ein eigenes Regelungskonzept für Nachteilszufügungen ohne vertragliche Konzernierung vor, die der Gesetzgeber als kompensationsbedürftig ansieht. Die deutliche gesetzliche Einteilung spricht jedenfalls dagegen, das konzernrechtliche Ausgleichssystem zu unterwandern, indem man auf strukturgebende Merkmale, wie den verbindlichen Leitungstransfer in einem wirksamen Beherrschungsvertrag oder die mitgliedschaftlich begründete Abhängigkeit bei qualifizierten Nachteilszufügungen, verzichtet und die §§ 302 ff. AktG über die gesetzlich definierten Sachverhalte hinaus partiell analog anwendet. Nach dem Wortlaut des Gesetzes sind Einflussnahmen ohne eine wirksame oder nach den Grundsätzen über die fehlerhafte Strukturänderung für die Vergangenheit als wirksam zu behandelnde vertragliche Grundlage nur in den Grenzen der §§ 311 ff. AktG zu sanktionieren.

Einer Durchbrechung dieser gesetzlichen Zweiteilung stehen Wertungsgründe entgegen.

2. *Interessenlage der Parteien*

Die Interessenlage der Parteien spricht gegen eine Analogie. Sind Unternehmen durch einen Beherrschungsvertrag verbunden oder ist eine Eingliederung erfolgt, vermutet § 18 Abs. 1 S. 2 AktG unwiderlegbar einen Konzern. Beide Fälle legen nämlich den Schluss nahe, dass das herrschende Unternehmen durch das Weisungsrecht Leitungsmacht über die abhängige Gesellschaft tatsächlich ausübt[803]. Der zu erwartende Einsatz des Weisungsrechts gegenüber der Geschäftsleitung der abhängigen Gesellschaft rechtfertigt die globale Verlustausgleichspflicht des herrschenden Unternehmens[804]. Praktizieren die Parteien einen nichtigen Beherrschungsvertrag, liegt zwar faktisch die Situation vor, in der gemäß § 18 Abs. 1 S. 2 AktG ein Konzern zu vermuten ist[805]. Die gesetzliche Vermutung bezieht sich aber auf den Beherrschungsvertrag und die daraus folgende verbindliche und rechtlich durchsetzbare Eingriffsmöglichkeit, jedoch nicht auf die tatsächliche

802 *Koppensteiner*, in: KK-AktG, Anh. § 318 Rn. 64, allerdings zu der Frage der analogen Anwendung der §§ 302 f. AktG bei qualifizierten Nachteilszufügungen.

803 Vgl. *Koppensteiner*, in: KK-AktG, § 18 Rn. 39; *Hüffer*, AktG, § 18 Rn. 17.

804 *Kropff*, Begr. RegE-AktG, S. 391; *Koppensteiner*, in: KK-AktG, § 302 Rn. 6; *Altmeppen*, in: MünchKomm-AktG, § 302 Rn. 10.

805 *Schürnbrand*, ZHR 169 (2005), 35, 56.

Ausübung von Leitungsmacht[806]. Hinzu kommt, dass ein Beherrschungsvertrag in der Regel erst aus der Abhängigkeit heraus geschlossen wird, also wenn das herrschende Unternehmen bereits unmittelbar oder mittelbar beherrschenden Einfluss ausüben kann (§ 17 Abs. 1 AktG)[807]. Bei einem verdeckten nichtigen Beherrschungsvertrag ohne Abhängigkeitsverhältnis sind diese die Konzernvermutung tragenden Aspekte gerade nicht gegeben. Die Lebenssachverhalte sind insoweit nicht vergleichbar. Ein verdeckter nichtiger Beherrschungsvertrag stellt keine hinreichende rechtliche Grundlage für Eingriffe des Vertragspartners in die Gesellschaft dar, an die § 18 Abs. 1 S. 2 AktG die Konzernvermutung knüpft[808]. Es fehlt daher bei nichtigen Beherrschungsverträgen die Rechtfertigung für die unwiderlegliche Vermutung gemäß § 18 Abs. 1 S. 2 AktG und damit auch für die globale Verlustausgleichspflicht gemäß § 302 AktG[809]. Die Argumentation anhand von § 18 Abs. 1 S. 2 AktG überzeugt daher nicht.

3. Vertrauensschutz

Auch Vertrauensschutzerwägungen begründen kein besonderes Schutzbedürfnis der Minderheitsaktionäre und Gläubiger der Gesellschaft. Im Unterschied zu einem wirksamen Beherrschungsvertrag liegt bei einem nichtigen verdeckten Beherrschungsvertrag kein schützenswertes Vertrauen der Minderheitsaktionäre und Gläubiger der Gesellschaft in eine Verlustübernahme durch das andere Unternehmen vor, das eine analoge Anwendung der §§ 302 ff. AktG (außerhalb der für qualifizierte Nachteilszufügungen im faktischen Konzern geltenden Ausnahmen) rechtfertigen könnte. Die Parteien haben entweder bewusst oder aber unbewusst keinen den Anforderungen der §§ 293, 294, 304 AktG genügenden Beherrschungsvertrag geschlossen. In beiden Fällen besteht weder ein berechtigtes schützenswertes Vertrauen in eine rechtlich durchsetzbare Leitungsmacht des herrschenden Unternehmens noch – und das ist hier entscheidend – in seine Verlustausgleichspflicht. Auch der Vorstand kann und darf sich bei einem nicht den Anforderungen der §§ 293, 294, 304 AktG genügenden Vertrag nicht veranlasst sehen, Weisungen des Vertragspartners in Leitungsangelegenheiten zu befolgen. Er kann auch nicht davon ausgehen, von seiner Pflicht zur eigenverantwortlichen Leitung entbunden zu sein. Er hat Einflussnahmen durch den Vertragspartner daher stets auf ihre Vereinbarkeit mit dem Unternehmensinteresse zu überprüfen und gege-

---

806 *Ederle*, Verdeckte Beherrschungsverträge, S. 151 mit Verweis auf *Altmeppen*, in: MünchKomm-AktG, § 302 Rn. 10; *Hüffer*, AktG, § 18 Rn. 2; *Kropff*, Begr. RegE-AktG, S. 391.

807 Vgl. oben, Dritter Teil, Erstes Kapitel, I.

808 *Ederle*, Verdeckte Beherrschungsverträge, S. 151.

809 Ebenso *Ederle*, Verdeckte Beherrschungsverträge, S. 151.

benenfalls zurückzuweisen. Dadurch sind die außenstehenden Aktionäre und Gläubiger mittelbar geschützt.

4. Schutzzweck

Ist die einflussnehmende Vertragspartei eine Aktiengesellschaft, sprechen des Weiteren schützenswerte Interessen ihrer Aktionäre gegen eine einseitige Anwendung der beherrschungsvertraglichen Vorschriften[810]. Dass auch die Interessen ihrer Aktionäre im Beherrschungsvertragsrecht bedeutsam sind, verdeutlicht § 293 Abs. 2 S. 1 AktG, der für einen Beherrschungsvertrag mit einer Aktiengesellschaft oder einer Kommanditgesellschaft auf Aktien explizit auch die Zustimmung der Hauptversammlung des herrschenden Unternehmens fordert[811]. Ausweislich der Gesetzesmaterialien liegt der Grund für das Zustimmungserfordernis in den Rechtsfolgen des Beherrschungsvertrags für das herrschende Unternehmen nach den §§ 302 ff. AktG[812]. Die aus dem Beherrschungsvertrag für das herrschende Unternehmen folgenden Pflichten erfordern, dass nicht die Verwaltung über seinen Abschluss entscheidet, sondern gemäß § 293 Abs. 2 S. 2, Abs. 1 AktG die Hauptversammlung mit mindestens Dreiviertelmehrheit. Besonders ins Gewicht fällt dabei die Verlustübernahmepflicht, die erhebliche wirtschaftliche Risiken für das herrschende Unternehmen birgt[813]. Weist die abhängige Gesellschaft hohe Verluste aus, kann die Verlustübernahmepflicht für das herrschende Unternehmen sogar existenzgefährdend sein[814]. Allein mit dem Weisungsrecht gemäß § 308 AktG kann das herrschende Unternehmen einer negativen Entwicklung der abhängigen Gesellschaft und damit der Gefahr, hohe Verlust ausgleichen zu müssen, nur begrenzt entgegenwirken, da das Weisungsrecht lediglich eine mittelbare Führung der abhängigen Gesellschaft ermöglicht und diese ansonsten selbständig bleibt[815]. Insofern ist es zwingend erforderlich, die Hauptversammlung der herrschenden Gesellschaft über einen Beherrschungsvertrag und die daraus resultierenden Pflichten gemäß §§ 302 ff. AktG beschließen zu lassen[816]. Ohne sie läge eine einseitige Benachteiligung der Aktionäre des anderen Unternehmens vor, die mit der hervorgehobenen Bedeutung der Pflicht zur Handelsregistereintragung und der

810 So auch *Schürnbrand*, ZHR 169 (2005), 35, 57; *Ederle*, Verdeckte Beherrschungsverträge, S. 151 f.

811 *Schürnbrand*, ZHR 169 (2005), 35, 57; *Ederle*, Verdeckte Beherrschungsverträge, S. 151 f.

812 Vgl. *Kropff*, BegrRegE AktG 1965 zu § 293, S. 381; BGHZ 105, 324, 335; *Koppensteiner*, in: KK-AktG, § 293 Rn. 40; *Veil*, in: Spindler/Stilz, AktG, § 293 Rn. 37, *Hüffer*, AktG, § 293 Rn. 17.

813 Vgl. etwa BGH NJW 1989, 295, 297; BGH NJW 1992, 1452, 1453.

814 *Schürnbrand*, ZHR 169 (2005), 35, 57.

815 *Schürnbrand*, ZHR 169 (2005), 35, 57.

816 *Schürnbrand*, ZHR 169 (2005), 35, 57; *Ederle*, Verdeckte Beherrschungsverträge, S. 151 f.

Zustimmungspflicht der Hauptversammlung nicht zu vereinbaren ist[817]. Diese zwingenden Wirksamkeitsvoraussetzungen können auch in Hinblick auf eine teilanaloge Anwendung der §§ 302 ff. AktG bei einem praktizierten nichtigen verdeckten Beherrschungsvertrag nicht übergangen werden.

5. *Vergleich mit qualifizierten Nachteilszufügungen*

Gegen eine partielle Analogie spricht ferner die unterschiedliche Ausgangslage, die im faktischen Konzern eine analoge Anwendung der §§ 302 ff. AktG bei qualifizierten Nachteilszufügungen rechtfertigt[818]. Zwingende Voraussetzung für die Anwendung der §§ 311 ff. AktG ist ein gesellschaftsrechtlich vermitteltes Abhängigkeitsverhältnis nach § 17 AktG. Zwar lässt sich einwenden, die Erwägungen, die bei qualifizierten Nachteilszufügungen für die analoge Anwendung der beherrschungsvertraglichen Schutzvorschriften angeführt werden, basieren weniger auf der Rechtsform der Organisation des Konzerns als auf allgemeinen Rechtsgedanken[819]. Gleichwohl liegt dem faktischen Konzern stets eine Situation im Innenverhältnis zwischen Mehrheit und Minderheit zugrunde, in der die Machtbalance aufgrund spezifisch gesellschaftsrechtlicher Umstände gestört ist. Die §§ 311 ff. AktG schützen die abhängige Gesellschaft davor, dass das herrschende Unternehmen in dieser Situation seine eigenen unternehmerischen Interessen verfolgt und die abhängige Gesellschaft zu Handlungen gegen ihr Interesse veranlasst[820]. Verfügt ein herrschendes Unternehmen über ein Einflusspotential, das eine Abhängigkeit nach § 17 AktG begründet, kann es gegen den Willen der Minderheit Grundlagenentscheidungen von großer Tragweite treffen, die Anteilseignerseite im Aufsichtsrat mit ihren Repräsentanten besetzen und schließlich über den dominierten Aufsichtsrat die Zusammensetzung des Vorstands beeinflussen[821]. Diese tiefgreifenden Folgen sind nicht zu befürchten, wenn das Einflusspotential nicht gesellschaftsrechtlich begründet oder vermittelt ist[822]. Die Abwehr rein tatsächlicher, wirtschaftlicher und marktbedingter Nachteile, sowie von Gefahren, die aus dem Außenverhältnis der Gesellschaft zu dem Vertragspartner resultieren, ist nicht Aufgabe des Konzernrechts[823]. Es ist widersprüchlich, die §§ 302 ff. AktG einerseits bei qualifizierten Nachteilszufügungen an sehr enge Vorausset-

---

817 *Schürnbrand*, ZHR 169 (2005), 35, 57; zustimmend *Ederle*, Verdeckte Beherrschungsverträge, S. 151 f.

818 So auch *Ederle*, Verdeckte Beherrschungsverträge, S. 150 f.

819 Vgl. *Oechsler*, ZGR 1997, 464, 465.

820 RegE AktG, BT-Drucks. 4/171, S. 229.

821 Vgl. oben, Dritter Teil, Erstes Kapitel, B. IV. 1. und 2.

822 Vgl. oben, Dritter Teil, Erstes Kapitel, B. IV. 2. a).

823 Vgl. oben, Dritter Teil, Erstes Kapitel, B. IV. 2. a).

zungen zu knüpfen und sie andererseits bei einem nichtigen Beherrschungsvertrag ohne Abhängigkeitsverhältnis ungeachtet dieser engen Voraussetzungen nur aufgrund faktisch angemaßter und ausgeübter Leitungsmacht anwenden zu wollen, ohne darauf abzustellen, wie intensiv und tiefgreifend die Einflussnahme im Einzelfall tatsächlich ist[824].

Damit ist eine partiell analoge Anwendung der §§ 302 ff. AktG auf nichtige durchgeführte Beherrschungsverträge abzulehnen, soweit es sich nicht um den Sonderfall qualifizierter Nachteilszufügungen im faktischen Konzern handelt, in denen sie ergänzend heranzuziehen sind.

II. Zwischenergebnis

Eine analoge Anwendung der §§ 302 ff. AktG bei einem praktizierten verdeckten nichtigen Beherrschungsvertrag ohne gleichzeitiges Abhängigkeitsverhältnis i.S.v. § 17 AktG ist abzulehnen, weil überzeugende Gründe gegen diese Analogie sprechen. Nach hier vertretenen Auffassung führen somit rein schuldrechtliche Verträge, die die Anforderungen eines Beherrschungsvertrags nicht erfüllen, aber inhaltlich eine Leitungsunterstellung i.S.d. § 291 Abs. 1 S. 1 AktG begründen, für sich genommen niemals zu einer (teilweisen) analogen Anwendung der §§ 302 ff. AktG. Diese Vereinbarungen liegen jenseits der Grenzen des § 76 Abs. 1 AktG. Halten die Vertragsparteien die Anforderungen der §§ 293, 294, 304 AktG nicht ein, sind die Vereinbarungen gemäß § 134 BGB nichtig bzw. gemäß § 139 BGB teilnichtig. Über die Vertragsmängel kann die Lehre von der fehlerhaften Strukturänderung nicht hinweghelfen. Weil starke Argumente gegen eine analoge Anwendung der §§ 302 ff. AktG auf verdeckte nichtige Beherrschungsverträge sprechen, sind auf sie die allgemeinen zivil- und gesellschaftsrechtlichen Vorschriften anzuwenden. Es können zivil- und gesellschaftsrechtliche Schadensersatzansprüche bestehen, deren Inhalt und Umfang sich aus den §§ 249 ff. BGB ergeben und daher grundsätzlich auf Naturalrestitution, also Herstellung des status quo ante, gerichtet sind.

B. Haftung für Einflussnahmen gemäß § 117 AktG

Da nach hier vertretener Auffassung Einflussnahmen auf der Grundlage eines verdeckten nichtigen Beherrschungsvertrags ohne zusätzliche mitgliedschaftliche Verbindungen zwischen den Parteien keine konzernrechtlichen Rechtsfolgen auslösen, gilt es zu verifizieren, dass die zivilrechtlichen und gesellschaftsrecht-

824 Ähnlich *Ederle*, Verdeckte Beherrschungsverträge, S. 150 f.

lichen Vorschriften tatsächlich für ein angemessenes Schutzniveau der Gesellschaft, ihrer Aktionäre und Gläubiger bei nachteiligen Einflussnahmen auf den Vorstand sorgen. Verbandsrechtlich sind Schadensersatzansprüche für Einflussnahmen auf die Aktiengesellschaft in § 117 AktG geregelt[825].

I. Tatbestand und Normzweck

Um festzustellen, welche Einflussnahmen von Aktionären oder Dritten auf der Grundlage eines verdeckten nichtigen Beherrschungsvertrags § 117 AktG erfasst, ist auf seinen Normzweck und seine Tatbestandsvoraussetzungen einzugehen. Gemäß § 117 Abs. 1 S. 1 AktG macht sich schadensersatzpflichtig, wer vorsätzlich unter Benutzung seines Einflusses auf die Gesellschaft ein Vorstands- oder Aufsichtsratsmitglied oder leitende Angestellte (Prokuristen oder Handlungsbevollmächtigte) dazu bestimmt, zum Schaden ihrer Gesellschaft oder Aktionäre zu handeln. Normzweck des § 117 AktG ist zum einen der Schutz des Vermögens der Gesellschaft und ihrer Aktionäre[826]. Zum anderen soll die Vorschrift durch die Haftungsandrohung Personen mit entsprechendem Einfluss davon abhalten, ihn zum Nachteil der Gesellschaft auszuüben[827]. Der Einfluss i.S.d. § 117 AktG braucht im Unterschied zu den §§ 311 ff. AktG nicht gesellschaftsrechtlich begründet oder vermittelt zu sein[828]. Erforderlich ist lediglich eine geschäftliche oder sonstige Beziehung zu der Gesellschaft von einer gewissen Intensität, die eine Einflussnahme ermöglicht[829]. Daher sind Adressaten des § 117 AktG Kreditgeber, Lieferanten oder andere Vertragspartner der Gesellschaft, die neben ihrer Marktmacht über keine sonstigen Mittel für eine

825 Als Anspruchsgrundlagen für Schadensersatz kommen freilich auch § 826 BGB, § 823 Abs. 1 oder Abs. 2 BGB, § 280 Abs. 1 BGB oder die §§ 280 Abs. 1, 311 Abs. 2, 241 Abs. 2 BGB (culpa in contrahendo) in Betracht. Da alle diese Ansprüche – wie auch § 117 AktG – als Rechtsfolge Schadensersatz nach den §§ 249 ff. BGB vorsehen, beschränkt sich die Arbeit auf eine Darstellung des aus § 117 AktG als spezifisch verbandsrechtlicher Haftungsnorm folgenden Rechtsschutzes.

826 BGH NJW 1992, 3167, 3172; *Kort*, in: GK-AktG, § 117 Rn. 5; *Spindler*, in: MünchKomm-AktG, § 117 Rn. 1; *Hommelhoff/Witt*, in: Schmidt/Lutter, AktG, § 117 Rn. 1; *Hüffer*, AktG, § 117 Rn. 1.

827 *Kort*, in: GK-AktG, § 117 Rn. 5; *Spindler*, in: MünchKomm-AktG, § 117 Rn. 2; *Hommelhoff/Witt*, in: Schmidt/Lutter, AktG, § 117 Rn. 1; *Voigt*, Haftung aus Einfluss auf die Aktiengesellschaft, S. 37 m.w.Nachw. in Fn. 249.

828 Ganz hM, vgl. *Kort*, in GK-AktG, § 117 Rn. 114; *Spindler*, in: MünchKomm-AktG, § 117 Rn. 16; *Hüffer*, AktG, § 117 Rn 3; *Schall*, in: Spindler/Stilz, AktG, § 117 Rn. 15; *Hommelhoff/Witt*, in: Schmidt/Lutter, AktG, § 117 Rn 6; *Leuering/Goertz*, in: Hölters, AktG, § 117 Rn. 3.

829 *Kort*, in: GK-AktG, § 117 Rn. 124.

schädigende Einflussnahme verfügen müssen[830]. § 117 AktG erfasst dadurch auch Schädigungen der Gesellschaft durch Aktionäre und Dritte, die schuldrechtlich begründete Einflussrechte auf Vorstandsentscheidungen zum Nachteil der Gesellschaft ausüben. Weil die Norm nur eine tatsächlich erfolgte schädigende Einflussnahme voraussetzt, ist nicht von Bedeutung, dass ein verdeckter Beherrschungsvertrag nichtig ist, weil die Parteien die Anforderungen der §§ 293, 294, 304 AktG nicht eingehalten haben. Für ein „Bestimmen" i.S.d. § 117 AktG muss der Vorstand der Gesellschaft die Maßnahme lediglich aufgrund der Einflussnahme des Aktionärs oder Dritten vornehmen, ohne bereits vorher zu ihr entschlossen gewesen zu sein (omnimodo facturus)[831].

Die weiteren Voraussetzungen des § 117 AktG spiegeln seinen nach herrschender Meinung deliktischen Charakter wider[832]. § 117 Abs. 1 S. 1 AktG fordert eine vorsätzliche rechtswidrige Einflussnahme auf die zum Schaden der Gesellschaft handelnde Organperson oder den leitenden Mitarbeiter[833]. Die Rechtswidrigkeit der Einflussnahme wird nicht durch die Tatbestandsmäßigkeit indiziert, sondern muss durch eine Abwägung der betroffenen Interessen positiv festgestellt werden[834]. Indiziert wird die Rechtswidrigkeit der Einflussnahme aber durch die Pflichtwidrigkeit des aufgrund der Beeinflussung erfolgten Handelns[835]. Dabei ist der Gedanke des § 317 Abs. 2 AktG heranzuziehen, nach dem entscheidend ist, ob nicht auch ein ordentlicher und gewissenhafter Geschäftsleiter einer unabhängigen Gesellschaft so gehandelt hätte. Bei jeder die Gesellschaft auf den ersten Blick schädigenden Einflussnahme ist insofern zu fragen, ob sie dem Unternehmensinteresse entspricht[836]. Aufgrund dieses Maßstabs kann ein vermögensmäßig nachteiliges Handeln des Vorstands, das auf

830 *Kort*, in GK-AktG, § 117 Rn. 100, 114; *Mertens*, in: KK-AktG, § 117 Rn. 12; *Hommelhoff/Witt*, in: Schmidt/Lutter, AktG, § 117 Rn. 6; *Hüffer*, AktG, § 117 Rn. 3; *Leuering/Goertz*, in: Hölters, AktG, § 117 Rn. 2; *Ulmer*, in: FS Hüffer, S. 999, 1009 f.; *Voigt*, Haftung aus Einfluss auf die Aktiengesellschaft, S. 230.

831 Vgl. *Kort*, in: GK-AktG, § 117 Rn. 145; *Spindler*, in: MünchKomm-AktG, § 117 Rn. 26.

832 Vgl. BGHZ 129, 136, 160; BGH NJW 1992, 3167, 3172; *Mertens*, in: KK-AktG, § 117 Rn. 9; *Kort*, in: GK-AktG, § 117 Rn. 19, 37; *Hommelhoff/Witt*, in: Schmidt/Lutter, AktG, § 117 Rn. 2; *Schall*, in: Spindler/Stilz, AktG § 117 Rn. 3; *Hüffer*, AktG, § 117 Rn. 2; aA *Voigt*, Haftung aus Einfluss auf die Aktiengesellschaft, S. 72 ff. (Haftung aufgrund rechtlicher Sonderverbindung); dagegen überzeugend *Kort*, in: GK-AktG, § 117 Rn. 43 ff., 50 ff.

833 Vgl. nur *Mertens*, in: KK-AktG, § 117 Rn. 22; *Kort*, in: GK-AktG, § 117 Rn. 149; *Hüffer*, AktG, § 117 Rn. 6.

834 *Mertens*, in: KK-AktG, § 117 Rn. 22; *Kort*, in: GK-AktG, § 117 Rn. 149 ff.; *Hommelhoff/Witt*, in: Schmidt/Lutter, AktG, § 117 Rn. 10; *Hüffer*, AktG, § 117 Rn. 6.

835 *Kort*, in: GK-AktG, § 117 Rn. 149.

836 *Kort*, in: GK-AktG, § 117 Rn. 149; *Wiesner*, in: MünchHdb-AG, § 27 Rn. 5.

eine Einflussnahme hin erfolgte, auch durchaus pflichtgemäß sein. Eine Haftung nach § 117 AktG scheidet dann aus[837].

Für den Vorsatz im Rahmen von § 117 AktG genügt dolus eventualis[838]. Es ist erforderlich und ausreichend, dass die einflussnehmende Person sich generell bewusst ist, dass das beeinflusste Verwaltungsmitglied pflichtwidrig handelt und der Gesellschaft daraus ein Schaden entstehen kann[839]. Art und Umfang des Schadens muss der Vorsatz jedoch nicht umfassen[840]. Fraglich ist, ob eine Einflussnahme aufgrund eines irrtümlich für wirksam gehaltenen nichtigen verdeckten Beherrschungsvertrags der Annahme von Vorsatz entgegensteht. Dagegen spricht § 117 Abs. 7 Nr. 1 AktG. Danach ist eine Haftung ausgeschlossen, wenn die Verwaltung durch Ausübung von Leitungsmacht auf Grund eines Beherrschungsvertrags bestimmt worden ist. Dies setzt nach einhelliger Auffassung zwingend die rechtmäßige Ausübung der Leitungsmacht voraus[841]. Diese Regelung würde konterkariert, lehnte man den Vorsatz ab, weil der Einflussnehmende irrtümlich von der rechtmäßigen Ausübung von Leitungsmacht ausging. Die irrtümliche Annahme, der Vertrag sei wirksam, steht dem Vorsatz insofern nicht entgegen.

Neben dem Einflussnehmenden haften gemäß § 117 Abs. 2 S. 1 AktG als Gesamtschuldner zudem die Mitglieder des Vorstands und des Aufsichtsrats, wenn sie bei den veranlassten Handlungen zum Schaden der Gesellschaft ihre Pflichten verletzt haben. Es müssen also die Voraussetzungen des § 117 Abs. 1 AktG und der §§ 93, 116 AktG vorliegen[842]. Im Streitfall haben die Mitglieder des Vorstands und des Aufsichtsrats gemäß § 117 Abs. 2 S. 2 AktG den Beweis zu erbringen, die Sorgfalt eines ordentlichen und gewissenhaften Geschäftsleiters angewandt zu haben. § 117 Abs. 2 S. 1 AktG ist vor allem dann von Bedeutung, wenn die Aktionäre Schäden erleiden, die über den Schaden hinausgehen, der ihnen als Reflex des Schadens der Gesellschaft entsteht[843].

Tatbestandsmäßig erfasst § 117 AktG somit nachteilige Einflussnahmen infolge des Vollzugs eines nichtigen verdeckten Beherrschungsvertrags und schließt dadurch die Rechtsschutzlücke, die bei diesen Einflussnahmen entsteht, wenn die §§ 311 ff. AktG mangels mitgliedschaftlicher Verbindung zwischen den Parteien nicht eingreifen.

---

837 Vgl. *Kort*, in: GK-AktG, § 117 Rn. 149; *Wiesner*, in: MünchHdb-AG, § 27 Rn. 5.

838 *Spindler*, in: MünchKomm-AktG, § 117 Rn. 42; *Hüffer*, AktG, § 117 Rn. 7.

839 OLG Düsseldorf AG 1995, 469, 470.

840 *Spindler*, in: MünchKomm-AktG, § 117 Rn. 42; *Hüffer*, AktG, § 117 Rn. 7.

841 *Mertens*, in: KK-AktG, § 117 Rn. 35; *Spindler*, in: MünchKomm-AktG, § 117 Rn. 69; *Hommelhoff/Witt*, in: Schmidt/Lutter, AktG, § 117 Rn. 30; *Kort*, in: GK-AktG, § 117 Rn. 252.

842 *Hüffer*, AktG, § 117 Rn. 10.

843 Vgl. *Hüffer*, AktG, § 117 Rn. 10.

II. Rechtsfolgen

Zu erörtern ist, ob § 117 AktG bei Schädigungen infolge des Vollzugs eines verdeckten nichtigen Beherrschungsvertrags Rechtsfolgen vorsieht, die für ein adäquates Schutzniveau sorgen. Für den Schadensersatzanspruch gemäß § 117 AktG gilt der allgemeine Vermögensschadensbegriff[844]. Schaden i.S.d. § 117 AktG ist daher jede durch die Beeinflussung verursachte Vermögensminderung seitens der Gesellschaft oder der Aktionäre einschließlich entgangener Gewinne[845]. Art und Umfang des Schadensersatzes richten sich nach den §§ 249 ff. BGB[846]. Er ist im Regelfall gemäß § 249 Abs. 1 AktG durch Naturalrestitution zu leisten. Der Schädiger hat also den Zustand wiederherzustellen, der ohne das schädigende Ereignis bestünde oder der diesem Zustand zumindest möglichst nahe kommt[847]. Naturalrestitution nach § 249 Abs. 1 BGB kann erfordern, nachteilige Rechtsgeschäfte vollständig rückabzuwickeln und die dafür notwendigen Schritte einzuleiten oder veranlasste Maßnahmen zu widerrufen und die zur Wiederherstellung des status quo ante benötigten finanziellen Mittel zur Verfügung zu stellen[848]. Lassen sich Schäden auf diese Weise nicht kompensieren, ist Entschädigung in Geld zu leisten (§ 251 Abs.1 BGB)[849].

Für ein akzeptables Rechtsschutzniveau sorgt § 117 AktG aber nur dann, wenn die Norm die Gesellschaft und ihre Aktionäre nach Vollzug eines verdeckten nichtigen Beherrschungsvertrags nicht vor nicht hinnehmbare Beweisprobleme stellt.

III. Beweislast und Beweisbarkeit

Die Beweislast für eine Schädigung trägt im Rahmen des § 117 AktG grundsätzlich der Anspruchsteller[850]. Insofern haben die Gesellschaft und gegebenenfalls ihre Aktionäre darzulegen und zu beweisen, dass der Vertragspartner die Einflussrechte aus dem verdeckten nichtigen Beherrschungsvertrag zum Nachteil der Gesellschaft ausgeübt hat.

---

844 *Kort*, in: GK-AktG, § 117 Rn. 136; *Spindler*, in: MünchKomm-AktG, § 117 Rn. 27; *Hüffer*, AktG, § 117 Rn. 5.

845 Statt vieler *Kort*, in: GK-AktG, § 117 Rn. 136; *Hüffer*, AktG, § 117 Rn. 5.

846 *Spindler*, in: MünchKomm-AktG, § 117 Rn. 27 i.V.m. § 93 Rn. 154 f.

847 Vgl. dazu BGH NJW-RR 2003, 1042, 1043; *Larenz*, Schuldrecht AT, Band I, S. 467.

848 Vgl. *Koppensteiner*, in: KK-AktG, § 317 Rn. 20; *Hüffer*, AktG, § 317 Rn. 9 (jeweils im Zusammenhang mit § 317 AktG).

849 *Koppensteiner*, in: KK-AktG, § 317 Rn. 20; *Altmeppen*, in: MünchKomm-AktG, § 317 Rn. 33; *Hüffer*, AktG, § 317 Rn. 9 (jeweils im Zusammenhang mit § 317 AktG).

850 *Mertens*, in: KK-AktG, § 117 Rn. 24; *Kort*, in: GK-AktG, § 117 Rn. 161; *Hüffer*, AktG, § 117 Rn. 7.

Im Unterschied zu dem Einzelausgleichssystem der §§ 311, 317 AktG wird der Anspruch gemäß § 117 AktG erst relevant, wenn auf Seiten der Gesellschaft oder ihrer Aktionäre ein durch Vergleich der hypothetischen mit der realen Vermögenslage der Gesellschaft zu ermittelnder Schaden vorliegt. Die Einflussnahme des Schädigers muss – anders als im Rahmen der §§ 311, 317 AktG – nicht bereits bei ihrer Vornahme als nachteilig eingestuft werden. Dadurch ergeben sich keine Beweisschwierigkeiten bei Einflussnahmen auf zukunftsbezogene Entscheidungen oder Maßnahmen.

Bei Vollzug eines verdeckten nichtigen Beherrschungsvertrags ohne mitgliedschaftliche Verbindung zwischen den Parteien ist auch die Gefahr tiefgreifender oder nicht individualisierbarer Einflussnahmen geringer[851]. Das Einflusspotential des Vertragspartners basiert lediglich auf der irrigen Vorstellung der Parteien von der Wirksamkeit der vertraglichen Einwirkungsrechte. Der Vorstand kann und darf nicht von einer Überlagerung seines Rechts und seiner Pflicht zur eigenverantwortlichen Leitung sowie einer Aufhebung der Vorschriften über die Vermögensbindung ausgehen. Die Einflussrechte sind rechtlich nicht gesichert und können in Konfliktsituationen nicht gegen den Willen des Vorstands und die Interessen der Gesellschaft durchgesetzt werden. Insofern drohen bei einem nichtigen verdeckten Beherrschungsvertrag ohne Abhängigkeitsverhältnis zwischen der Gesellschaft und dem Vertragspartner Beweisprobleme nicht in dem Maße, das eine Anwendung der spezifisch konzernrechtlichen Schutzvorschriften erforderlich macht. Sollten sich dennoch im Rahmen des § 117 AktG Beweisprobleme ergeben, können Beweiserleichterungen zur Anwendung kommen. Zum einen greifen sie in Fälle ein, in denen der Einflussnehmer durch sein Verhalten Vorteile zu Lasten der Gesellschaft oder ihrer Aktionäre erlangt hat. Dann kann zu seinen Lasten die Vermutung eingreifen, die Nachteile seien vorsätzlich durch seine Einflussnahme entstanden[852]. Zum anderen kommen Beweiserleichterungen in Fällen in Betracht, in denen der Anspruchsteller in die Vorgänge, in deren Verlauf eine Einflussnahme seinem Vortrag nach erfolgt sein soll, keine Einblicke hat[853]. Dann hat der Anspruchsgegner Auskunft zu geben, wenn er die Vorgänge kennt und ihm eine Sachverhaltsdarstellung zumutbar ist[854].

Darüber hinaus kann bei Beweisschwierigkeiten seitens des Anspruchsstellers auch von der Möglichkeit der gerichtlichen Schadensschätzung nach § 287

851 Vgl. dazu oben, Dritter Teil, Erstes Kapitel, B. IV. 2. b) bb).

852 *Mertens*, in: KK-AktG, § 117 Rn. 24; *Kort*, in: GK-AktG, § 117 Rn. 162.

853 *Kort*, in: GK-AktG, § 117 Rn. 163; *Spindler*, in: MünchKomm-AktG, § 117 Rn. 44.

854 *Kort*, in: GK-AktG, § 117 Rn. 163; *Spindler*, in: MünchKomm-AktG, § 117 Rn. 44.

ZPO Gebrauch gemacht werden, um dem Anspruchsteller die Beweisführung in Bezug auf Entstehung und Höhe des Schadens zu erleichtern[855].

Damit sind aufgrund des nicht rechtlich verbindlichen, sondern rein tatsächlichen Einflusspotentials des Vertragspartners und der fehlenden mitgliedschaftlichen Verbindung zwischen den Parteien auf der einen Seite sowie des für die Beweisführung maßgebenden Zeitpunkts und der Beweiserleichterungen auf der anderen Seite Beweisschwierigkeiten nicht in dem Ausmaß zu befürchten, das im faktischen Konzern bei qualifizierten Nachteilszufügungen auftreten kann und dort die analoge Anwendung der §§ 302 ff. AktG legitimiert. § 117 AktG stellt daher auch unter den Gesichtspunkten der Darlegungs- und Beweislast sowie der Beweisbarkeit bei dem Vollzug eines verdeckten nichtigen Beherrschungsvertrags ohne gleichzeitiges Abhängigkeitsverhältnis einen praktikablen und angemessenen Schutz der Gesellschaft, ihrer Aktionäre sowie mittelbar der Gesellschaftsgläubiger sicher.

C. Zwischenergebnis und Bewertung

Einflussnahmen auf den Vorstand auf der Grundlage eines nichtigen verdeckten Beherrschungsvertrags können Schadensersatzansprüche gemäß § 117 AktG auslösen. § 117 AktG sanktioniert vorsätzliche rechtswidrige Einflussnahmen auf den Vorstand zum Nachteil seiner Gesellschaft. Im Unterschied zu § 311 ff. AktG sind Normadressaten des § 117 AktG einerseits Nicht-Unternehmen, andererseits auch Minderheitsaktionäre und Dritte, die zu der Gesellschaft in keiner mitgliedschaftlichen Verbindung stehen. Das Einflusspotential kann sich daher auch aus einer geschäftlichen oder sonstigen Verbindung zu der Gesellschaft ergeben. Unter den Voraussetzungen des § 117 AktG besteht eine Schadensersatzpflicht sowohl gegenüber der Gesellschaft als auch gegenüber den Aktionären, wenn deren Schäden über die der Gesellschaft hinausgehen. Insofern stellt § 117 AktG eine taugliche Haftungsnorm dar, die schädigende Einflussnahmen bei dem Vollzug eines verdeckten nichtigen Beherrschungsvertrags ohne gleichzeitiges Abhängigkeitsverhältnis sanktioniert. Die Haftung tritt ein, sofern das veranlasste Tun oder Unterlassen des Vorstands sich nicht innerhalb seines unternehmerischen Ermessens einschließlich seines Handlungsspielraums nach der Business Judgement Rule bewegt. Im Rahmen des § 117 AktG wird – wie auch bei Abhängigkeit nach den §§ 311, 317 AktG – somit nicht an den nichtigen Vertrag angeknüpft,

855 Vgl. dazu oben, Dritter Teil, Erstes Kapitel, B. V. 4. b); vgl. ferner *Grüneberg*, in: Palandt, BGB, Vorb v § 249 Rn. 136 m.w.Nachw.; im Zusammenhang mit § 117 AktG *Voigt*, Haftung aus Einfluss auf die Aktiengesellschaft, S. 248.

sondern an die Einflussnahme. Die Effektivität des Rechtsschutzes nach § 117 AktG kann zwar durch Beweisprobleme gemindert werden, weil der Anspruchsteller die haftungsbegründenden Umstände zu beweisen hat. Jedoch greifen im Rahmen des § 117 AktG Beweiserleichterungen und es besteht die Möglichkeit einer gerichtlichen Schadensschätzung gemäß § 287 ZPO. Dadurch ist ein Schutzniveau gewährleistet, das den ohne Abhängigkeitsverhältnis und wirksamen Beherrschungsvertrag drohenden Einflussnahmen gerecht wird. Zudem hat § 117 AktG durch die Haftungsandrohung bereits vor Eintritt eines Schadens eine präventive Wirkung auf einflussreiche Personen, ihren Einfluss nicht zum Nachteil der Gesellschaft auszuüben.

Anhand des Erfordernisses der Rechtswidrigkeit der Einflussnahmen nach § 117 AktG zeigt sich wiederum, dass das Aktiengesetz nicht jede Einflussnahme auf geschäftspolitische Entscheidungen des Vorstand außerhalb des Konzernrechts missbilligt und mit einer Haftung für die Folgen der beeinflussten Vorstandsentscheidung oder -maßnahme belegt. Der Vorstand darf und soll vielmehr im Rahmen des Unternehmensinteresses die Interessen der *Shareholder* und *Stakeholder* berücksichtigen, die diese ihm gegenüber äußern. Letztere haften ihrerseits nur dann für die Folgen einer Einflussnahme, wenn sie über gesellschaftsrechtlich relevantes Einflusspotential verfügen, mit dem sie eigene Interessen gegen den Willen des Vorstands durchsetzen können (vgl. § 17, 311 ff. AktG) oder wenn sie über sonstiges Einflusspotential verfügen und die Gesellschaft gemäß § 117 AktG vorsätzlich rechtswidrig schädigen. Das Konzernrecht sowie das Verbandsrecht sehen damit hinreichende Schranken für Einflussnahmen auf Vorstandsentscheidungen vor. Inakzeptable Rechtsschutzlücken, die im Wege der Analogie geschlossen werden müssen, sind für die Aktiengesellschaft und ihre außenstehenden Aktionäre nicht zu konstatieren.

Vierter Teil: Zusammenfassung der Ergebnisse

1. Die Zuweisung der eigenverantwortlichen Leitung an den Vorstand durch § 76 Abs. 1 AktG begründet für ihn ein Leitungsrecht und eine Leitungspflicht.
2. „Leitung“ i.S.d. § 76 Abs. 1 AktG bezeichnet einen hervorgehobenen Teilbereich der „Geschäftsführung“ nach § 77 AktG. Zur Geschäftsführung zählt jedes Handeln des Vorstands für die Gesellschaft.
3. Dem Vorstand ist der gesamte Bereich der Geschäftsführung zugewiesen. Er unterliegt darin nach dem Gesetz keinerlei Weisungen und darf sich auch nicht vertraglich Weisungen unterwerfen. Die Weisungsfreiheit in allgemeinen Geschäftsführungsangelegenheiten kommt im Aktiengesetz an unterschiedlicher Stelle zum Ausdruck, für sein Verhältnis zur Hauptversammlung etwa in § 119 Abs. 2 AktG und für sein Verhältnis zum Aufsichtsrat in § 111 Abs. 1 AktG.
4. Der Inhalt der Leitungsaufgabe des Vorstands gemäß § 76 Abs. 1 AktG als hervorgehobener Teilbereich der Geschäftsführung besteht in Anlehnung an die Erkenntnisse der Betriebswirtschaftlehre in der Unternehmensplanung, der Unternehmensorganisation, der Unternehmenskontrolle sowie der Besetzung von Führungspositionen in dem Unternehmen.
5. Aus dem Inhalt der Leitung lassen sich Mindestanforderungen an die eigenverantwortliche Leitung sowie die beherrschende Einflussnahme in einem Beherrschungsvertrag ableiten.
6. § 76 Abs. 1 AktG begrenzt die Möglichkeiten, Leitungskompetenzen zu übertragen oder einzuschränken. Vorbereitungs- und Ausführungshandlungen von Leitungsaufgaben darf der Vorstand delegieren, solange er ihre ordnungsmäßige Erledigung überwacht, die delegierten Aufgaben jederzeit wieder an sich ziehen kann und die Verantwortung für sie trägt.
7. Durch eine Ressortbildung im Vorstand kann ein System der Arbeitsteilung geschaffen werden. Den Kernbereich der dem Vorstand zugewiesenen Leitungsaufgaben muss zwingend der Gesamtvorstand wahrnehmen. Hinsichtlich der außerhalb dieses Kernbereichs liegenden Leitungsaufgaben hat jedes Vorstandsmitglied eine Überwachungspflicht und -verantwortung.
8. Der Kernbereich der zwingend ausschließlich vom Gesamtvorstand wahrzunehmenden Leitungsaufgaben ist eng zu fassen. Er umfasst die unternehmeri-

schen Führungsentscheidungen aus dem Bereich der Leitung, die für das Unternehmen als Ganzes, insbesondere seine Ertrags-, Finanz- oder Beschäftigungslage, entscheidend sind. Eine abstrakte inhaltliche Bestimmung des Kernbereichs der Leitung ist nicht möglich, weil er von der Eigenart des einzelnen Unternehmens abhängt, also unter anderem seiner Größe, seiner Struktur sowie der Branche und den jeweiligen geschäftlichen Beziehungen.

9. Die Delegation von Vorstandsaufgaben unterscheidet sich in ihren Auswirkungen auf die Leitungskompetenz des Vorstands entscheidend von schuldrechtlich begründeten Einflussrechten bei Vorstandsentscheidungen. Bei der Delegation behält der Vorstand stets ein Letztentscheidungsrecht und kann delegierte Kompetenzen jederzeit wieder an sich ziehen. Aufgrund der Unterschiede können die für die Delegation geltenden Schranken nicht auf schuldrechtliche Einflussrechte übertragen werden.
10. Eine Übertragung der Leitungskompetenz des Vorstands ist nach § 23 Abs. 5 AktG nur unter den Voraussetzungen eines Beherrschungsvertrags i.S.d. § 291 Abs. 1 S. 1 AktG 1. Alt. zulässig. Inhalt eines Beherrschungsvertrags ist danach eine Leitungsunterstellung. Sie erfolgt durch einen verbindlichen Transfer von Kompetenzen aus dem Kernbereich der Leitung auf das herrschende Unternehmen. Die Gesellschaft ist dann zusammen mit dem herrschenden Unternehmen in materieller Hinsicht unter einheitlicher Leitung i.S.v. § 18 AktG zusammengefasst.
11. Im gesetzlichen Regelfall erfolgt eine beherrschungsvertragliche Leitungsunterstellung durch ein umfassendes Weisungsrecht des herrschenden Unternehmens gegenüber dem Vorstand der abhängigen Gesellschaft gemäß § 308 Abs. 1 AktG, das sich auf sämtliche Leitungskompetenzen des Vorstands nach § 76 Abs. 1 AktG bezieht. Ein umfassendes vertragliches Weisungsrecht führt stets zu einer Leitungsunterstellung nach § 291 Abs. 1 S. 1 AktG und lässt sich in zulässiger Weise nur in einem wirksamen Beherrschungsvertrag vereinbaren.
12. Das Weisungsrecht bezieht sich im gesetzlichen Regelfall auf den gesamten Bereich der Leitung, also auf alle Leitungskompetenzen des Vorstands. Ausreichen kann auch die Unterstellung von Teilen des Kernbereichs der Leitung, sofern das herrschende Unternehmen dadurch in die Lage versetzt wird, die Geschäftspolitik der Gesellschaft zu bestimmen und sie rechtlich verbindlich auf das Konzerninteresse hin auszurichten.
13. Die Parteien müssen einen Beherrschungsvertrag weder explizit als solchen bezeichnen noch ausdrücklich ein Weisungsrecht vereinbaren. Kraft gesetzlichen Rechtsformzwangs sind alle Verträge, die zu einer Leitungsunterstellung führen, ihrem Inhalt nach Beherrschungsverträge und an den §§ 291 ff. AktG zu messen. Im Hinblick auf einen Umgehungsschutz bedarf es keiner

analogen Anwendung der §§ 291 ff. AktG. „Verdeckte“ Beherrschungsverträge unterfallen uneingeschränkt den §§ 291 ff. AktG.

14. Eine Leitungsunterstellung lässt sich unter engen Voraussetzungen durch Zustimmungsvorbehalte erreichen, weil das herrschende Unternehmen nicht zwingend ein Initiativrecht erlangen muss. Es ist erforderlich, aber auch ausreichend, wenn ein Leitungsmittel funktional wie ein Weisungsrecht zu einer Leitungsunterstellung führt, indem es Leitungskompetenzen des Vorstands der Gesellschaft auf das andere Unternehmen transferiert und die eigenverantwortliche Leitung der Gesellschaft durch diesen dadurch unmöglich macht.
15. Betriebsführungsverträge sind als andere Unternehmensverträge analog § 292 Abs. 1 Nr. 3 AktG einzuordnen. Da die Unternehmensverträge gemäß § 292 AktG schuldrechtliche Austauschverträge sind, setzen sie die Organisationsverfassung der Eigentümergesellschaft anders als ein Beherrschungsvertrag nicht außer Kraft. Daher begrenzt § 76 Abs. 1 AktG die Übertragung von Kompetenzen auf einen Betriebsführer. Die Zustimmung der Hauptversammlung gemäß § 293 AktG und die Handelsregistereintragung gemäß § 294 AktG legitimieren die Übertragung der Betriebsführung, hingegen keine Übertragung der Leitung der Gesellschaft. Betriebsführungsverträge, die der Eigentümergesellschaft Informations- und Weisungsrechte sowie ein jederzeitiges Kündigungsrecht zuweisen, sind grundsätzlich mit § 76 Abs. 1 AktG zu vereinbaren.
16. Atypische Betriebsführungsverträge, in denen die Parteien das Weisungsrecht der Eigentümergesellschaft gegenüber dem Vertragspartner modifizieren, einschränken oder ausschließen, sind zulässig, solange die Eigentümergesellschaft über Einflussrechte verfügt, mit denen ihr Vorstand die grundlegenden Entscheidungen zur Unternehmenspolitik weiterhin eigenverantwortlich treffen kann. Ist der Einfluss des Vorstands der Eigentümergesellschaft auf Zustimmungsvorbehalte beschränkt, müssen sich diese auf alle Angelegenheiten aus dem Kernbereich der Leitung beziehen, damit der Vorstand alle Entscheidungen von grundlegender Bedeutung und großer Tragweite für das Unternehmen weiterhin eigenverantwortlich und autonom treffen kann. Enthält ein Betriebsführungsvertrag solche Einflussrechte gegenüber dem Betriebsführer nicht, können die Parteien ihn nur als Beherrschungsvertrag wirksam schließen.
17. Auf andere schuldrechtliche Verträge, die leitungsrelevante Einflussrechte – typischerweise Zustimmungsvorbehalte – zugunsten des anderen Vertragspartners enthalten, ist § 292 Abs. 1 Nr. 3 AktG nur in den Grenzen der Analogiefähigkeit anwendbar. Eine generelle Umqualifizierung leitungsrelevanter Vertragsgestaltungen in andere Unternehmensverträge analog § 292

Abs. 1 Nr. 3 AktG ist abzulehnen. Hierfür sieht das Gesetz allein den Beherrschungsvertrag vor.

18. Mittelbare Beschränkungen der Leitungsmacht des Vorstands als Begleiterscheinung langfristiger schuldrechtlicher Austauschverträge sind grundsätzlich mit § 76 Abs. 1 AktG zu vereinbaren, wenn der Vertrag im Unternehmensinteresse liegt. Dies gilt insbesondere für Just-in-time-Verträge, Franchiseverträge, Finanzierungsverträge oder für die Beteiligungen an Konsortien oder Großprojekten, allerdings nur dann, wenn die Vertragsparteien keine weiteren Einflussrechte vereinbaren, die die Leitungsmacht des Vorstands über den Vertragsinhalt hinaus beschränken. Solche zusätzlichen Einflussrechte führen nicht zu einer mittelbaren Bindung des Vorstands, sondern beschränken seine Leitungsmacht unmittelbar.
19. Unmittelbare Vorwegbindungen der Leitungsmacht des Vorstands durch rechtsverbindliche Zusagen über sein künftiges Leitungsverhalten und konkrete Leitungsentscheidungen verstoßen gegen § 76 Abs. 1 AktG.
20. Auflagen hinsichtlich der künftigen Unternehmenspolitik, etwa in *Covenants*, sind regelmäßig mit § 76 Abs. 1 AktG zu vereinbaren, da sie vom Vorstand ausgehandelt werden und lediglich zu einer mittelbaren Bindung seines künftigen Leitungsermessens führen.
21. Wann vertragliche Zustimmungsvorbehalte – als unmittelbare Beeinflussungen der Leitungsmacht des Vorstands – sich innerhalb der Grenzen des § 76 Abs. 1 AktG bewegen und wann sie die Schwelle zur Leitungsunterstellung überschreiten, ist differenziert zu beurteilen. Die Kriterien und Wertungen im Rahmen von § 111 Abs. 4 S. 2 AktG können für die Abgrenzung nicht herangezogen werden, da es sich bei dem Aufsichtsrat um ein Gesellschaftsorgan handelt, das dem Unternehmensinteresse verpflichtet ist und bei Handlungen gegen das Unternehmensinteresse sowie Verletzungen seiner Treuepflicht organschaftlich haftet. Vergleichbar strengen Bindungen unterliegt kein Aktionär oder Dritter, der auf schuldrechtlicher Basis Einflussrechte bei bestimmten Entscheidungen oder Maßnahmen des Vorstands erhält und diese zum Nachteil der Gesellschaft ausübt.
22. Für die Beurteilung, ob Zustimmungsvorbehalte gemäß § 76 Abs. 1 AktG zulässig sind oder zu einer Leitungsunterstellung i.S.v. § 291 Abs. 1 S. 1 AktG führen, kann das Prinzip der Austauschgerechtigkeit (Äquivalenzprinzip) herangezogen werden. Ein schuldrechtlicher Austauschvertrag unterscheidet sich danach von einem Organisationsvertrag dadurch, dass sich Leistung und Gegenleistung schuldrechtlicher Verträge zumindest theoretisch finanziell bewerten lassen. Ein Organisationsvertrag verändert demgegenüber den Status einer Vertragspartei und hat unabsehbare Folgen für die Gesellschaft. Eine finanzielle Bewertung der Leistungen und Auswirkungen des Vertrags

ist bei ihm zum Zeitpunkt des Vertragsschlusses nicht möglich. Für die Abgrenzung eines schuldrechtlichen Vertrags von einem Beherrschungsvertrag unter Äquivalenzgesichtspunkten ist eine Vertragsprüfung durchzuführen.

23. Das Äquivalenzprinzip hilft auch bei der Prüfung weiter, ob schuldrechtliche Einflussrechte in allgemeinen Geschäftsführungsangelegenheiten mit der Organisationsverfassung der unverbundenen Aktiengesellschaft zu vereinbaren sind. Für die Abgrenzung des mit der Organisationsverfassung der unverbundenen Aktiengesellschaft zu vereinbarenden Fremdeinflusses von unzulässigen Einflussnahmen in allgemeinen Geschäftsführungsangelegenheiten kommt es danach darauf an, ob die Folgen des Autonomieverlusts für die Gesellschaft absehbar und bezifferbar sind und daher zumindest theoretisch durch die vertragliche Gegenleistung ausgeglichen werden können.
24. Unter Äquivalenzgesichtspunkten kann es in wirtschaftlichen Krisensituationen gerechtfertigt sein, eine Einschränkung des Vorstandsermessens durch vertragliche Zustimmungsvorbehalte hinzunehmen, etwa wenn sich dadurch für die Gesellschaft Finanzierungsquellen erschließen. Sofern der Vertrag im Unternehmensinteresse liegt und die Einflussrechte des Vertragspartners dazu dienen, durch eine angemessene Risikoverteilung den ordnungsgemäßen Vollzug des Vertrags zu sichern, sind die Auswirkungen der vertraglichen Einflussrechte regelmäßig finanziell kalkulierbar und bestimmbar. Zustimmungsvorbehalte sind in der Regel zulässig, wenn sie sich lediglich auf einzelne Entscheidungen oder Maßnahmen beziehen und nicht auf einen ganzen Leitungsteilbereich. Ein generelles, statisches Verbot der Einschränkung des Vorstandsermessens besteht nicht. Lediglich der Kernbereich ausschließlicher Kompetenzen des Gesamtvorstands ist einer Fremdsteuerung entzogen. Dieser Kernbereich ist situationsabhängig auszulegen.
25. Vereinbaren die Parteien materiellrechtlich eine Leitungsunterstellung i.S.v. § 291 Abs. 1 S. 1 AktG, muss der Vertrag die Anforderungen der §§ 293 Abs. 1, 294 Abs. 1 S. 1, 304 Abs. 1 S. 2, 305 Abs. 1 AktG einhalten. Verstöße gegen die Zustimmungspflicht, gegen das Eintragungserfordernis und eine fehlende Ausgleichsregelung führen jeweils zur Nichtigkeit des Vertrags (vgl. §§ 294 Abs. 2, 304 Abs. 3 S. 1 AktG).
26. Auf nichtige Beherrschungsverträge ist grundsätzlich die Lehre von der fehlerhaften Strukturänderung anwendbar. Ob der Vertrag danach für die Vergangenheit als wirksam zu behandeln ist, hängt von dem jeweiligen Vertragsmangel ab. Über die fehlende Zustimmung der Hauptversammlung und eine unterbliebene Handelsregistereintragung kann die Lehre von der fehlerhaften Strukturänderung nicht hinweg helfen, genauso wenig über eine fehlende Ausgleichsregelung. Bei diesen Vertragsmängeln kommt eine

direkte Anwendung der §§ 302 ff. AktG zum Schutz der unterstellten Gesellschaft, ihrer Gläubiger und außenstehenden Aktionäre für die Zeit, in der der Vertrag durchgeführt wurde, nicht in Betracht.

27. Nichtige durchgeführte Beherrschungsverträge, über deren Mängel die Lehre von der fehlerhaften Strukturänderung nicht hinweg helfen kann, unterfallen den Regeln über faktische Konzerne, sofern zwischen den Vertragspartnern gleichzeitig ein Abhängigkeitsverhältnis i.S.d. § 17 AktG besteht.
28. Steht die Gesellschaft im Mehrheitsbesitz des Vertragspartners i.S.v. § 16 Abs. 1 AktG, ist nach § 17 Abs. 2 AktG ein Abhängigkeitsverhältnis zwischen den Parteien zu vermuten und die §§ 311, 317 AktG finden Anwendung.
29. Ein nichtiger Beherrschungsvertrag begründet per se kein Abhängigkeitsverhältnis gemäß § 17 Abs. 1 AktG, da ein solches gesellschaftsrechtlich begründet oder vermittelt sein muss. Eine vertragliche oder tatsächliche Abhängigkeit reicht nicht aus. Im Fall eines nichtigen durchgeführten Beherrschungsvertrags mit einem Dritten, der zu der Gesellschaft in keiner mitgliedschaftlichen Verbindung steht, finden die §§ 311, 317 AktG von vornherein keine Anwendung.
30. Eine Minderheitsbeteiligung des Vertragspartners an der Gesellschaft reicht für ein Eingreifen der §§ 311, 317 AktG alleine nicht aus. Sie kann aber zusammen mit verlässlichen Umständen tatsächlicher oder rechtlicher Art zu einem Abhängigkeitsverhältnis nach § 17 Abs. 1 AktG führen, sofern diese Umstände das aus der Minderheitsbeteiligung resultierende Einflusspotential bis auf das Niveau einer Mehrheitsbeteiligung verstärken. Ein durchgeführter nichtiger Beherrschungsvertrag ist kein solcher zusätzlicher Umstand, da auf seiner Grundlage lediglich rein tatsächlich Einfluss ausgeübt wird. Die Möglichkeit zur Einflussnahme ist jedoch nicht gesichert und verlässlich, da der Vertragspartner seine Interessen im Konfliktfall nicht gegen den Willen des Vorstands der Gesellschaft durchsetzen kann.
31. Sind die §§ 311 ff. AktG anwendbar, muss der Vertragspartner für nachteilige Veranlassungen gemäß § 311 Abs. 1 und 2 AktG Einzelausgleich bis zum Ende des Geschäftsjahrs leisten. Diese Nachteile sind aus ex ante-Sicht zu ermitteln.
32. Leistet das herrschende Unternehmen keinen Nachteilsausgleich, ist es gemäß § 317 Abs. 1 AktG schadensersatzpflichtig. Art und Umfang dieses Schadensersatzes richten sich nach den §§ 249 ff. BGB. Der Schaden ist im Unterschied zu dem Nachteil ex post zu beziffern. Zu ermitteln ist die hypothetische Vermögens- und Ertragslage, die bestünde, wenn die Gesellschaft weiterhin als unabhängiges Unternehmen am Markt tätig wäre.
33. Bei einer Veranlassung zu konzernintegrativen Maßnahmen, Umstrukturierungen oder der Übernahme unkalkulierbarer Risiken kann das Einzelaus-

gleichssystem der §§ 311, 317 AktG versagen, weil schädigende Handlungen sich nicht individualisieren und bewerten lassen. Hilft auch eine gerichtliche Schadensschätzung gemäß § 287 ZPO nicht weiter, ist eine Kompensation über die §§ 311, 317 AktG nicht möglich.

34. Bei diesen „qualifizierten Nachteilszufügungen“ finden im Aktienrechts-Konzern auch nach der Aufgabe des Rechtsinstituts des „qualifiziert faktischen Konzerns“ für die GmbH durch den Bundesgerichtshof die §§ 302 ff. AktG analoge Anwendung. Das herrschende Unternehmen hat also global Verlustausgleich analog § 302 AktG sowie analog § 303 AktG Sicherheit zum Schutz der Gläubiger zu leisten. Gemäß § 304 AktG analog ergibt sich ein Ausgleichsanspruch zugunsten der außenstehenden Aktionäre. Möchten diese aus der Gesellschaft ausscheiden, besteht ein Abfindungsanspruch analog § 305 AktG.

35. Sind eine Gesellschaft und reflexartig ihre Außenseiter im Fall einer nachteiligen Beeinflussung durch ihren Vertragspartner mangels gesellschaftsrechtlich begründeten oder vermittelten Abhängigkeitsverhältnisses i.S.v. § 17 AktG nicht durch die §§ 311, 317 AktG geschützt, bei qualifizierten Nachteilszufügungen subsidiär durch die §§ 302 ff. AktG analog, ist eine teilanaloge Anwendung der §§ 302 ff. AktG zum Schutz der Gesellschaft, ihrer außenstehenden Aktionäre und Gläubiger abzulehnen.

Verdeckte nichtige Beherrschungsverträge sind in diesen Fällen nach allgemeinen Regeln rückabzuwickeln. Für Schadensersatzansprüche gelten die zivil- und gesellschaftsrechtlichen Vorschriften. Insbesondere § 117 AktG sorgt für ein Schutzniveau für die Gesellschaft und ihre Aktionäre, mittelbar auch für die Gläubiger, das der externen, rechtlich nicht gesicherten Einflussnahme infolge des Vollzugs des verdeckten nichtigen Beherrschungsvertrags ohne zusätzliches Abhängigkeitsverhältnis gerecht wird. Inakzeptable Rechtsschutzlücken bestehen nicht.

Literatur

Aha, Christof — Vorbereitung des Zusammenschlusses im Wege der Kapitalerhöhung gegen Sacheinlage durch ein „Business Combination Agreement", BB 2001, S. 2225-2233

Altmeppen, Holger — Die Haftung des Managers im Konzern, München 1998

Derselbe — Grenzen der Zustimmungsvorbehalte des Aufsichtsrats und die Folgen ihrer Verletzung durch den Vorstand, in: Festschrift für Karsten Schmidt zum 70. Geburtstag, hrsgg. von Georg Bitter u.a., Köln 2009, S. 23-40

Derselbe — Die historischen Grundlagen des Konzernrechts, in: Bayer/Habersack (Hrsg.), Aktienrecht im Wandel, Band II, Tübingen 2007, S. 1027-1058

Bachmann, Gregor/ Veil, Rüdiger — Grenzen atypischer stiller Beteiligungen an einer Aktiengesellschaft, ZIP 1999, S. 348-355

Balthasar, Stephan — Zum Austrittsrecht nach § 305 AktG bei „faktischer Beherrschung", NZG 2008, S. 858-861

Baums, Theodor — Die Fremdkapitalfinanzierung der Aktiengesellschaft durch das Publikum, in: Bayer/Habersack (Hrsg.), Aktienrecht im Wandel, Band II, Tübingen 2007, S. 955-994

Derselbe — Risiko und Risikosteuerung im Aktienrecht, in: ZGR 2011, S. 218-274

Bayer, Walter/ Habersack, Mathias (Hrsg.) — Aktienrecht im Wandel, Tübingen 2007,
Band I: Entwicklung des Aktienrechts,
Band II: Grundsatzfragen des Aktienrechts

Bayreuther, Frank Wirtschaftlich-existenziell abhängige Unternehmen im Konzern-, Kartell- und Arbeitsrecht. Zugleich ein Beitrag zur rechtlichen Erfassung moderner Unternehmensverträge, Berlin 2001

Bälz, Ulrich Verbundene Unternehmen, AG 1992, S. 277-311

Bredow, Günther/ Tribulowsky, Maik Auswirkungen von Anfechtungsklagen und Squeeze-Out auf ein laufendes Spruchverfahren, NZG 2002, S. 841-846

Bezzenberger, Tilman Das Kapital der Aktiengesellschaft, Köln 2005

Cahn, Andreas Kapitalerhaltung im Konzern, Köln u.a. 1998

Derselbe Verlustübernahme und Einzelausgleich im qualifiziert faktischen Konzern, ZIP 2001, S. 2159-2163

Derselbe Die Ausfallhaftung des GmbH-Gesellschafters, Besprechung der Entscheidung BGHZ 150, 61, ZGR 2003, S. 298-315

Derselbe Zur Anwendbarkeit der §§ 311 ff. AktG im mehrstufigen Vertragskonzern, BB 2000, S. 1477-1483

Derselbe/Simon, Stefan Isolierte Gewinnabführungsverträge, Der Konzern 2003, S. 1-21

Caspar, Matthias Das Anfechtungsklageerfordernis im GmbH-Beschlußmängelrecht, ZHR 163 (1999), S. 54-86

Damm, Reinhard Die aktienrechtliche Zulässigkeit von Betriebsführungsverträgen, BB 1976, S. 294-297

Däubler, Wolfgang Ausklammerung sozialer und personeller Angelegenheiten aus einem Beherrschungsvertrag, NZG 2005, S. 617-620

DAV Stellungnahme des Deutschen Anwaltvereins zum Referentenentwurf eines Transparenz- und Publizitätsgesetzes, NZG 2002, S. 115-119

Decher, Christian Das Business Combination Agreement – ein verdeckter Beherrschungsvertrag oder sonstiger strukturändernder Vertrag?, in: Festschrift für Uwe Hüffer zum 70. Geburtstag, hrsgg. von Peter Kindler u.a., München 2009, S. 145-160

Derselbe Das Konzernrecht des Aktiengesetzes – Bestand und Bewährung, ZHR 171 (2007), S. 126-145

Deilmann, Barbara Die Entstehung des qualifiziert faktischen Konzerns, Berlin 1990

Dierdorf, Josef Herrschaft und Abhängigkeit auf schuldvertraglicher und tatsächlicher Grundlage, Köln u.a., 1978

Dose, Stefan Die Rechtsstellung der Vorstandsmitglieder einer Aktiengesellschaft, 3. Auflage, Köln 1975

Ebenroth, Carsten/ Lange, Knut Werner Sorgfaltspflichten des Geschäftsführers einer GmbH nach § 43 GmbHG, GmbHR 1992, S. 69-76

Ederle, Anton Verdeckte Beherrschungsverträge, Tübingen 2010

Eidenmüller, Horst Unternehmenssanierung zwischen Markt und Gesetz, Köln 1999

Emmerich, Volker/ Habersack, Mathias Aktien- und GmbH-Konzernrecht, 6. Auflage, München 2010, zit.: *Bearbeiter*, in: Emmerich/Habersack, Aktien- und GmbH- Konzernrecht

Dieselben Konzernrecht, 9. Auflage, München 2008, zit.: *Bearbeiter*, in: Emmerich/Habersack, Konzernrecht

Emmerich, Volker Über atypische und verdeckte Beherrschungsverträge, in: Festschrift für Uwe Hüffer zum 70. Geburtstag, hrsgg. von Peter Kindler u.a., München 2009, S. 179-185

Derselbe/ Sonnenschein, Jürgen/ Habersack, Mathias Konzernrecht, 7. Auflage, München 2001, zit.: *Bearbeiter*, in: Emmerich/Sonnenschein/Habersack, Konzernrecht

Exner, Werner — Beherrschungsvertrag und Vertragsfreiheit. Ein Beitrag zur Gestaltung des aktienrechtlichen Beherrschungsvertrags, Frankfurt am Main u.a., 1984

Fabian, Susanne — Inhalt und Auswirkung des Beherrschungsvertrags: eine Untersuchung zur Gestaltung des Beherrschungsvertrags im Aktien-, GmbH- und Personengesellschaftskonzernrecht, Frankfurt am Main u.a., 1997

Fenzl, Alexander — Betriebspacht-, Betriebsüberlassungs- und Betriebsführungsverträge in der Konzernpraxis, Köln u.a. 2007

Derselbe — Betriebspachtvertrag und Betriebsführungsvertrag – Verträge im Grenzbereich zwischen gesellschaftsrechtlichen Organisations- und schuldrechtlichen Austauschverträgen, Der Konzern 2006, S. 18-31

Fleischer, Holger — Zur Leitungsaufgabe des Vorstands im Aktienrecht, ZIP 2003, S. 1-11

Derselbe — Covenants und Kapitalersatz, ZIP 1998, S. 313-321

Derselbe — Zum Grundsatz der Gesamtverantwortung im Aktienrecht, NZG 2003, S. 449-459

Derselbe — Zur Unveräußerlichkeit der Leitungsmacht im deutschen, englischen und US-amerikanischen Aktienrecht, in: Festschrift für Eberhard Schwark zum 70. Geburtstag, hrsgg. von Stefan Grundmann u.a., München 2009, S. 137-155

Derselbe (Hrsg.) — Handbuch des Vorstandsrechts, München 2006, zit.: *Bearbeiter*, in: Fleischer, Hdb. VorstandsR

Flume, Werner — Die Rechtsprechung des II. Zivilsenats des BGH zur Treuepflicht des GmbH-Gesellschafters und des Aktionärs, ZIP 1996, S. 161-167

Fonk, Hans-Joachim — Zustimmungsvorbehalte des AG-Aufsichtsrats, ZGR 2006, S. 841-874

Frisch, Thomas — Die Behandlung von Betriebsführungsverträgen in der Fusionskontrolle, AG 1995, S. 362-368

Geßler, Ernst/ Hefermehl, Wolfgang/ Eckardt, Ulrich/ Kropff, Bruno (Hrsg.) — Aktiengesetz, Band IV, §§ 291-410, 1. Auflage, München 1976, zit.: *Bearbeiter*, in: Geßler/Hefermehl/Kropff, AktG

Geßler, Ernst — Atypische Beherrschungsverträge, in: Festschrift für Günther Beitzke zum 70. Geburtstag, hrsgg. von Otto Sandrock u.a., Berlin u.a. 1979, S. 923-936

Derselbe — Abgrenzungs- und Umgehungsprobleme bei Unternehmensverträgen, in: Festschrift für Kurt Ballerstedt zum 70. Geburtstag, hrsgg. von Werner Flume u.a., Berlin 1975, S. 219-237

Derselbe — Der Betriebsführungsvertrag im Licht der aktienrechtlichen Zuständigkeitsordnung, in: Festschrift für Wolfgang Hefermehl zum 70. Geburtstag, hrsgg. von Robert Fischer u.a., München 1976, S. 263-283

Goslar, Sebastian — Verdeckte Beherrschungsverträge – Zugleich Besprechung von LG München I, Urteil vom 31.1.2008 – 5 HK O 19782/06, DB 2008, S. 800-805

Götz, Heinrich — Rechte und Pflichten des Aufsichtsrats nach dem Transparenz- und Publizitätsgesetz, NZG 2002, S. 599-604

Götz, Jürgen — Corporate Governance multinationaler Konzerne und deutsches Unternehmensrecht, ZGR 2003, S. 1-20

Grobecker, Wolfgang — Der Teilbeherrschungsvertrag, DStR 2002, S. 1953-1955

Großkommentar Aktiengesetz — Großkommentar Aktiengesetz,
hrsgg. von Hopt, Klaus J./Wiedemann, Herbert
§§ 15-22, 10. Lieferung 1999,
§§ 53a, 22. Lieferung 2004,
§§ 76-83, 19. Lieferung 2003,
§§ 95-117, 24. Lieferung 2005,

§§ 179-191, 5. Lieferung 1995,
§§ 291-410, 3. Auflage 1975,
§§ 300-310, 23. Lieferung 2005,
zit.: *Bearbeiter*, in: GK-AktG

Gutenberg, Erich Unternehmensführung: Organisation und Entscheidung, Wiesbaden 1962

Habersack, Mathias Die Teilhabe des Aufsichtsrats an der Leitungsaufgabe des Vorstands gemäß § 111 Abs. 4 S. 2 AktG, dargestellt am Beispiel der Unternehmensplanung, in: Festschrift für Uwe Hüffer zum 70. Geburtstag, hrsgg. von Peter Kindler u.a., München 2009, S. 259-272

Derselbe Trihotel – Das Ende der Debatte?, ZGR 2008, S. 533-559

Derselbe Grundfragen der freiwilligen oder erzwungenen Subordination von Gesellschafterkrediten, ZGR 2000, S. 384-419

Derselbe Mitwirkungsrechte der Aktionäre nach Macroton und Gelatine, AG 2005, S. 137-149

Derselbe „Superdividenden" in: Festschrift für Karsten Schmidt zum 70. Geburtstag, hrsgg. von Georg Bitter u.a., Köln 2009, S. 523-544

Heidel, Thomas (Hrsg.) Aktienrecht und Kapitalmarktrecht, Kommentar, 3. Auflage, Baden-Baden 2011,
zit.: *Bearbeiter*, in: Heidel, AktG

Heidelberger Kommentar Aktiengesetz, Kommentar, hrsgg. von Tobias Bürgers und Torsten Körber, 2. Auflage, Heidelberg 2011,
zit.: *Bearbeiter*, in: Heidelberger Kommentar, AktG

Henssler, Martin/ Wiedemann, Herbert Die Aktiengesellschaft im System des deutschen Gesellschaftsrechts, in: Bayer/Habersack (Hrsg.), Aktienrecht im Wandel, Band II, 2007, S. 1-30

Henze, Hartwig Leitungsverantwortung des Vorstands – Überwachungspflicht des Aufsichtsrats, BB 2000, S. 209-216

Derselbe Die Treuepflicht im Aktienrecht, BB 1996, S. 489-499

Derselbe Reichweite und Grenzen des aktienrechtlichen Grundsatzes der Vermögensbindung – Ergänzung durch die Rechtsprechung zum Existenz vernichtenden Eingriff, AG 2004, S. 405-415

Derselbe Treuepflichten der Gesellschafter im Kapitalgesellschaftsrecht, ZHR 162 (1998), S. 186-196

Hess, Berndt Kreditauflagen (Covenants) und Fusionskontrolle, ZIP 2010, S. 461-465

Hirte, Heribert Gesellschaftsrechtliche Fragen des „Outsourcing". Grenzen und Folgen der Auslagerung der Datenverarbeitung, CR 1992, S. 193-198

Derselbe Anmerkung zu LG Darmstadt, Urteil vom 06.05.1986 – 14 O 328/85, EWiR § 111 AktG 1/86, S. 853-854 (Ausgliederung eines Betriebsteils)

Derselbe/ Schall, Alexander Zum faktischen Beherrschungsvertrag, Der Konzern 2006, S. 243-255

Hölters, Wolfgang (Hrsg.) Aktiengesetz Kommentar, München 2011, zit.: *Bearbeiter*, in: Hölters, AktG

Hoffmann-Becking, Michael Zur rechtlichen Organisation der Zusammenarbeit im Vorstand der AG, ZGR 1998, S. 497-519

Hoffmann, Dieter/ Preu, Peter Der Aufsichtsrat, München 2003

Hommelhoff, Peter Die Konzernleitungspflicht, Köln u.a. 1982

Derselbe Der aktienrechtliche Organisationsstreit, ZHR 143 (1979), S. 288-316

Derselbe Unternehmensführung in der mitbestimmten GmbH, ZGR 1978, S. 119-155

Horn, Norbert Verträge über internationale Unternehmenszusammenschlüsse, in: Festschrift für Marcus Lutter zum 70. Geburtstag, hrsgg. von Uwe Schneider u.a., Köln 2000, S. 1113-1131

Huber, Ulrich Betriebsführungsverträge zwischen selbständigen Unternehmen, ZHR 152 (1988), S. 1-37

Derselbe Betriebsführungsverträge zwischen konzernverbundenen Unternehmen, ZHR 152 (1988), S. 123-164

Hüffer, Uwe Aktiengesetz, 9. Auflage, München 2010

Derselbe Der Vorstand als Leitungsorgan und die Mandats- sowie Haftungsbeziehungen seiner Mitglieder, in: Bayer/Habersack (Hrsg.), Aktienrecht im Wandel, Band II, Tübingen 2007, S. 334-388

Derselbe Das Leitungsermessen des Vorstands in der Aktiengesellschaft, in: Festschrift für Thomas Raiser zum 70. Geburtstag, hrsgg. von Reinhard Damm u.a., Berlin 2005, S. 163-180

Jäger, Axel Aktiengesellschaft, München 2004

Joachim, Willi E. Der Managementvertrag (Schluß), DZWiR 1992, S. 455-459

Joussen, Edgar Gesellschafterabsprachen neben Satzung und Gesellschaftsvertrag, Köln 1995

Jung, Hans Allgemeine Betriebswirtschaftslehre, 12. Auflage, München 2010

Kästle, Martina Rechtsfragen der Verwendung von Covenants in Kreditverträgen, Berlin 2003

Kessler, Alexander Spruchverfahren bei verdecktem Beherrschungsvertrag nicht statthaft – UVB/UniCredit, BB 2008, S. 1533-1534

Kiem, Roger Investorenvereinbarungen im Lichte des Aktien- und Übernahmerechts, AG 2009, S. 301-312

Kienzle, Philipp Verdeckte Beherrschungsverträge im Aktienrecht, Baden-Baden, 2010

Knepper, Karl Heinz Bedeutung, Anwendungsformen und steuerliche Wirkungen von Unternehmensverträgen, BB 1982, S. 2061-2065

Kölner Kommentar Kölner Kommentar zum Aktiengesetz, hrsgg. von Wolfgang Zöllner und Ulrich Noack, Köln u.a.
Band 1: §§ 1-75, 2. Auflage 1988,
§§ 53a-66, 3. Auflage, 3. Teillieferung 2011,
§§ 67-75, 3. Auflage, 1. Teillieferung 2009,
Band 2: §§ 76-117, 3. Auflage 2010,
Band 6: §§ 15-22; 291-328, 3. Auflage 2004,
zit.: *Bearbeiter*, in: KK-AktG

Konopatzki, Volker Funktionsauslagerung bei Kreditinstituten, Frankfurt am Main u.a. 2008

Koppensteiner, Hans-Georg Organisationsautonomie und Legitimationswirkung im Recht der Unternehmensverträge, in: Festschrift für Claus-Wilhelm Canaris zum 70. Geburtstag, hrsgg. von Andreas Heldrich u.a., München 2007, S. 209-220

Kort, Michael Bestandsschutz fehlerhafter Strukturänderungen im Kapitalgesellschaftsrecht, München 1988

Derselbe Anwendung und Grundsätze der fehlerhaften Gesellschaft auf einen „verdeckten Beherrschungsvertrag", NZG 2009, S. 364-368

Derselbe Die Klagebefugnis der Arbeitnehmervertreter im Aufsichtsrat der AG, AG 1987, S. 193-200

Krieger, Gerd Fehlerhafte Satzungsänderungen: Fallgruppen und Bestandskraft, ZHR 15 (1994), S. 35-58

Kropff, Bruno Aktiengesetz, Textausgabe des Aktiengesetzes vom 6.9.1965 mit Begründung des Regierungsentwurfs, Düsseldorf 1965

Kuhner, Christoph Unternehmensinteresse vs. Shareholder Value als Leitmaxime kapitalmarktorientierter Aktiengesellschaften, ZGR 2004, S. 244-279

Larenz, Karl Methodenlehre der Rechtswissenschaft, 5. Auflage, Heidelberg u.a. 1983

Derselbe Lehrbuch des Schuldrechts, Band 1, Allgemeiner Teil, München 1987

Lawall, Arne Christian Die virtuelle Holding nach deutschem Aktienrecht, Frankfurt am Main 2006

Liebscher, Thomas GmbH-Konzernrecht. Die GmbH als Konzernbaustein, München 2006

Lieder, Jan Zustimmungsvorbehalte des Aufsichtsrats nach neuer Rechtslage, DB 2004, S. 2251-2255

Lohse, Andrea Unternehmerisches Ermessen, Tübingen 2005

Lutter, Marcus (Hrsg.) Holding Handbuch, 4. Auflage, Köln 2004

Derselbe Unternehmensplanung im Aufsichtsrat, AG 1991, S. 249-255

Derselbe Die zivilrechtliche Haftung in der Unternehmensgruppe, ZGR 1982, S. 244-275

Derselbe Teilfusionen im Gesellschaftsrecht, in: Festschrift für Carl Hans Barz zum 65. Geburtstag, hrsgg. von Robert Fischer u.a., Berlin u.a. 1974, S. 199-218

Derselbe/ Krieger, Gerd Rechte und Pflichten des Aufsichtsrats, 5. Auflage, Köln 2008

Maidl, Johannes/ Kreifels, Rainer Beteiligungsverträge und ergänzende Vereinbarungen, NZG 2003, S. 1091-1095

Marsch-Barner, Reinhard/ Schäfer, Frank (Hrsg.) Handbuch börsennotierte AG, 2. Auflage, Köln 2009, zit.: *Bearbeiter*, in: Marsch-Barner/Schäfer, Handbuch börsennotierte AG

Martens, Klaus-Peter Die existentielle Wirtschaftsabhängigkeit, Eine Untersuchung im Spannungsfeld zwischen Konzern- und Wettbewerbsrecht, Köln u.a. 1979

Derselbe Der Grundsatz gemeinsamer Vorstandsverantwortung, in: Festschrift Hans-Joachim Fleck zum 70. Geburtstag, hrsgg. von Reinhard Goerdeler u.a., Berlin u.a. 1988, S. 191-208

Martinek, Michael Franchising. Grundlagen der zivil- und wettbewerbsrechtlichen Behandlung der vertikalen Gruppenkoordination beim Absatz von Waren und Dienstleistungen, Heidelberg 1987

Maser, Peter/ Sommer, Alexander Persönliche Haftung des GmbH-Geschäftsführers in der Insolvenz der Gesellschaft, BB 1996, S. 65-71

Mellert, Rudolf Venture Capital Beteiligungsverträge auf dem Prüfstand, NZG 2003, S. 1096-1100

Mertens, Bernd Die Geltendmachung von Mängeln eines Unternehmensvertrags durch Aktionäre, BB 1995, S. 1417-1421

Mertens, Hans-Joachim Verpflichtung der Volkswagen AG, einen Bericht gemäß § 312 AktG über ihre Beziehungen zum Land Niedersachsen zu erstatten?, AG 1996, S. 241-249

Mielke, Werner Die Leitung der unverbundenen Aktiengesellschaft, Frankfurt am Main 1990

Mülbert, Peter — Aktiengesellschaft, Unternehmensgruppe und Kapitalmarkt. Die Aktionärsrechte bei Bildung und Umbildung einer Unternehmensgruppe zwischen Verbands- und Anlegerschutzrecht, 2. Auflage, München 1996

Derselbe — Funktionsauslagerung bei Kreditinstituten aus gesellschafts- und konzernrechtlicher Sicht – aufsichtsrechtliche Vorgaben und gesellschafts- sowie konzernrechtliche Folgeprobleme, in: Funktionsauslagerung (Outsourcing) bei Kreditinstituten. Bankrechtstag 2000, Berlin u.a. 2001

Derselbe — Unternehmensbegriff und Konzernorganisation, Bemerkung zum BGH-Beschluss vom 17.3.1997 – II ZB 3/96 (VW/Niedersachen), ZHR 163 (1999), S. 1-53

Müller, Welf — Ist nach dem TBB-Urteil des BGH eine Verlustübernahmepflicht im qualifiziert faktischen Konzern noch begründbar?, in: Festschrift für Heinz Rowedder zum 75. Geburtstag, hrsgg. von Gerd Pfeiffer u.a., München 1994, S. 277-295

Münchener Handbuch des Gesellschaftsrechts — Band 4, Aktiengesellschaft, hrsgg. von Michael Hoffmann-Becking, 3. Auflage, München 2007,
zit.: *Bearbeiter*, in: MünchHdb-AG

Münchener Kommentar zum Aktiengesetz — Hrsgg. von Wulf Goette, Mathias Habersack und Susanne Kalss, München,
Band 1, §§ 1-75 AktG, 3. Auflage, 2008,
Band 2, §§ 76-117 AktG, MitbestG, DrittelbG, 3. Auflage, 2008,
Band 5, §§ 278-328, SpruchG, Österreich, 3. Auflage, 2010,
zit.: *Bearbeiter*, in: MünchKomm-AktG

Münchener Kommentar zum Bürgerlichen Gesetzbuch — Hrsgg. von Franz Jürgen Säcker und Roland Rixecker, Band 5, §§ 705-853, Partnerschaftsgesetz, Produkthaftungsgesetz, 5. Auflage, München 2009,
zit.: *Bearbeiter*, in: MünchKomm-BGB

Münchener Kommentar zur Zivilprozessordnung mit Gerichtsverfassungsgesetz und Nebengesetzen Hrsgg. von Thomas Rauscher, Peter Wax und Joachim Wenzel, Band 1, §§ 1-510c, 3. Auflage, München 2004, zit.: *Bearbeiter*, in: MünchKomm-ZPO

Musielak, Hans-Joachim (Hrsg.) Kommentar zur Zivilprozessordnung mit Gerichtsverfassungsgesetz, 8. Auflage, München 2011, zit.: *Bearbeiter*, in: Musielak, ZPO

Nagel, Bernhard/ Riess, Birgit/ Theis, Gisela Der faktische Just-in-Time-Konzern, DB 1989, S. 1505-1511

Nicolaysen, Isaschar Leitungsermessen und Shareholder Value-Konzept, Frankfurt am Main 2002

Noack, Ulrich Gesellschaftervereinbarungen bei Kapitalgesellschaften, Tübingen 1994

Oechsler, Jürgen Die Anwendung des Konzernrechts auf Austauschverträge mit organisationsrechtlichem Bezug, ZGR 1997, S. 464-492

Derselbe Der kapitalmarkt- und börsenrechtliche Regelungsrahmen, in: Bayer/Habersack (Hrsg.), Aktienrecht im Wandel, Band II, Tübingen 2007, S. 150-216

Derselbe Gerechtigkeit im modernen Austauschvertrag, Tübingen 1997

Oesterreich, Jörg Die Betriebsüberlassung zwischen Vertragskonzern und faktischem Konzern. Zum sogenannten Umgehungsproblem bei Unternehmensverträgen der §§ 291, 292 I Ziff. 3 AktG, Köln u.a. 1979

Paefgen, Walter G. Unternehmerische Entscheidungen und Rechtsbindung der Organe in der AG, Köln 2002

Palandt, Otto Bürgerliches Gesetzbuch, Kommentar, 70. Auflage 2011, zit.: *Bearbeiter*, in: Palandt, BGB

Pfeifer, Axel Venture Capital als Finanzierungs- und Beteiligungsinstrument, BB 1999, S. 1665-1672

Plepelits, Marc O. The High Yield Bond Covenant Package – Introduction and Overview of Market Trends, CFl 2010, S. 119-134

Poensgen, Otto H. Geschäftsbereichsorganisation, Opladen 1973

Priester, Hans-Joachim Innenbereichsrelevante Zustimmungsvorbehalte stiller Gesellschafter im GmbH- und Aktienrecht, in: Festschrift für Thomas Raiser zum 70. Geburtstag, hrsgg. von Reinhard Damm u.a., Berlin 2005, S. 293-309

Raiser, Thomas/ Veil, Rüdiger Recht der Kapitalgesellschaften, 5. Auflage, München 2010

Reichert, Jochem/Ott, Nicolas Investorenvereinbarungen mit der Zielgesellschaft – Möglichkeiten und Grenzen der Einflussnahme auf Gesellschaftsorgane, in: Festschrift für Wulf Goette zum 65. Geburtstag, hrsgg. von Mathias Habersack u.a., München 2011, S. 387-412

Reiner, Günter Unternehmerisches Gesellschaftsinteresse und Fremdsteuerung, München 1995

Richter, Wolfgang Der Kapitalmarkt und sein Gesellschaftsrecht, ZHR 172 (2008), S. 419-457

Riegen, Arend von Rechtliche Rahmenbedingungen bei PIPE-Transaktionen, CFl 2010, S. 1-12

Rosenberg, Leo/ Schwab, Heinz/ Gottwald, Peter Zivilprozessrecht, 17. Auflage, München 2010

Roth, Günter H./ Altmeppen, Holger — Gesetz zum Recht betreffend die Gesellschaften mit beschränkter Haftung, Kommentar, 6. Auflage, München 2009

Rubner, Daniel/ Leuering, Dieter — Verdeckte Beherrschungsverträge, NJW-Spezial 2010, S. 143-144

Runge, Julia C. — Covenants in Kreditverträgen, Grenzen der Einflussnahme von Kreditgebern, Köln 2010

Schäfer, Carsten — Die Lehre vom fehlerhaften Verband. Grundlagen, Verhältnis zum allgemeinen Vertragsrecht und Anwendung auf Strukturänderungen, Tübingen 2002

Schierenbeck, Henner/ Wöhle, Claudia B. — Grundzüge der Betriebswirtschaftslehre, 17. Auflage, München 2008

Schmidt, Karsten — Gesellschaftsrecht, 4. Auflage, Köln u.a. 2002

Derselbe — „Fehlerhafte Gesellschaft" und allgemeines Verbandsrecht – Grundlagen und Grenzen eines verbandsrechtlichen Instituts –, AcP 186 (1986), S. 421-452

Derselbe — Unternehmensbegriff und Vertragskonzern – zum Funktionswandel des § 291 AktG, in: Festschrift Hans-Georg Koppensteiner zum 65. Geburtstag, hrsgg. von Ernst A. Kramer u.a., Wien 2001, S. 191-210

Derselbe/ Lutter, Marcus (Hrsg.) — Aktiengesetz. Kommentar, 2. Auflage, Köln 2010,
I. Band §§ 1-149,
II. Band §§ 150-328,
zit.: *Bearbeiter*, in: Schmidt/Lutter, AktG

Schmidt-Leithoff, Christian — Die Verantwortung der Unternehmensleitung, Tübingen 1989

Schönberger, Katja — Der Zustimmungsvorbehalt des Aufsichtsrats bei Geschäftsführungsmaßnahmen des Vorstands (§§ 111 Abs. 4 S. 2-4 AktG), Jena 2006

Schulze-Osterloh, Joachim Das Recht der Unternehmensverträge und die stille Beteiligung an einer Aktiengesellschaft, ZGR 1974, S. 427-460

Schüppen, Matthias/ Schaub, Bernhard (Hrsg.) Münchener Anwaltshandbuch Aktienrecht, 2. Auflage, München 2010, zit.: *Bearbeiter*, in: Schüppen/Schaub, Münchener Anwaltshandbuch Aktienrecht

Schürnbrand, Jan „Verdeckte" und „atypische" Beherrschungsverträge im Aktien- und GmbH-Recht, ZHR 169 (2005), S. 35-60

Schwark, Eberhard Spartenorganisation in Großunternehmen und Unternehmensrecht, ZHR 142 (1978), S. 203-227

Schwörer, Frank Kein Austrittsrecht nach § 305 AktG im qualifiziert faktischen Aktienkonzern, NZG 2001, S. 550-552

Seibt, Christoph (Hrsg.) Beck'sches Formularhandbuch Mergers & Aquisitions, 2. Auflage, München 2011,
zit.: *Bearbeiter*, in: Seibt, Beck'sches Formularhandbuch Mergers & Aquisitions

Derselbe Dekonstruktion des Delegationsverbots bei der Unternehmensleitung, in: Festschrift für Karsten Schmidt zum 70. Geburtstag, hrsgg. von Georg Bitter u.a., Köln 2009, S. 1463-1487

Derselbe/ Wunsch, Oliver Investorenvereinbarungen bei öffentlichen Übernahmen, Der Konzern 2009, S. 195-214

Semler, Johannes Leitung und Überwachung der Aktiengesellschaft, 2. Auflage, Köln u.a. 1996

Derselbe Die Unternehmensplanung in der Aktiengesellschaft, ZGR 1983, S. 1-33

Derselbe Aufgaben und Funktionen des aktienrechtlichen Aufsichtsrats in der Unternehmenskrise, AG 1983, S. 141-148

Derselbe/ Stengel, Arndt (Hrsg.) Umwandlungsgesetz, 3. Auflage, München 2011, zit.: *Bearbeiter*, in: Semler/Stengel, UmwG

Derselbe/Peltzer, Martin (Hrsg.) Arbeitshandbuch für Vorstandsmitglieder, München 2005, zit.: *Bearbeiter*, in: Semler/Peltzer, Arbeitshandbuch für Vorstandsmitglieder

Derselbe/ von Schenk, Kersten (Hrsg.) Arbeitshandbuch für Aufsichtsratsmitglieder, 3. Auflage, München 2009, zit.: *Bearbeiter*, in: Semler/ v. Schenk, Arbeitshandbuch für Aufsichtsratsmitglieder

Servatius, Wolfgang Gläubigereinfluss durch Covenants, Tübingen 2008

Silny, Deny-Jean Der Gläubiger- und Minderheitenschutz bei versteckten Beherrschungsverträgen, Eine Betrachtung zum GmbH- und Aktienrecht, Frankfurt am Main 2009

Spindler, Gerald/ Stilz, Eberhard (Hrsg.) Kommentar zum Aktiengesetz, München 2010
Band 1: §§ 1-149
Band 2: §§ 150-410, SpruchG, SEVO,
zit.: *Bearbeiter*, in: Spindler/Stilz, AktG

Stein, Ursula Konzernherrschaft durch EDV? – Gesellschaftsrechtliche und konzernrechtliche Probleme der EDV-Auslagerung auf ein konzernverbundenes Unternehmen – , ZGR 1988, S. 163-191

Steinbeck, Claudia Überwachungspflicht und Einwirkungsmöglichkeiten des Aufsichtsrates in der Aktiengesellschaft, Berlin 1992

Thommen, Jean-Paul/ Achleitner, Ann-Kristin Allgemeine Betriebswirtschaftslehre, 6. Auflage, Wiesbaden 2009

Tieves, Johannes Der Unternehmensgegenstand der Kapitalgesellschaft, Köln 1998

Timm, Wolfgang Grundfälle zum Konzernrecht, JuS 1999, S. 657-659

Tröger, Tobias Treuepflicht im Konzernrecht, Köln u.a. 1999

Turiaux, Andre/ Knigge, Dagmar Vorstandshaftung ohne Grenzen? – Rechtssichere Vorstands- und Unternehmensorganisation als Instrument der Risikominimierung, DB 2004, S. 2199-2207

Ulmer, Peter Fehlerhafte Unternehmensverträge im GmbH-Recht. Tragweite und Folgen des BGH-Beschlusses vom 14.10.1988, BB 1989, S. 10-19

Derselbe Das Sonderrecht der §§ 311 ff. AktG und sein Verhältnis zur allgemeinen aktienrechtlichen Haftung für Schädigungen der AG, in: Festschrift für Uwe Hüffer zum 70. Geburtstag, hrsgg. von Peter Kindler u.a., München 2010, S. 999-1016

Veelken, Winfried Der Betriebsführungsvertrag im deutschen und amerikanischen Aktien- und Konzernrecht, Baden-Baden 1975

Veil, Rüdiger Unternehmensverträge, Tübingen 2003

Verhoeven, Thomas Zum verdeckten Beherrschungsvertrag bei der freundlichen Übernahme, Anmerkung zu LG München I, Urteil vom 31.1.2008 – 5 HK O 19782/06, EWiR 2008, S. 161-162

Verse, Dirk A. Rezension zu Karsten Schmidt/Marcus Lutter (Hrsg.), Aktiengesetz, Kommentar, Köln 2008, ZHR 172 (2008), S. 478-484

Derselbe Treuepflicht und Gleichbehandlungsgrundsatz, in: Bayer/Habersack (Hrsg.), Aktienrecht im Wandel, Band II, Tübingen 2007, S. 579-622

Vetter, Eberhard Interessenkonflikte im Konzern – vergleichende Betrachtungen zum faktischen Konzern und zum Vertragskonzern, ZHR 171 (2007), S. 342-375

Vogelmann, Axel Die Rechtsfolgen fehlerhafter Strukturänderungen im Aktienrecht, Hamburg 2005

Voigt, Hans-Christoph Haftung aus Einfluss auf die Aktiengesellschaft (§§ 117, 309, 317 AktG), München 2004

Voormann, Volker Der Beirat im Gesellschaftsrecht, 2. Auflage, Köln u.a. 1989

Wagner, Jens Anmerkung zu LG München I, Urteil vom 31.1.2008 – 5 HK O 19782/06, BB 2008, S. 522-523

Weißmüller, Wolfgang Der Betriebsführungsvertrag – eine Alternative zum Unternehmenskauf?, BB 2000, S. 1949-1955

Weitnauer, Wolfgang Covenants und AGB-Kontrolle, ZIP 2005, S. 1443-1448

Wettich, Carsten Vorstandsorganisation in der Aktiengesellschaft, Zugleich ein Beitrag zum Kollegialprinzip und dem Grundsatz der Gesamtverantwortung, Köln u.a. 2008

Wiedemann, Herbert Reflexionen zur Durchgriffshaftung, Zugleich Besprechung des Urteils des BGH WM 2002, 1804 – KBV, ZGR 2003, S. 283-297

Wimmer-Leonhardt, Susanne Konzernhaftungsrecht, Tübingen 2004

Wittig, Arne Financial Covenants im inländischen Kreditgeschäft, WM 1996, S. 1381-1391

Wöhe, Günter/ Döring, Ulrich Einführung in die Allgemeine Betriebswirtschaftslehre, 24. Auflage, München 2010

Wolf, Holger Der Beteiligungsvertrag bei der Aktiengesellschaft. Eine Untersuchung über Gesellschaftervereinbarungen bei wagniskapitalfinanzierten Aktiengesellschaften und ein Beitrag zur Gestaltungsfreiheit bei der Verfassung der Aktiengesellschaft, Heidelberg 2004

Zetsche, Dirk Sicherung der Interessen von (Wagnis-) Kapitalgebern – Zum Verhältnis von Satzung, Vertrag und Nebenordnung in der Kleinen Aktiengesellschaft, NZG 2002, S. 942-948

Zöllner, Wolfgang Treuepflichtgesteuertes Aktienkonzernrecht, ZHR 162 (1998), S. 235-248

Derselbe Betriebs- und unternehmensverfassungsrechtliche Fragen bei konzernrechtlichen Betriebsführungsverträgen, ZfA 1983, S. 93-106

Derselbe Die Schranken mitgliedschaftlicher Stimmrechtsmacht bei den privatrechtlichen Personenverbänden, München u.a. 1963

Abkürzungen

aA	andere Ansicht
Abs.	Absatz
a.E.	am Ende
AG	Aktiengesellschaft; Die Aktiengesellschaft (Zeitschrift)
AktG	Aktiengesetz
Allg.	Allgemeine
AllgM	Allgemeine Meinung
Anh.	Anhang
Anm.	Anmerkung
Art.	Artikel
Aufl.	Auflage
BB	Betriebsberater
Bd.	Band
Bearb.	Bearbeiter
BegrRegE	Begründung des Regierungsentwurfs
bespr.	besprochen
BGB	Bürgerliches Gesetzbuch
BGBl.	Bundesgesetzblatt
BGH	Bundesgerichtshof
BGHZ	Entscheidungen des Bundesgerichtshofs in Zivilsachen
BT-Drucks.	Drucksache des Deutschen Bundestags
bzw.	beziehungsweise
d.h.	das heißt
DB	Der Betrieb
ders.	derselbe
dies.	dieselbe(n)
DNotZ	Deutsche Notar-Zeitschrift
DStR	Deutsches Steuerrecht
Einl.	Einleitung

Erg.	Ergebnis
EWiR	Entscheidungen zum Wirtschaftsrecht
f.	folgende
ff.	fortfolgende
Fn.	Fußnote
FS	Festschrift
gem.	gemäß
GmbH	Gesellschaft mit beschränkter Haftung
GmbHG	Gesetz betreffend die Gesellschaften mit beschränkter Haftung
GmbHR	GmbH-Rundschau
GWB	Gesetz gegen Wettbewerbsbeschränkungen
GWR	Zeitschrift für Gesellschafts- und Wirtschaftsrecht
HGB	Handelsgesetzbuch
hL	herrschende Lehre
hM	herrschende Meinung
Hrsg.	Herausgeber
hrsgg.	herausgegeben
i.d.R.	in der Regel
i.S.d.	im Sinne des
i.S.v.	im Sinne von
i.V.m.	in Verbindung mit
JuS	Juristische Schulung
JW	Juristische Wochenschrift
KG	Kammergericht; Kommanditgesellschaft
KGaA	Kommanditgesellschaft auf Aktien
LG	Landgericht
lit.	Buchstabe
m.w.Nachw.	mit weiteren Nachweisen
NJW	Neue Juristische Wochenschrift
NJW-RR	NJW-Rechtsprechungsreport
Nr.	Nummer

NZG	Neue Zeitschrift für Gesellschaftsrecht
OLG	Oberlandesgericht
RG	Reichsgericht
RGZ	Entscheidungen des Reichsgerichts in Zivilsachen
Rn.	Randnummer
S.	Satz; Seite
S.A.	société anonyme
sog.	sogenannt
S.p.A.	société par actions
SpruchG	Gesetz über das gesellschaftsrechtliche Spruchverfahren
Tz.	Textziffer
u.a.	unter anderem; und andere
UmwG	Umwandlungsgesetz
v.	vom; von
vgl.	vergleiche
Vorb.	Vorbemerkungen
WM	Wertpapiermitteilung
z.B.	zum Beispiel
ZGR	Zeitschrift für Unternehmens- und Gesellschaftsrecht
ZHR	Zeitschrift für das gesamte Handels- und Wirtschaftsrecht
ZIP	Zeitschrift für Wirtschaftsrecht
ZPO	Zivilprozessordnung

www.ingramcontent.com/pod-product-compliance
Ingram Content Group UK Ltd.
Pitfield, Milton Keynes, MK11 3LW, UK
UKHW021905290926
8980IPUK00015B/1070